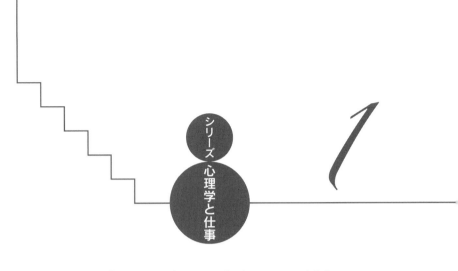

シリーズ 心理学と仕事 1

感覚・知覚心理学

太田信夫 監修
行場次朗 編集

北大路書房

主に活かせる分野／凡例

 医療・保健
 福祉・介護
 教育・健康・スポーツ
 司法・矯正
 産業・労働・製造
 サービス・販売・事務
 IT・エンジニア
 研究・開発・クリエイティブ
 建築・土木・環境

監修のことば

> いきなりクエスチョンですが，心理学では学会という組織は，いくつくらいあると思いますか？
>
> 10？ 20？ 30？ 50？
>
> （答 ii ページ右下）

　答を知って驚いた方は多いのではないでしょうか。そうなんです。心理学にはそんなにもたくさんの領域があるのです。心理学以外の他の学問との境界線上にある学会を加えると 100 を超えるのではないかと思います。

　心理学にこのように多くの領域があるということは，心理学は多様性と必要性に富む学問である証です。これは，心理学と実社会での仕事との接点も多種多様にさまざまであることを意味します。

　折しも心理学界の長年の夢であった国家資格が「公認心理師」として定められ，2017 年より施行されます。この資格を取得すれば，誰もが「こころのケア」を専門とする仕事に従事することが可能になります。心理学の重要性や社会的貢献がますます世間に認められ，大変喜ばしい限りです。

　しかし心理学を活かした仕事は，心のケア以外にもたくさんあります。私たちは，この際，心理学と仕事との関係について全体的な視点より，整理整頓して検討してみる必要があるでしょう。

　本シリーズ『心理学と仕事』全20巻は，現代の心理学とそれを活かす，あるいは活かす可能性のある仕事との関係について，各領域において検討し考察する内容からなっています。心理学では何が問題とされ，どのように研究され，そこでの知見はどのように仕事に活かされているのか，実際に仕事をされている「現場の声」も交えながら各巻は構成されています。

　心理学に興味をもちこれからそちらへ進もうとする高校生，現在勉強中の大学生，心理学の知識を活かした仕事を希望する社会人などすべての人々にとって，本シリーズはきっと役立つと確信します。また進路指導や就職指導をしておられる高校・専門学校・大学などの先生方，心理学教育に携わっておられる先生方，現に心理学関係の仕事にすでについておられる方々にとっても，学問と仕事に関する本書は，座右の書になることを期待していま

i

す。また学校ではテキストや参考書として使用していただければ幸いです。

　下図は本シリーズの各巻の「基礎−応用」軸における位置づけを概観したものです。また心理学の仕事を大きく分けて，「ひとづくり」「ものづくり」「社会・生活づくり」とした場合の，主に「活かせる仕事分野」のアイコン（各巻の各章の初めに記載）も表示しました。

　なお，本シリーズの刊行を時宜を得た企画としてお引き受けいただいた北大路書房に衷心より感謝申し上げます。そして編集の労をおとりいただいた奥野浩之様，安井理紗様を中心とする多くの方々に御礼を申し上げます。また企画の段階では，生駒忍氏の支援をいただき，感謝申し上げます。

　最後になりましたが，本書の企画に対して，ご賛同いただいた各巻の編者の先生方，そしてご執筆いただいた300人以上の先生方に衷心より謝意を表する次第です。

監修者
太田信夫

(答50)

はじめに

1. 情報ピラミッドという考え方から

　私が小さい頃，手塚治虫の鉄腕アトムがテレビで放映され始め，夢中になっていました。大人になった頃にはアトムのようなロボットが実現し，頼りになる友達になってくれると信じ込んでいました。ところが，もうすぐ 2020 年オリンピックというのに，身の回りにアトムのような自律型ロボットが実在する気配はありません。ぎこちない受付ロボットか，お掃除ロボット程度です。

　何がネックだったかというと，下図の情報ピラミッドに示すように，コンピュータは，上部の抽象度の高い記号や数字の計算は得意ですが，下部にある抽象度が低くデータ量が大きな感覚情報の処理はとても苦手ということがあげられます。現在のパソコンでは，画像（視覚情報）や音楽（聴覚情報），そしてタッチ操作（触覚情報）はかなり扱えますが，その他の感覚情報（嗅覚，味覚，痛覚など）の情報処理はまだまだです。この点，犬や猫などの動物は，ピラミッドの下部にある情報処理はとても得意です。つまり図に示すように，コンピュータと生物の進化はピラミッドの縦方向から見ると正反対の道をたどっていたのです。さらに動物は飼い主の機嫌や感情まで察知してそれに応じた的確な行動をしてくれます。このため，介護ロボットの進展はまだまだですが，愛着がわいてくる介護犬やヘル

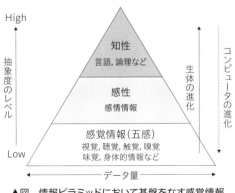

▲図　情報ピラミッドにおいて基盤をなす感覚情報

パーモンキーなどが現場で活躍しています。

2. 心の機能の基礎をなす学問

　情報ピラミッドの話から，感覚機能が進化的にみても極めて早い段階から種の生き残りを左右するものとして発達し，ヒトにいたるに過程において，感性や知性などの精神機能の土台となっていることがわかっていただけたと思います。このことは，今回のシリーズ「心理学と仕事」の企画でもそうですが，心理学の多くの概論書で感覚・知覚のトピックが最初に取り上げられることの背景になっています。つまりそのような概論書の構成も，進化の過程をなぞって作られているといえるかもしれません。

　学問全体の歴史からみても，感覚や知覚は古くから考察されてきました。アリストテレスは『心について』（『霊魂論』）という著書の第2巻の中で，多くの章をさいて，感覚の一般的特性や分類を行いました。彼が主に取り上げたのは視覚，聴覚，嗅覚，味覚，触覚でしたが，それは今日でも「五感」という言葉で普及しています。

　近代になると，デカルトの影響で理性主義（つまり情報ピラミッドでいえば上層の部分）が重んじられるようになりましたが，理性主義と経験主義を統合しようとしたカントは次のように考えました。対象から与えられた感覚を素材として，空間と時間を前提にしながら感性が構成され，さらに認識（カントは「悟性」とよびました）や理性のはたらきによって私たちの経験が整理統合されるとしました。なんだか情報ピラミッドに似た階層的考え方に近いというのが私の感想ですが，むしろ情報ピラミッドのほうがカントの考え方に沿って提案されてきたのかもしれません。

　現代の心理学を代表的する理論や枠組みの多くも，実は感覚や知覚に関する考察に端を発していると考えることができます。この詳細は，第1章で紹介します。

3. 学際的領域のテーマであり，多様な研究方法があること

　感覚や知覚，そして感性の問題は，哲学や心理学だけではなく，実にさまざまな学問において研究対象とされてきました。第1章の歴史的背景で詳しく解説するように，物理学，生理学，生態学，情報科学，計算科学，神経科学，認知科学などの分野で古くから，あるいはホットな問題として追い求められ続けてきました。

私的な例で申し訳ありませんが，幸か不幸かこの真に学際領域である感覚・知覚・感性を研究テーマに選んでしまった私の場合，所属する学会は，日本心理学会はもちろんですが，基礎心理学会，視覚学会，認知心理学会，認知科学会，顔学会，イメージ心理学会，感性福祉学会，電子情報通信学会，バーチャルリアリティ学会など，毎月あふれんばかりの研究論文や応用例が掲載された学会誌が送られてきて，とても消化できず，悲鳴をあげています。

　それらの研究論文で取られている研究方法も実に多様で，ざっと述べるだけでも，主観報告（質問紙法からプロトコル分析などを含む），心理物理学的測定法（第1章参照），さまざまな生理指標・行動分析（心拍や発汗，瞬きや眼球運動も含む），神経生理学的測定法（脳波，fMRIや近赤外光分析装置など），多変量統計解析・計算シミュレーション，ニューラルネットアプローチ（深層学習なども含む）があげられ，日進月歩で新しい手法が生まれています。詳しくは各章でも設けられている測定方法のところを参照してください。

4. 裾野の広い応用性と仕事との結びつき

　感覚や知覚，そして感性の問題は，私たちの生活の中で，安全性や快適性，日用品や食品，交通や建築，アートやエンターテインメント，そして障害のある方の感覚機能の支援や，加齢変化に適応的に対応する方法など，実に幅広い応用範囲をもち，さまざまな仕事に関係していろいろな知見が活用されています。

　私の経験を振り返ると，住宅街でわざと曲線を多用した道路を作ったときの自動車運転時の眼球運動を調べたり，混同しやすい手書き文字をコンピュータに認識させる技術を人間のやり方にならって改善したり，巨大プラントの制御室での計測値の見落としエラーを防ぐ訓練法の開発を手伝ったり，震災後に建てられた仮設住宅の外壁をカラフルにして住み心地に及ぼす効果を調べたり，さまざまな企業や研究所と共同研究を行ってきました。私のすぐ隣の研究室にいる先生方も，味覚や嗅覚，安全防災や快適環境，そして化粧や健康心理などを専門とされているために，いろいろな産学連携でとても忙しそうです。

　本書のそれぞれの章で紹介される面白い内容の「現場の声」の執筆を担当していただいた方々も，心理学を大学で専攻された方たちはむしろ少な

いのですが，いろいろな分野から感覚・知覚，感性のテーマをユニークな
仕事に結びつけられていることを実感できると思います。

5．本書の構成

　この巻の各章を担当していただく執筆者は，第一線でご活躍中の素晴ら
しい研究業績のある方たちであり，皆さん，それぞれの領域で職人かたぎ
や芸術家的雰囲気をおもちなので，自由な発想と強い思い入れを盛り込ん
で執筆していただきました。

　第1章は私が担当しますが，感覚・知覚心理学の全般の紹介なので，概
論的でやや硬いものになってしまいました。でも感覚・知覚心理学に由来
するアプローチや理論が心理学全般の考え方のベースになっているという
私の思い入れも書きました。

　第2章は「視覚心理学とロービジョン」というテーマで，第一人者の小
田浩一先生にお願いしました。見ることに困っている大勢の方々（私も加
齢に伴って視野が歪んで見える問題を抱えています）の支援方法に視覚心
理学が重要な役割を担っていることを熱く語ります。

　第3章は「錯視と仕事」というタイトルで，錯視クリエイターとして世
界的に著名な北岡明佳先生にお願いし，静止画なのに動いて見えるデザイ
ンや，それらの作品をモティーフにした科学館や美術館での取り組みなど
について，いろいろな角度から紹介していただきます。

　第4章は「聴覚と難聴」で，先端音情報システム研究を推進されている
坂本修一先生に担当してもらい，コミュニケーションにとって極めて重要
な聴覚情報処理と，それらの技術を応用した困難者支援法について解説し
ていただきます。

　第5章は「触／身体感覚とデザイン」で，多方面でご活躍中の渡邊淳司
先生に，基礎的研究だけでなく，自分や相手の身体状態や気持ちを触覚や
振動などで感じる実体験型のわくわくするワークショップなどついても話
してもらいます。

　第6章は「嗅覚と化粧品」で，コスメトロジーに造詣の深い阿部恒之先
生に，香りがもついろいろなパワーと，多種多様な香り製品や仕事につい
て紹介していただきます。

　第7章は「味覚と食」です。皆さんに最も身近で関心が強いトピックに
ついて，特集テレビ番組にも出演の多い坂井信之先生が担当し，「おいし

さ」とは何かについてもその正体を教えていただきます。

　第8章は「自己移動感覚とVR」で，この領域で精力的に研究を推進されている妹尾武治先生にお願いしています。実世界のいろいろな場面で自己移動感覚は重要な役割を担っていますし，皆さんも遊園地のアトラクションでは仮想現実世界の乗り物に乗り，スリルを味わっていることでしょう。

　第9章は「感性と魅力的デザイン」という内容で，荷方邦夫先生に解説いただきます。最終章ということで，感覚・知覚心理学の知見をさらに拡大し，認知のはたらきにも注目した「心を動かすデザインの秘密」を教えていただきます。

　最後に，2章から9章の「現場の声」にも珠玉の話題が百花繚乱といった感じで載っているので，ぜひお楽しみください。

編　者

行場次朗

目 次

● 監修のことば i
はじめに iii ●

第1章　感覚・知覚心理学へのいざない　1

1節　感覚・知覚心理学とは何か：その背景と心理物理学的アプローチの始まり　1

2節　感覚・知覚心理学が貢献した心理学の基礎的理論　4

3節　感覚・知覚心理学が扱うテーマ　11

4節　感覚・知覚心理学における代表的手法と測定法　19

5節　感覚・知覚心理学の裾野の広い応用可能性　24

第2章　視覚心理学とロービジョン　29

1節　視覚と弱視について　29

2節　ロービジョンサービスの現場と感覚・知覚心理学の関係　49

◉現場の声1　感覚・知覚心理学をロービジョンサービスでいかす ····· 54

第3章　錯視と仕事　57

1節　錯視のデザイン　57

2節　錯視と仕事　61

◉現場の声2　トリックアート：心理学の参加型アートへの活用 ······· 74

第4章　聴覚と難聴　77

1節　聴覚の役割と機能　77

2節　音の聴こえを正しく評価するには　88

◉現場の声3　言語聴覚士によるコミュニケーション
障害へのサポート ··················· 94

第5章　触／身体感覚とデザイン　97

1節　触／身体感覚の心理学と感覚設計　97

2節　触／身体感覚の分類法　106

◉現場の声4　フェイシャルエステ：触／身体感覚の最前線 ·············· 112

第6章　嗅覚と化粧品　　117

1節　香りと化粧の心理学　117
2節　香りを測る・つくる　127

◉現場の声5　香りを創造するパフューマー ……………………………… 132

第7章　味覚と食　　135

1節　味覚と味　136
2節　食品・飲料の官能評価　145

◉現場の声6　食品の官能評価と心理学 ………………………………… 152
◉現場の声7　「文系」で心理学を学んだ私のキャリアパス ……………… 154

第8章　自己移動感覚とVR　　157

1節　自己移動感覚とは何か　157
2節　測定法と具体的な研究例　166

◉現場の声8　ベクションの快感，美術作家としての
　　　　　　　個人的な体験から ……………………………………… 177

第9章　感性と魅力的デザイン　　181

1節　気持ちに訴えかけるデザインと心理学　181
2節　感性の測定法と仕事との関係　193

◉現場の声9　感性に響く化粧品作り ………………………………… 199

付録　さらに勉強するための推薦図書　205
文献　206
人名索引　214
事項索引　215

第1章

感覚・知覚心理学へのいざない

活かせる分野

　外界の情報や，体に関する情報を的確に感知するはたらきは，私たちの心が全体として適応的にはたらく基盤になっています。土台がしっかりしていないと家がもたないように，情報をしっかり受容すること（感覚），そしてその情報をまとめて解釈すること（知覚）がうまく機能しないと，私たちの心は歪み，時には事故のような危険に巻き込まれてしまいます。いろいろな心理学教科書でも，感覚・知覚が最初に位置づけられることが多いのもこのような理由によります。さらに感覚や知覚は，美しさを感じて創作する心である「感性」に直結しています。本章では，感覚・知覚心理学ではどのような知見が見出され，生活や仕事にむすびついているか，そしてそれらの分野ではどのような研究法や測定法が用いられているか，解説したいと思います。

1節　感覚・知覚心理学とは何か：その背景と心理物理学的アプローチの始まり

　感覚・知覚に関する問題は，本書の「はじめに」のところで紹介したように古くから哲学的考察がなされてきたのですが，19世紀になると心理量と物理量の対応関係を明らかにする学問として心理物理学（Psychophysics）が構築され，科学的心理学が生まれる基盤が作られました。

1. ウェーバーの法則

　まずあげなくてはならない研究者は，19世紀初頭にライプティヒ大学の解剖学・生理学の教授であったウェーバー（Weber, E. H.）です。彼の重要な功績の1つは，感覚の大きさと刺激の物理量との間に見出した明確な法則性です。例えば，100gのおもりを標準刺激として持ち上げ，少しずつおもりの重さを増やした比較刺激を持ち上げます。そして，それが105gになったときに，さっきよりちょっと重くなったと感じたとします。このときに標準刺激の重さをS，違いを感じたおもりの増分をΔSとして，それらの比＝ΔS／S（ウェーバー比）を計算すると，5／100＝0.05となります。では今度は1,000gのおもりをもったときにはどうでしょうか？　さっきと同じように5g増やしただけでは違いがわからず，1050gに増加させるとより重くなった違いがわかります。このときウェーバー比を同じように計算してみますと50／1000＝0.05で先ほどと同じ一定の値になります（ウェーバーの法則）。ウェーバー比は，感覚の種類や個人によっても異なりますが，おしなべていえば5％ぐらいととらえておいてよいでしょう。私個人の経験かもしれませんが，消費税が3％のときには増税はさほど気になりませんでした。ところがその後に5％，そして今の8％にもなるとぐっと税が重くなったように感じています。

2. フェヒナーの貢献

　ウェーバーよりもちょっと後にライプティヒ大学の物理学の教授になったフェヒナー（Fechner, G. T.）は，実験中の事故で失明に近い状態になってしました。大学をすぐにやめて思索生活に入りましたが，1850年10月22日の朝に目覚めた時に，心理量と物理量の関数関係を問題にする新しい学問である心理物理学の着想を得ました（その日は彼の業績をたたえフェヒナー・デイとよばれ，現在でも毎年，学会が開かれています）。彼はウェーバーの法則をもとに，かろうじて違いがわかる刺激の増分ΔSに対応する感覚の大きさをΔEとしました。ΔSは物理量で丁度可知差異（Just Noticeable Difference: JND）ともよばれますが，ΔEは「ちょっとさっきとは違う感じ」を

あらわす心理量です。フェヒナーは，ΔE はウェーバー比によってあらわすと，

$$\Delta E = k \frac{\Delta S}{S} \quad （k は定数）$$

となり，この式で ΔS を移項することによって変形すると，

$$\frac{\Delta E}{\Delta S} = \frac{k}{S}$$

のように微分の形式になるので，さらにこの式を積分すると次の式が導かれることを示しました。

$$E = k \cdot \log S + c \quad （c は積分定数）$$

これが有名なウェーバー・フェヒナーの法則です。この式を言葉であらわすと，私たちの感覚の大きさ E は刺激の物理的大きさ S の対数に比例するということになります。このときの log は自然対数でその底は 2.73… という無理数ですが，今，計算を簡単にするために底を 2 として $\log_2 S$ としてみましょう。待ち合わせで，ある人を 16 分間待たせたとすると，その人の待ったという感じの心理量 E は $k \cdot \log_2 16 = 4k$ です（c は仮に 0 としました）。ではその倍の 32 分待たせたときにはどうなるでしょう。$E = k \cdot \log_2 32 = 5k$ となります。つまり物理的には 2 倍の時間を待たせたのに，心理的には 5k ／ 4k = 1.25 となるので，1.25 倍にしか待った感じがしないことになります。ですから約束の時間に結構，遅くなってしまった場合には，相手の待ったという感じの増え方は次第に緩やかになるので，あせらず慌てないほうが事故を起こさなくてすむことをこの法則は教えてくれます。

フェヒナーの関心は 1870 年代になると美学の問題に集中し，美感を実証的に解明する手法をいろいろ考案しました。例えば，長辺と短辺の比が約 8 対 5 の四角形が美しいという黄金比が知られていましたが，彼は実験参加者に美しいと思う四角形を選んでもらったり，作ってもらったり，一番使いたいと思うのはどれかなどの手続きを使って調べました。フェヒナーは実験美学（experimental aesthetics）の創始者でもあったのです。このような方法は今日の感性デザイン研究でも広く用いられていますね（本書 9 章参照）。

心理物理学の考え方，およびそのアプローチから生み出されたさまざまな測定方法は，心理学とさまざまな実際的仕事を結びつける上で

もとても重要です。この本のすべての章で紹介されているように，私たちの感覚や知覚，感性に影響を与える刺激や要因を定量的に把握し，用途に応じて的確にコントロールする応用可能性を支えているからです。20世紀後半になって，スティーブンス（Stevens, S. S.）によってさらに新たな測定法が考案され，新心理物理学が創設されましたが，その紹介については後の節で行います。

2節　感覚・知覚心理学が貢献した心理学の基礎的理論

　心理学を代表的する理論や枠組みの多くも，実は感覚や知覚に関する考察に端を発していると考えることができます。この節では主なものを見ていきましょう。

1. ヘルムホルツの無意識的推論

　1849年以降にドイツのいくつもの著名大学の生理学教授を務めたヘルムホルツ（Helmholtz, H. L. F.）は，色の知覚に関する3色説や，音の高さや音色を感知する蝸牛の機能に関する説明など，生理光学や音響生理学の分野で大きな貢献をしました。

▲図1-1　大きさの恒常性
手前と奥の人物は同じ大きさで描かれているが，遠くにあると知覚されるとより大きく見える。

　このようにヘルムホルツは感覚については生理学的機構に基づいて考察しましたが，知覚の問題になると経験主義に基づく説明に転じました。それは，3次元世界の対象と，それが2次元の網膜に映し出された像は一対一で対応しているわけではなく，同じ対象がさまざまな網膜像を与えたり，逆に，複数の対象が同一の網膜像を結果としてもたらすことがありうるからでした。しかし，私たちが知覚するものは複数の解釈に分かれることはめったにありません。不確定な感覚情報から安定した1つの解釈に自動的にすばやくいたる知覚過程をヘルムホルツは

無意識的推論（unconscious inference）とよびました。このような過程がはたらいているのを理解しやすい代表的な例は，トリックアートの分野でもよく使われる大きさの恒常性（size constancy）です（図 1-1）。

　無意識的推論という考え方は，知覚における自動的な補正過程を強調したものであり，今日の認知科学でいうところのトップダウン処理あるいは概念駆動型処理に必ずしも対応するものではなかったと思われますが，その後，経験主義的視覚論の文脈の中で拡大され，知識や仮説が先行して外界情報が解釈されるとする相互関与心理学（transactional psychology）やニュールック心理学（new look psychology）などの進展につながりました。前者は，有名な「エイムズのゆがんだ部屋」などのデモを生み出した学派で，後者は，貧しい家庭の子どもは硬貨のサイズを大きく見積もる実験などを行った学派です。

2．ヴントの要素主義と構成主義心理学

　ヘルムホルツの助手を務めていたこともあったヴント（Wundt, W. M.）は，生理学に大きな影響を受けましたが，心理学に関心を向け，ライプティヒ大学の哲学教授として，1879 年に心理学実験室を演習などで使い始めました。この年は実験心理学が創始された年とされていますが，先にも述べたように心理物理学的研究はもっと以前からなされていたわけです。

　ヴントは心理学の問題に科学的に取り組もうとして，私たちが意識する世界を構成要素に分解することを試みました。例えば，観察者に板に開けられた小さな覗き穴（還元衝立）から机の上に置かれた本を見せて，できるだけ忠実に報告してもらうと（内観報告），台形のような面が見えるという回答が返ってきます。ヴントはそのような属性を純粋感覚ととらえ，それらの要素が「統覚」（現代心理学の用語では認知や注意のはたらきに対応します）といわれる能動的な心的活動によって結合され，意識が構成されると考えました。このアプローチは構成主義とよばれました。

3．ゲシュタルト心理学

　20 世紀の初頭になって，要素構成主義に反対論を展開したのがゲ

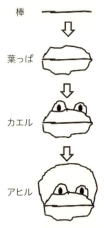

▲図1-2 創発特性を示す絵描き歌の一例

シュタルト心理学（Gestalt Psychology）です。「全体は部分の総和以上のものである」というテーゼがゲシュタルト心理学の根底にありますが，私は授業でこの主張を説明するときにいつも絵描き歌の例を使っています（図1-2）。要素が少し加わっただけで，以前の形とは全く異なった性質をもつ別の全体が創発されます。

ゲシュタルトは形態や布置と訳されることが多いのですが，ドイツ語でまとまりのある構造体のことを示します。皆さんが夜空で見る星座はゲシュタルトそのものです。本来，星はランダムに配置された光点ですが，私たちは空間的に近い位置にある星をまとめて，例えば白鳥座のように全体的な形態をとらえます。このような傾向は，ゲシュタルト心理学では「近接の要因」とよばれますが，その他にも「類同の要因」とか「閉合の要因」などたくさんあげられています。それらの要因の上位に考えられた法則が，「プレグナンツ傾向」で，全体として最も簡潔で秩序あるまとまりをなす特性があるとされています。

ゲシュタルト心理学の旗頭はヴェルトハイマー（Wertheimer, M.）ですが，その他にもケーラー（Köhler, W.）やコフカ（Koffka, K.），レヴィン（Lewin, K.）などそうそうたる研究者が名を連ね，感覚・知覚心理学を超えて，学習思考心理学，社会心理学や臨床心理学の分野まで大きな影響を与えました。また，アルンハイム（Arnheim, R.）に代表されるように，絵画や映画などの芸術理論にもゲシュタルト心理学の考え方は深く展開されました。

4. ギブソンの生態学的アプローチ

外界を察知する機能は人間以外の他の動物にとっても必要不可欠なものであり，例えばカエルでもヘルムホルツのいう無意識的推論のような高次の過程をはたらかせているのだろうかといった素朴な疑問が生じます。これに答えるのがギブソンの生態学的アプローチです（Gibson, 1966）。

ギブソンは，生体が自分の生活圏の中で活動するときに必要な対象や環境に関する情報は，生体が入手可能な刺激系列の中にすで豊富に含まれており，生体は単にそれらを検出すればよく，解釈や推論などの内的処理は必要がないと強調しました。例えば，図 1-3 と図 1-4 に示すように，自分の移動方向や奥行の知覚に必要な情報は，オプティカルフロー（optical flow）とよばれる刺激成分の速度変化パターンや，きめの勾配（texture gradient）の中に含まれていることを示しました（ギブソンはこのような情報を光学的不変項とよびました）。
　またギブソンは，事物の価値や意味でさえも，思考や推論なしに直

▲図 1-3　ギブソンが例示した飛行機が着陸するときにパイロットの眼に入るオプティカルフロー

▲図 1-4　野原で観察できる，きめの勾配

接知覚されるという大胆な説を主張し，アフォーダンス (affordance) という考え方を提唱しました。英語に "afford" という動詞はありますが，それを名詞にしたギブソンの造語です。例えば，登山をしているとき，25cm ぐらいの高さの石は踏みこえる動作をアフォードしますが，50cm ぐらいの高さになると，その上に腰かけて一休みすることをアフォードします。アフォーダンスは生体と環境が相互作用しあう中で生まれることに注意してください。例えば，幼児にとって 25cm の高さの石は踏み越えられず，おしりをついて乗り越えることになるでしょう。

ギブソンの考え方は，いろいろな生体の感覚や知覚，そして動作の生態学的特性をベースとしているだけに，応用範囲が広く，コンピュータビジョンや仮想現実，そしてユーザーインターフェースや，使いやすいデザイン，ヒューマンエラー防止など，さまざまな分野で広く活用されています。

5. 情報処理アプローチ

1960 年代に入ると，コンピュータの発展には目ざましいものがありました。それに伴って，人間を精巧な情報処理系とみなし，コンピュータのハードウェアやソフトウェアとの比較や，アナロジーで感覚や知覚・認知過程を分析するアプローチが，認知科学や認知心理学として盛んになりました。

人間の情報処理をどのようにとらえるかについて，大きくみればボトムアップ処理とトップダウン処理の 2 通りの考え方があります。ボトムアップ処理は，刺激情報の特徴を抽出・分析することから出発し，それらの特徴を評価して最終認識結果を得る方式であり，データ駆動型処理ともよばれています。これに対し，トップダウン処理は，システム内に蓄えた知識や，認識対象に関するモデル（スキーマとよばれることもある）を先に駆動し，それに適合する特徴が入力情報に存在するかどうか仮説検証的分析を行う方式であり，概念駆動型処理ともいわれます。

ボトムアップ処理は帰納的で着実な方法といえますが，ノイズを多く含んだり，複雑なパターンのときには，特徴抽出がうまくできなかったり，候補を絞りきれない多義的なケースが生じたりして，処理

に時間がかかることがあります。一方，トップダウン処理は，ノイズの影響に頑健であり，文脈情報を反映することが可能なので，複雑なパターンを対象とする際にも必要最低限度の処理ですむという利点はあります。しかし，予測が間違っていた場合には，仮説の選定をやり直さなければならず，状況によっては写真の染みを幽霊と思い込むように大きな誤りをおかす危険性が生じます。

このような長所と短所のために，1970 年代後半になると，ナイサーは両方式の処理が循環して生起すると考える「知覚循環説」(Neisser, 1976) や，リンゼイとノーマンは，両者がそれぞれの処理の途中結果を参照しながら相補的にはたらくとするとする黒板モデルを提唱しました（Lindsay & Norman, 1977）。

6. 計算論的アプローチ

1980 年代になって，視覚だけでなく知覚や人間の認知機能の研究に広く影響を与えたのがマーの計算論的アプローチ（computational approach）です（Marr, 1982）。マーは人間の知覚は，ちょうど連立方程式で未知数が 3 つ以上あるのに，方程式の数が 2 つしか与えられていないケースのような不良設定問題を解くプロセスと考えました。この場合，解は複数出てしまい，一義的には定まりません。そこでマーは，外的世界がもつ種々の制約条件（例えば，ある範囲では面は平らであり，多くの物体は凸面をもつなど）を利用することが必要で，それらを計算過程に組み込んで，低次の表現から高次の表現が推定されていくモデルをコンピュータビジョンの分野で提示しました。マーは，これまでの研究では細かなハードウェアやアルゴリズムは調べられていますが，過程全体としての処理目的は何か，そこで何が計算されているかについての根本的な問い，すなわち計算論的レベルの考察が足りないと警告しました。確かに計算目標が明確になっていれば，その計算にはどのようなアルゴリズムが有効で，実装するにはどんなハードウェアが効率的かの見通しがつけられますね。

また，最近，心理統計学でも盛んになってきた考え方にベイズ推定があります。マーの考え方とも共通点があるのですが，生体が入手した刺激の情報（観測事象）から，その刺激をもたらした外界の構造（原因事象）を推定しようとするアプローチです。例えば，ナカヤマ

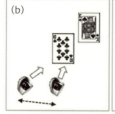 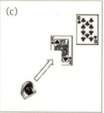

▲図 1-5 エイムズのトランプカード
(a) を見るとてっきり (b) の配置に知覚してしまうが，(c) のようなトリックがしてある。

と下條信輔は，視覚系はある網膜像が与えられたとき，その像を一般的にもたらす外界構造を選定する作業を行うとする「一般像抽出原則」を提唱しています（Nakayama & Shimojo, 1992）。「エイムズのトランプカード」とよばれる有名なデモを用いて，簡単にこの考え方を説明しますと，図 1-5 (a) に示すように，私たちは途切れない辺をもつカードのほうが前面にあると知覚します。実際に 2 枚のカードがそのような配置になっているときには（図 1-5 (b)），私たちが見る角度を変えたとしてもかなりの範囲にわたって図 1-5 (a) のような網膜像があらわれます。エイムズがトリックを仕掛けたように途切れた辺をもつカードが前面にある配置（図 1-5 (c)）は，非常に限定された視点位置のとき図 1-5 (a) のような像が見えるきわめて稀な特殊ケースなのです。

7. ニューラルネットアプローチ

　神経系の信号の伝達速度は数ミリ秒ほどで，コンピュータと比べると格段に遅いのに，人間はちょっとした課題なら，数百ミリ秒程度の反応時間でこなすことができます。このことは，複雑な知覚反応処理でも約 100 ステップ以下で行われていることを示しています。ところが，同様な処理を現在の直列逐次処理型コンピュータでやろうとすると，ちょっとしたものでも数千から数万ステップのプログラムが必要です。遅い素子でも速い処理が可能なのは，神経系では並列分散処

理が大規模になされているためです。

　このような反省に基づいて，ニューラルネットのふるまいをまねて，逐時的な処理手順を全く仮定しない並列分散処理を適用するアプローチが，1986 年にラメルハートらにより提唱されました（Rumelhart & McClelland, 1986）。実はその 15 年ほど前から，日本では甘利俊一が神経情報処理の基礎理論を構築し，福島邦彦は文字認識に応用していました。

　ニューラルネットでは入力層に十分な情報を与え，適当な数の中間層を用意し，出力層の応答が望むべき解をあらわすように各層のユニット間の結合の強さを学習によって最適化してゆく方式をとるので，幅広い応用範囲があります。ただし，ニューラルネットモデルで課題遂行がなされたとしても，それは表面的な近似にすぎず，過程そのものの理解にはつながらないとする意見や，解がえられた理由がわからないという批判もあります。しかし最近の深層学習法の AI での活用など，その情報処理能力には驚くべきものがあり，今後の進展には期待と戸惑いの両方をもって注目していかなければなりません。本書シリーズ「ICT・情報行動心理学」も参照してください。

3 節　感覚・知覚心理学が扱うテーマ

　理論やアプローチの紹介がだいぶ長くなってしました。それだけ感覚・知覚心理学が心理学全体に深く関わっていることをおわかりいただけたと思います。この節では，具体的にどのようなテーマがこの分野で研究・応用されているのか見ていきましょう。

1. 感覚の種類と大分類

　アリストテレスの五感について「はじめに」のところで紹介しましたが，私たちの感覚の種類や，特に感覚体験の質の違いはモダリティ（様相）とよばれ，表 1-1 に示すように多種類のものがあります。

　それぞれのモダリティの感覚が生起するためには，受容器とよばれるそれぞれ特有のセンサー群と，それらが検出可能な適刺激とよばれる特定の性質をもつ刺激が必要です。ただし受容器の神経がたまに不適刺激によって興奮させられることがあって，その場合，面白いこと

▼表 1-1　感覚の種類

感覚	感覚体験の違い（モダリティ）	受容器	適刺激
視覚	明るさ，色，形，動きなど	光受容器（網膜の錐体，桿体）	可視光（電磁波）
聴覚	音の大きさ，高さ，音色など	蝸牛内の有毛細胞	可聴音（音波）
味覚	酸，塩，甘，苦，うま味	味蕾中の味細胞	水溶性物質（化学刺激）
嗅覚	ハッカ，ジャコウ，腐敗臭など多様	鼻腔内の嗅細胞	揮発性物質（化学刺激）
皮膚感覚	触，圧，温，冷，痛など	マイスナー小体，パチニ小体，自由神経終末など	圧力，熱，侵害刺激など
平衡感覚	揺れ，ふらつきなど	三半規管内の有毛細胞	重力，頭部・身体の傾きなど
運動感覚	動き，重さなど	筋紡錘，ゴルジ腱器官，前庭器官など	重量刺激，張力，加速度など
内臓感覚	空腹，満腹，渇き，痛み，尿意，便意など	自由神経終末，機械受容器など	機械的，化学的，侵害刺激など

に（当然かもしれませんが），その感覚神経興奮に対応する感覚体験が生じます（ミュラーの特殊神経エネルギー説）。例えば，眼球を強く押すと光が見えたり，矛盾冷覚といって，43度〜47度ぐらいのお湯に手をいれると，冷覚の受容器神経も興奮するために冷たさを感じることがあります。

　個別の感覚モダリティの特性の詳細は，本書の各章の紹介を参照して欲しいのですが，たくさんの感覚を大きく分類するいくつかのやり方があります。まず体の外側にある刺激を感受するはたらきを外受容感覚とよびます。視覚や聴覚は代表的なものですが，嗅覚や触覚の機能も含まれます。次に，体の内側にある刺激を察知するのが内受容感覚です。内臓感覚がおもなものですが，痛覚や圧覚などの体性感覚の一部も含まれます。そして自己の姿勢や動きに由来する刺激を感知する運動感覚や平衡感覚などの自己受容感覚があります。

　もう1つの大分類の仕方は，刺激の源が遠くにあっても感じ取ることができる遠感覚と，近くにないと感じることができない近感覚です。遠感覚の代表は視覚と聴覚です。近感覚の代表は「肌で感じる」

という表現にある通り触圧温令痛を感じる皮膚感覚です。犬は2キロ先の匂いの源を追尾できるので嗅覚は遠感覚ですが，人間にとっては両者の中間くらいに位置していると思います。もっとも何百メートル先の焼き鳥屋さんの匂いを察知してしまう人にとっては遠感覚にあたるといえるかもしれません。

2．感覚の一般的特性

　おおよそすべての感覚にあてはまる特性として以下のようなものがあげられます。

　まず，順応（adaptation）についてですが，これは同じ刺激を受け続けていると受容器の感度が低下し，感覚が弱く感じられる現象です。順応が起こりやすいモダリティの代表は嗅覚です。香水をつけ始めると，本人には香りが感じられなくなり，またつけ直すのですが，他人は順応を起こしていないで，強烈すぎる匂いが感じられ，香害ともよばれます。逆に順応が起こりにくいモダリティは痛覚です。歯痛や頭痛ももし順応が起こるとすれば鎮痛剤は不要だったでしょうね。暗闇に入ると最初は何も見えないのに，次第に見えてくる現象は暗順応で，受容器の感度が良くなったように思いがちですが，実は明所でしか機能しない受容器（錐体）から，暗所でも光を敏感にとらえる受容器（桿体）に視覚の担い手が替わったためです。暗順応の逆の現象は明順応ですが，設備の良いトンネルの照明の設計ではこのような感覚の特性を考慮に入れて交通事故を減らしています。

　次に対比（contrast）ですが，これは刺激の強さの違いを強調して感覚する特性です。例えば，甘い食べ物には隠し味として塩辛いものをつけ加えることがありますが，そのおかげでより甘く感じます。また甘さに対する順応も防いでいるわけです。

　不思議なことに，対比と反対の効果である同化（assimilation）もあります。これは刺激の差異を小さく感覚してしまう特性です。服の色などでよく起こる現象ですが，ある色が他の色に囲まれているとき，その色は周囲の色に近づいた色合いに感じられます。

　対比か同化かが起こるのは紙一重のわずかな条件の違いで生じることに注意してください。図1-6は有名な対比錯視（エビングハウス錯視）と同化錯視（デルブーフ錯視）を示しています。一般に刺激の差

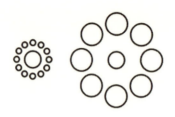

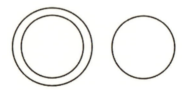

▲図1-6　対比錯視（上）と同化錯視（下）
どちらも左側の中央の円が右側に比べて大きく見える。

異が大きいときには対比が，小さいときには同化が起こります。もし自分をやせて見せたいなら自分よりかなり太った人と一緒に歩くと対比がはたらいて効果的ですが，自分よりちょっと太めの人と一緒では，同化により自分も太って見えてしまう可能性があります。

　もう1つの一般的特性としてマスキング（masking）があげられます。これは強度の大きな刺激が小さな刺激の感覚を妨げる傾向です。騒音で人の声が聞こえない場合や，芳香剤で嫌なにおいを感じさせないケースがあてはまります。私の経験ですが，たまには板前さんがいる高級なお寿司屋さんで，贅沢に食べようとした時に，たまたま隣にお化粧ばっちりの美人が座ったのは良かったのですが，強烈な香水の匂いで，せっかくのお寿司の味が何もわからなくなってしまいました。

　これらの感覚の一般的特性は，多くの錯覚現象の基本原理ともなっています。もっと最近は，いろいろな新しい錯覚現象が発見され，その生起メカニズムも多種多様なものがあります。また，ここで紹介した一般的特性は，感覚の領域だけにとどまらず，広く感性や感情の分野まであてはまります。例えば，幸せな気持ちはすぐに順応してしまって退屈な日常を感じたり，あるいは事故や災害など大きな悲しみが襲うと，それ以外の気持ちがマスクされてしまいます。

3. 知覚の特性

　感覚でキャッチされた外界の情報は統合され，私たちは空間や対象の特性を具体的に知ることができます。このような過程は知覚とよばれますが，以下に述べるように，情報負荷をできるだけ軽減するように体制化を行う能動的なプロセスがはたらいています。

　まずあげられるのは，図地分化（figure-ground segregation）です。トリックアートの本で面白い画像を見つけました。乳牛の顔の模様だったのですが，そのまま載せるわけにもいかないので，私が飼っていた白毛に灰色の斑点のあるウサギの写真を加工して載せます（図1-7）。すぐに気づかれると思いますが，ウサギの顔に，向き合った2人の顔が見えます。これは，ゲシュタルト心理学の基礎をなした実験現象学の有名な研究者の名前をとってルビン図形とよばれています。図（figure）は輪郭線を伴い前面に見えるのに，地（ground）はきまった形をもたずに図の背後まで広がって見えます。音楽を聴く場合でもメロディは図になり，伴奏は地に知覚されています。そして，図と地はときどき反転します。図地反転（figure-ground reversal）を使ったアートでとても見事なのはエッシャーの不思議な絵で，たくさんの作品がありますから，ネットでぜひ見てください。ルビン図形は顔に見えたり，真ん中の部分が杯に見えたりするので多義図形

▲図1-7　筆者が飼っていた斑模様のウサギ

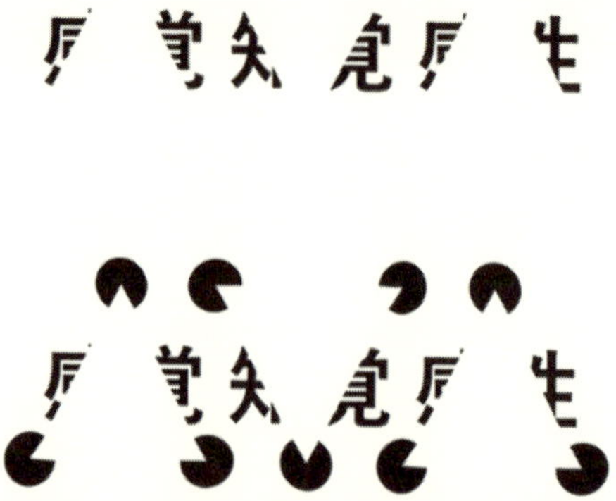

▲図 1-8 　断片図形（上）と 2 種類の知覚的補完

(ambiguous figure) ともよばれます。知覚体制化が多重に成立する
多義図形は，アルチンボルドの気味の悪いだまし絵や，ダリのシュー
ルな絵にも多用されていますので，ぜひご覧ください。

　図 1-1 で，対象までの奥行きを知覚して対象の大きさを補正する現
象である大きさの恒常性について紹介しました。恒常性は，このほか
にも形や色，明るさ，音の大きさの知覚などでも成立し，一般的に，
知覚される特性の変化は感覚受容器に与えられた刺激（近刺激）の変
化よりも小さく，その刺激の源となっている対象や事象（遠刺激）に
近似する内容となります。恒常性がはたらかなければ，私たちは対象
や事象の同一性をつかむことができず，一貫性のない混沌とした変化
にさらされることになるでしょう。

　知覚の重要な特性に，無いものを補ってまとまりのある構造体を作
り上げるはたらきがあげられ，これを知覚的補完（perceptual
completion）とよびます。図 1-8 の上段は断片図形の一種ですが，
何が書いてあるかわかりにくいと思います。ところが図 1-8 の下段で
は，2 種類の知覚的補完がはたらきます。1 つは有名なカニッツアの
主観的輪郭で，これは実際に三角形が見えるので感覚的補完（modal
completion）とよばれます。ひとたび白い三角形の面が前面に見え
ると，今度は，遮蔽されたものを完全なものとして知覚する非感覚的
補完（amodal completion）がはたらき，隠された文字が断然読み
やすくなると思います。両方の補完現象はいろいろな錯覚やアートで
応用されています。特に後者はいわゆる「未完の美」にも関係するの
ではないかと考えられています。

16

4. 知覚を支える優位な感覚と多感覚現象について

　健常な人であれば，たくさんある感覚の中で中心的な役割をしているのは視覚です。視覚優位現象としてよく取り上げられるのは，隣の電車が動くと自分が動いて感じる誘導運動や，口がパクパクする人形のほうから声が聞こえる腹話術効果などです。一方，地震によって傾いた家では，柱や壁などの視覚情報の方向に姿勢を保とうとするので，平衡感覚とミスマッチが生じてしまい，めまいや頭痛などの深刻な心身症状が出てしまいます。私も東日本大震災でひどい目にあいました。

　聴覚は時間に関する分解能に優れているので，タイミングに関する課題や，連続する視覚刺激中に聴覚刺激が2回提示されると，視覚刺激も2回に断続して感じてしまう分裂錯覚など，聴覚優位を示す現象もあります。現在では，最も信頼度が高い感覚モダリティの情報を核にして他の感覚が統合されるとする考え方が受け入れられています。

　私たちの知覚は，多くの場合，たくさんの感覚情報により支えられています。代表的な例は，本書第6章に詳しく紹介されている美味しさ感でしょう。料理は味覚，嗅覚，触覚，視覚，そして聴覚にも支えられている総合感覚的創作といえます。聴覚は意外かもしれませんが，例えば噛んでいる音の高周波成分を増幅して提示すると，パリパリ感が増します。

　人数はとても少ないのですが，例えば球の形を見ると実際にバニラの味が，三角錐を見るとミントの味が口の中に広がって感じる人がいます（Cytowic, 1993）。このような人を共感覚保持者（synesthete）とよびますが，比較的多く報告されるのは，数字や文字などの色がついて見える色字共感覚です。ドレミなどの音に色がついて見える人います。興味深いのは，共感覚の対応関係は個人間では決まった傾向はないのですが，個人内では一貫していて（例えば2は緑で，5は赤など），生涯変わらないといわれます。もし，数字や数式に色がついて見えたら，数学の教科書をめくるたびにカラフルな頁が出てきて楽しいでしょうね。事実，有名な数学者や芸術家には共感覚保持者が多いといわれています。

　一般の人でも，実際の感覚を伴う共感覚まではいかなくとも，共感

覚的イメージはあります。例えば，「甘い音」(味覚が聴覚を修飾)，「柔らかな光」(触覚が視覚を修飾) といった表現にはうっとりしますね。このような共感覚的表現には，感覚の大分類のところで紹介しましたが，近感覚が遠感覚を修飾するという法則があります。近感覚のほうが「肌で感じる」ので，そうではない遠感覚の内容をより直接的・具体的に説明できるからでしょうか。修飾関係を逆にして「騒がしい味」や「まぶしい香り」などのようにすると，理解困難ですが，何か不思議な思いがけない印象が出てきます。これはすでに感性の領域のテーマですね。

5. 感性の特性

　感性は，物事を論理的に理解するのではなく，感覚的，直感的に受けとる能力と一般的にみなされていますが，感性に対応する言葉を英語に見つけることは難しいし，実は正確に定義することも困難です。日本では，1990年代から，マーケティングや商品開発のなどの分野で，ユーザーの好みや価値判断を総合的にとらえる手法が必要とされ，人間の感性にうったえる製品を作るための技術として感性工学 (Kansei Engineering) が生まれました。感性の科学や工学は，日本で本格的に提言されたといってよいです。それは，「和み」「おもてなし」，そして「粋」な心を大切にする日本特有の文化風土があったからだと思います。

　図 1-9 は，そのような考えを表したものです。おそらく西洋では合理的かそうでないかを見極める知性が重視され，そして愛欲や憎悪といった強くて急激な情動 (emotion) も不可欠なモチーフになってき

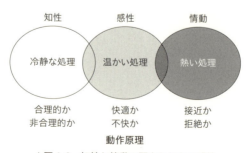

▲図 1-9　知性と情動の間をとりもつ感性

ました。ところが日本では，両極端のものはそれほど好まれず，熱く
も冷たくもなく，心地良い温かさをもつ心を日常的に重んじられてき
たように思います。実験美学者のバーラインのいう快感を最大にする
覚醒ポテンシャル（Berlyne, 1970）に対応するともいえるかもしれ
ません。日本料理の味つけも激辛でも激甘でもなく，素材の味を生か
した薄い味つけで，薬味でちょっとしたアクセントをつけているだけ
ですね。

　焼き魚に大根おろし，カモにネギ，寿司にガリなど，和食の付け合
わせは，西洋のガーニッシュの多くとは違って，単なる飾りつけでは
なく，一緒に食べて絶妙の味わいを支えるものです。このように，思
いがけないものの組み合わせで創発効果が生まれるのも感性の特性で
す。

　感性の細かなニュアンスは言葉で説明することが難しく，実際に体
験してもらって共感的理解を得るほかない場合もあります。また，そ
の人にしかわからない感じや思い入れがあるなど，個人性が強く，し
かもその場の雰囲気などに影響され，状況依存性も強いです。このよ
うに意外性やゆらぎが大きい分だけ，理屈や損得勘定などで硬くなり
がちな人の心を柔らかくし，人と人，人とモノの間の関係を杓子定規
にではなく，適度な間合いをもって寛容に取りもつ特有の機能を感性
は発揮しています。

4 節　感覚・知覚心理学における代表的手法と測定法

　この節では，感覚や知覚，感性の研究や応用の分野で，よく使われ
ている主要な方法と，測定の仕方について解説します。より詳細な手
続きについては，本書の第2章以降に載っているテーマ別の具体例
を参考にしてください。

1. 現象観察

　私が院生の頃，図地知覚の実験結果などを学会発表すると，きまっ
てある年配の先生から，フッサールの現象学を勉強すること，厳密な
現象観察が何より大切であることを指摘されました。「直接意識され
たものに関する，可能な限り先入観を抱かない厳密な記述」を求める

現象学的手法は，実験現象学やゲシュタルト心理学の成果として重要な知見を生み出してきたことはこれまで述べてきた通りです。前節で紹介した主観的輪郭を創作したカニッツアも実は実験現象学の系統です。彼の研究室はいろいろな図形作品でまるでアトリエのようだったと聞いています。誰でもが明らかに知覚できる現象を生み出す魅力的なデモを作る才能があれば，そのデモだけでインパクトは十分で，多くの研究者がその現象を追いかけるために，心理物理学的計測を行ったり，神経生理学的基盤を探したりすることになるのでしょうね。

2．主観報告

　また自分の話で恐縮ですが，1節2．で紹介した内観主義を創始者であるヴントの膨大な蔵書がある東北大学心理学研究室に幸か不幸か入学した学生時代には，心理学基礎実験で被験者（今は実験参加者とよびますね）の内省報告を必ず取ることを教え込まれました。ヴントの本格的な内観法は，意識体験を分析的にできるだけ客観的に報告し，それを直接のデータとするものでしたが，私の基礎実験での内省報告は，実験のあとに何か気づいた点などを報告してもらう感想のようなものでした。結果の考察は，測定データがメインで，内省報告はたまに参考にする程度の補助資料として扱われることがほとんどでした（外側から観察できない主観的なものは科学的ではないとして排除するという行動主義の影響もあったのかもしれません）。

　ところが，近年になり認知科学的アプローチやビックデータ解析手法などが盛んになると，主観報告はプロトコルなどと新たによばれるようになり，例えば，新しくデザインされた製品を使うときに発話された内容を使い心地やなじみやすさのプロセスの記録として積極的に利用されるようになりました。また，新製品に対するツイートなどを大規模分析して，ユーザーがどのような感性印象をもっているのか調べる内容分析など，新たな利用法が開発されています（本書第9章を参照してください）。

3．心理物理学的測定法

　心理量と物理量の対応関係を研究する学問として，フェヒナーが心理物理学を19世紀後半に築いたことは，1節2．で述べました。そ

の後，この分野でさまざまな測定法が開発されましたが，それらを解説するだけでも一冊の本になってしまいますので，詳細は成書を参照してください。ここでは代表的な手法の概説だけにします。

　かろうじて気づくことができるわずかな感覚を引き起こす刺激の最小の強さを絶対閾あるいは刺激閾とよびます。またその感覚が生じなくなるほど大きな刺激の強さは刺激頂とよばれます。例えば，大きすぎる音で耳の痛みを感じてしまう場合などのように別の感覚に変わってしまうことがあります。一方，感覚の違い（明るさの違いや，音の高さの違いなど）がわかるわずかな刺激の強さの増分は弁別閾とよばれます。1節2. では，これは丁度可知差異とよび，これを基本にフェヒナーの法則成り立っていることを解説しました。また3節3. で紹介した対比や同化錯視の大きさをはかる場合などように，標準刺激（例えば周り囲まれた円，固定刺激ともいわれます）と，比較刺激（例えば中央の円のみで，その大きさを変化させるので変化刺激，あるいはテスト刺激ともよばれます）を用意し，両刺激の大きさや，その他の属性が知覚的には同じように感じられるポイントが，主観的等価点（point of subjective equality: PSE）としてよく測定されます。

　刺激閾，弁別閾，そして主観的等価点を測定する方法として代表的なのは，調整法（実験参加者が刺激の強さを連続的に変化させて限界値を求める），極限法（実験者が刺激の強さを段階的に変化させて限界値を求める），恒常法（あらかじめ用意した異なる強さの刺激をランダムに提示し，実験参加者に yes/no などの判断を求める）があり，それぞれ長所と欠点があります。それらをカバーするために階段法や上下法などいろいろな手法が開発されています。また閾値が実は感覚系の感度と参加者の判断基準という2つの要因から成り立つと考えて，信号検出理論を適用したり，ベイズ統計や効率分析なども使われたりするようになってきました。

　ちょっと年代をさかのぼって，1950年代には，アメリカのハーバード大学の教授スティーブンス（Stevens, S. S.）は「人は自分の感覚の大きさを直接，数値表現できる」という大胆な仮説のもとに，新心理物理学を提唱しました。代表的な手法はマグニチュード推定法で，例えば，ある線分の長さを 10（modulus，基準係数）としたとき，次に提示された線分の長さはどれぐらいに感じるかを参加者に数

値で答えてもらいます。2倍の長さに感じたら20，半分よりちょっと長いと感じたら6などと答えることになり，その判断は参加者にゆだねられます。このある種の言語報告のような手続きは学会で猛批判を受けましたが，スティーブンスは，明るさ，音の大きさ，重さや温度の感覚，電気ショックの痛みなど，さまざまモダリティで実験に実験を重ね，そこにはきまって $E = k \cdot S^n$ という法則が成り立つことを発見しました。スティーブンスの法則を言葉で表すと，感覚の大きさ E は，刺激の強さ S のベキ関数になるということです。n はベキ指数とよばれ，n が 1 に等しいと，感覚の大きさは刺激の強さに直線的に比例することになり，スティーブンスの実験によると上にあげた線分の長さの感覚などでは 1 に近い値になります。ところが，明るさや音の大きさなどの遠感覚ではたいていの場合，n は 1 より小さくなります。つまり刺激の強さが 2 倍になっても感覚の大きさは 1.4 倍（n が 0.5 のとき）程度にしかならないので，フェヒナーの法則でもみられたような圧縮傾向があります。一方，近感覚や自己受容感覚の多くでは，n は 1 より大きくなります。例えば電気ショックの痛覚では n は 3.5 ぐらいになります。つまり増幅傾向があり，痛みは刺激の強さのなんと 3.5 乗倍で急激に大きくなります。遠感覚ではまだ刺激源は遠くにあるので圧縮して伝え，近感覚や自己受容感覚は体に直結しているので増幅して伝える仕組みは，進化生物学的にみてもうまくできていると思います。

このように参加者の数値表現を信頼して大丈夫かなという心配をよそに，スティーブンスの法則はさまざまな感覚の特性の定量化ができるので，彼が考案したマグニチュード推定法や産出法は感覚の問題だけでなく，快適感などの感性判断や，罪の重さといった社会的判断などにまで広く使われるようになりました。数値表現だけでなく，例えば不快感の程度を，ノイズ音の大きさを調整して表現するなどクロスモーダルマッチングの手法もよく使われます。

4．心理評定法

例えば，化粧による美しさを比べたり，製品の印象を調べたりする場合のように，対象が複雑で物理特性を連続的に操作できなかったり，明確に定義できない場合に，心理的判断を中心にして分析するい

ろいろな手法が開発されています。

　一対比較法は刺激を2個ペアにして例えばどちらがより美しいか
を判断してもらいます。それをすべての刺激組み合わせについて複数
の参加者で判断してもらった結果から，比較判断の法則などを用いて
刺激の美しさの程度の差を表現できる尺度を作ることができます。こ
の方法ではそちらか一方を選べばよいので，判断は比較的容易なので
すが，組み合わせの数が多くなるととても負担になります。そこで，
例えば，「非常に美しい」から「全く美しくない」まで，5〜9段階
のステップをもつ尺度を用意して評定してもらう方法（リッカート
法）があります。あるいは，両極端の評価の間に線分や細長い直角三
角形などのアイコンをつけ，評定者に適当な位置にマークをつけても
らう VAS（visual analog scale）法も使われます。

　印象などを測定するときに，よく使われるのがオズグッド（Osgood,
C. E.）の SD（semantic differential，意味微分）法です。これは評
定対象を修飾する際に用いられる反対の意味をもつ形容詞をペアにし
て10〜20対用意し，5〜9段階で評定してもらうものです。尺度
は複数になるので，多変量解析法を使って，印象を規定する少数の因
子を抽出します。色やデザイン，音楽や香り，顔や人柄の印象などと
いったさまざまな領域の評定対象でも，「良い―悪い」などに代表さ
れる評価性因子，「静かな―活発な」などの活動性因子，「弱い―強
い」などに代表される力量性因子の3つの次元で私たちの感じ方が
ほぼ規定されているというのがオズグッドの発見でした。

　対象同士がどれぐらい似ているのか類似度を計りたい場合には，2
つをペアにして5段階尺度などでどれぐらい似ているのか評定させ
る方法もありますが，組み合わせの数が多くなると負担がかかるの
で，主観的に似ているものを任意のグループ数に分類してもらい，対
象ペアが同じグループに入った頻度をとって類似度とみなす方法もあ
ります。どのような方法を使うにしても得られた類似度データを多次
元尺度構成法などにかけ，それらの対象を2次元や3次元の空間内
にマッピングすることができます。そうすると例えば，自社製品は互
いに近くに位置づけられ，他社製品とどれぐらい距離が離れているか
などを分析・検討することができます。

第1章　感覚・知覚心理学へのいざない　　23

5. 生理指標と脳科学的手法

視覚が関係するテーマでは，眼球運動や瞳孔反応などをモニターすることによって，観察者の注意を向けている位置や興味関心の程度などを推定する手法があります。また，まばたきの頻度変化は，その人がある課題の実行時と休止時に，どれぐらい覚醒や緊張の度合いが変化したかを推測する指標の1つとして使われます。重心動揺計などは平衡感覚や身体運動感覚の機能や，視覚や聴覚との相互作用によって生じる錯覚の大きさなどの測定にも使われます。

脳波，特に事象関連電位とよばれる刺激の負荷によって生起する十数マイクロボルト程度の電位変化は，視覚や聴覚刺激だけでなく，触覚や嗅覚刺激などでも誘発されるので，さまざまな応用に使われています。リラックス状態やストレス負荷などを測定するのに広く使われる指標として，心拍，呼吸，皮膚電気反応，皮膚温度，唾液中のホルモン成分などがあります。

近年になって，飛躍的に発展したのは，実際の脳活動を可視化できるfMRIやPET，MEGやNIRSで，計測の際に人間の頭に傷をつけるようなことは無いので，非侵襲的脳機能測定法とよばれています。それらの装置は高額ですが，インパクトは大きく，さまざまな心理機能の脳内基盤がわかるようになってきました（本シリーズ2「神経・生理心理学」を参照してください）。ただし，脳内のどこの領域が活動しているのかを厳密に計る空間解像度と，その活動がいつ起こったかを精密に計る時間解像度に優れた機器とで一長一短があります。またNIRSを除いて他は頭部を動かさずに測定しなくてはならない装置なので，いろいろな制約もあるのが現状です。

5節　感覚・知覚心理学の裾野の広い応用可能性

本章の最後に感覚や知覚，そして感性研究が身近なところで応用されている例や，どのような応用可能性をもっているか概観してみましょう。実際の具体的な応用例は各章での熱のこもった紹介や現場の声を参照してください。

1. 感覚機能の代行や改善補償する取り組み

　例えば視覚に障害をもつ方に，視覚情報をある特定の機具を使って変換して，聴覚や触覚情報として利用してもらう取り組み（感覚代行）は比較的古くからありました。最近の IT 技術の進展に伴ってさまざまものが開発されています。例えば，The vOICe という携帯電話のアプリにもなっているシステムは，カメラからの映像の上下位置を音の高低に，左右位置を 1 秒以内のスキャン時間に，物体の有無によって生じる明るさ変化を音の強度に変換してヘッドホンから提示します。かなり訓練がいりますが，その音の変化パターンを聴取すると周囲のものがあたかも「見える」ように感じるまでになったケースも報告されています（下条，2012）。弱視や難聴の方の視力や聴力を改善補償する最新の技術研究例については，本書の第 2 章と第 4 章をお読みください。

　このような取り組みは，感覚機能を支援するだけにとどまらず，その人の QOL（quality of life，生活の質）を飛躍的に向上させることはいうまでもありません。例えば，レンズにフィルターをつけて赤緑青の原色を強調した特殊なメガネをかけたときに，赤と緑の色の区別がよくできない色覚異常の方が，これまで灰色っぽく見えていた草花のさまざまな色がその人の世界に鮮やかにあらわれた時の喜びと感動は You Tube などでも話題になりました。

2. ヒューマンエラーや事故の防止と危険回避

　図 1-10 は私が毎日通う急カーブの下り坂の道路です。錯覚を引き起こす幾何学的模様をいろいろ工夫して，オプティカルフロー（本書第 8 章を参照）により運転者のスピード感を増し，また道幅を狭く見せたりして，減速を促しています。このように交通標識に限らず，事故やヒューマンエラーを防ぐさまざまな工夫に感覚・知覚心理学の知見が活用されています。また，使いやすくて美しく，しかも人間の誤りをうまくカバーしてくれる製品やソフトウェアの開発も感性デザインの大切なテーマです（本書第 9 章参照）。

　ユニークな研究に贈られるイグノーベル賞を受賞した面白いアイディアに「わさびアラーム」があります。これは主に聴覚に障害があ

▲図1-10 錯覚の利用により事故防止するために急カーブにつけられた模様

るかた向けに考案されたのですが，火災報知機の音が聞こえないので，夜寝ている時など音の代わりにわさびの匂いのするガスを噴霧して目を覚まさせるというものです。私は幼い時にチリ地震津波を経験しています。未明に起こされ裏山に逃げましたが，津波が家の近くに押し寄せてくるかなり前から，異常に強い磯の臭いを感じました。津波はまず空気の流れを運んでくるので，海底をかき混ぜた臭いは先に到達するのだと思います。最近，各地で発生した大規模な土砂災害でも，先に焦げ臭いとか生臭いとか感じた方が多いと聞いています。災害の前兆や発生をいち早く察知可能にする五感情報の特性を明らかにする研究は防災・減災の上でもますます大切になり，安全・安心社会を支えているといえます。

3. アミューズメント，そして心と体の健康の増進

テーマパークなどのアトラクションはいろいろな錯覚を活用して作られています。ベクションとよばれる流動する視覚刺激に誘発されて生じる身体運動感覚は代表的な例です（本書第8章参照）。錯覚そのものも私たちに非日常的な不思議な体験をもたらし，各地にトリックアートや体験型の感覚ミュージアムが作られ，皆さん楽しまれています（本書第3章参照）。

東日本大震災後に5万戸以上建てられた仮設住宅の外観は，ほとんどがさみしいモノトーンで，そばを通っただけでも気持ちが沈んでしまいました。そんな折，ある企業と共同で，仮設住宅の外壁をほん

わかしたピンクや，若いグリーン系の色で彩色化するプロジェクトを行いました。効果は予想以上で，彩色化した仮設住宅の居住者の方の感情変化をアンケート調査した結果，施工後1か月そして1年後も「不安」や「だるさ」などが施工前より低減し，よりポジティブな方向に改善していました。それだけでなく，近隣にお住いの周辺住民の方の仮設住宅に対する印象も，「温かい」「明るい」「住んでもよい」方向に大きくシフトしていました（蓑内ら，2013）。

　次は，体に大切な食事の例です。塩分は取りすぎるといろいろな病を引き起こします。しかし，塩気を減らした料理は味が立たずおいしくありません。しかし食塩を30％ぐらい減らしてもうま味調味料をちょっとだけ入れると，おいしく食べられます。うま味が塩味を補うはたらきをもっているからです（本書第7章をご覧ください）。

　これらの例はほんの一部にしかすぎませんが，このように感覚や知覚のはたらき，そして感性を大切に活用することで，楽しさ，快適さ，健やかさを増進することができ，いろいろな産業，福祉，医療，そして家庭でのさまざまな活動と結びついています。

4．未来社会・文化への貢献

　本書の「はじめに」のところで紹介したように，今日のAIや人型ロボットの開発は当初の安易な予想よりも非常に困難でした。その理由の1つに，情報ピラミッドの底辺にあたる領域の感覚・感性情報処理が，記号や数字，ゲーム実行などの処理に比べて格段に難しいことがありました。

　2015年頃には第4次産業革命，2020年ぐらいには第5次産業革命など，ビックデータ，IoT（internet of things），AI，そしてバイオテクノロジーなどの目覚ましい進展をはずみにして声高に提唱されています。でも私には，まだまだ人間の行動や精神生活のベースにあたる感覚や感性の問題の追及が足りないように思えます。例えば，AIや介護ロボットに痛覚や内臓感覚を記号ではなくクオリア（質的な体験）として感じ取らせることは非常に難しいと思うので，人を思いやる温かな判断や振る舞いは可能なのでしょうか？　表面的に情が通ったような会話は近似的には可能かもしれませんが，それは人間の側が自分の情をロボットに投影しているのであって，ITマシンが心

の痛みを感じとったり，五臓六腑に染み渡る経験などを理解してくれるとはなかなか思えません。

　近年のインターネットがもたらした環境変化を考えると，視覚や聴覚などの遠感覚情報があふれんばかりになり，一方，味覚や嗅覚，皮膚感覚や内臓感覚などの近感覚情報は相対的に乏しくなっているように思います。子どもの発達や高齢者のケアなどを考えた場合，近感覚の適切な充実や補償は大切です。例えば，IT 機器は巧みに操作できるのに卵を割れなかったり，うま味をシャンプーの味と思ってしまう若年者の例も聞きます。痛覚や温冷覚の感度が低下する高齢者には，寝具や食事，室内の近感覚的ケアは欠かせないでしょう。

　「閑かさや岩にしみ入る蝉の声」は芭蕉の有名な俳句ですが，控えめな視聴覚情報と皮膚感覚や身体感覚が見事にバランスよく表現されていると思います。枯山水や水墨画，侘び茶や能舞，俳句や短歌などに代表される日本の文化の特徴は，元来，多感覚情報を駆使し，それらを可能なかぎり還元して感性エッセンスを抽出して的確に表現することにあったと考えます。

　本書に書かれた知見や議論が，これからの社会や文化が，感覚や感性のはたらきから見てもバランスのとれた方向に向かう指針となることを願ってやみません。

第2章
視覚心理学とロービジョン

活かせる分野

1節　視覚と弱視について

1. ロービジョンについて

(1) 感覚・知覚心理学の重要性

　現在，日本人の100人に1人は視覚障害になっていると考えられています。視覚障害という全く見えない人を思い浮かべるでしょうが，多くは不自由ながらも見えています。その人たちが日頃困っていることを解決するサービスはまだ始まったばかりです。そのサービスには感覚・知覚の心理学が欠かせません。本章を読んで，身近な人にロービジョンが疑われたら，ぜひここに書かれたことを試してみてください。生活がずっと楽に，安全になるはずです。このような専門的なサービスが今後どのように「仕事」に結びついていくのかは，まだ明確ではありませんが，サービスの中身を作っていくためには，感覚・知覚の心理学が中心的な役割を果たしていくことは間違いないありません！

(2) ロービジョン

　人間の日常生活のほとんどすべての場面で視覚という感覚にたよっています。ということは，目が悪くなるといろいろな活動が制限されることになります。毎年の健康診断の中で視力検査をしているのは，

29

▲図2-1　2つの視覚障害

その大事な目が悪くならないように、その兆候を早く見つけて、例えば合わないメガネを作り直すとか、眼科医に診てもらうとかするためです。たいていは、メガネを作り直せば以前と同じように見えるようになりますし、万一病気が見つかっても早期に治療をしてもらえば完治して、また見えるようになります。しかし、メガネを作り直しても、治療でも良くならない場合もあります。以前のようにくっきりとは見えなくても、日常生活にそれほど支障がないならば、視覚に以前と同じようにたよって生活することができますが、生活に支障があるくらい悪くなってしまうこともあります。全く見えなくなれば、それは全盲で、視覚を使う事が全くできなくなりますが、いくらか見えていても、生活をする上でいろいろとできないことが出てきてしまった状態をロービジョン（Low Vision）とよびます。メガネで矯正してもなお日常生活に支障のある視覚の状態がロービジョンとして定義されています。この定義はニューヨークの眼科医フェイ（Faye, 1984）が使ったもので、ロービジョンという言葉は生まれて35年程度の若い概念です。

(3) ロービジョンか弱視か？

　35年より前にもそういう視覚の状態はあったはずで、以前はどうよばれていたかというと、弱視とよばれていました。今でも弱視学級などの言葉が残っていますので、この言葉を使う人もいます。しかし、新しい言葉を使うのには理由があります。少し専門的になりますが、その理由を説明します。弱視という用語は、全く違ったものに対して同じように用いられてきた歴史があって、用語が同じであるためにしばしば混乱を生じさせていました。今も弱視という言葉を使えば、その混乱が生じます。子どもの視力は9歳ぐらいまでかけて大人と同じ正常視力に発達します。その途中で斜視や遠視が理由で視力の発達が阻害される一種の病気があります。この病気は弱視（amblyopia）とよばれています。この弱視では、日常生活に支障があるほどに視力低下が起こることはあまり多くありません。片目のみで視力が低いことも多く、その場合はもう一方の目の視力は正常に発

達します。一方，いろいろな原因で視覚の機能が低くなって日常生活に支障がある場合も弱視（partial sight）とよばれることがあります。前者は視覚障害ではありませんが，後者は視覚障害であり，前者は1つの病気の種類ですが，後者は病気を特定していませんし，視覚が生活に使えない状態を指しています。というわけで，前者のみを弱視とよび，後者はロービジョンとよぼうというのが最近の動向です。

(4) 一般のイメージと異なる視覚障害

　視覚障害という言葉を聞くと，まず全く見えない盲のことを思い浮かべるでしょう。目をつむったり，目隠しをすれば何も見えなくなった状態をすぐに体験できます。映画館に入ったときや，部屋の明かりが消えたままでトイレに行こうとしたときにも，視覚がほとんど使えない不便を体験できます。点字や盲導犬，白杖もよく知られているので，目が見えない人は普通の文字が読み書きできなかったり，1人で歩くのは白杖で地面を手探りしながらでたいへんになったりするということが一般に周知されています。

　ところが，その点字が読み書きできる人は，視覚障害のある日本人のうちのほんの一握りであることや，視覚障害の大半はロービジョンなのだということはあまり知られていません。（本項（7）参照）。さらに理解されていない，理解されにくいのは，ロービジョンによって生活の支障がある状態，不可解な見えにくさの実態だと思います。この数年 twitter などの SNS のおかげで，ロービジョンの人たちと一般の人たちの間でどういう誤解があるかということが，多くの人の目に触れるようになってきました。最近では，マスメディアが SNS の投稿から社会的に関心を引きそうなテーマを取り上げるようになったので，ロービジョンのこともずいぶんと取り上げられるようになってきました（残念ながら，SNS でもマスメディアでも，弱視と表現されることが多いのですが）。

　例えば，「スマートフォンを使用中に『白杖を持つ人は見えないはずだから，詐盲ではないか？』と言われた」という書き込みや，「白杖をついて歩いている人が立ち止まって腕時計を眺めた時に違和感を覚えた」というような書き込みがあります。前者は，移動するときには白杖がないと怖いロービジョンの人が，スマートフォンのナビゲー

ションのアプリを使おうとした時に，周りで見ていた人から詐欺だと思われたという経験を書いたもので，後者はそれが詐欺に見えた側の視覚正常の人の経験を書いたものです。

（5）視野が狭いというロービジョン

　この誤解はロービジョンに関する誤解の典型的なものの1つです。ロービジョンの定義とは，視覚に生じた問題によって生活に支障がある状態のことでした。視力のほうはそんなに悪くないのに，視野が極端に狭いというロービジョンもあるのです。視野が極端に狭くなるということは，1度に見える範囲が少ししかないということです。新聞の紙面を全部視野に入れることができないどころか，見出しを見ていると本文が見えないとか，足元の段差を見ようとすると目的地を見失うというようなことになります。視野が狭くなっても小さいものを見るのには苦労しませんが，地図を見たり，漫画を読んだりするような広い視野を必要とする課題が困難になります。外出も広い視野を必要としますので困難な活動です。電車の時刻表を見たり，バスの行き先を確認したりしながら，足元の障害物をよけるのはほとんど不可能なので，足元の安全は白杖を振りながら手の感覚を使って確保するという方法が効果的になります。まとめてみると，視力はそんなに悪くないのに，視野が極端に狭いというロービジョンの人は，外出しているときには白杖を振って，まるで全然見えないようにしていながら，視力はそんなに悪くないのでスマートフォンの画面のような小さいものは目で見て使うことができるのです。わかってみれば，視野の狭いロービジョンの人は，自分にできる限りの合理的な行動をしているわけです。ですが，これまで一般の人が知っていたのが盲のことだけしかなかったので，スマートフォンや腕時計のような小さいものが見える視覚障害もあるのだということが理解できなかったのです。

（6）ロービジョンのタイプ

　一見理解に苦しむようなロービジョンの見えにくさは他にもたくさんあります。例えば，先の例と対照的に，文字を読むことが難しく，点字で読み書きしなければならないのに，白杖なしに目で見てすたすた歩ける人もあります。その場合は，視野の中心部だけが見えにくい

ために，文字を読むことがとても困難になっています。また，人の顔を見て誰かを同定したり，表情から感情を理解することも難しくなります（図2-2）。一方で，視野の周辺部の広いところは見えるので，障害物をよけて歩いたり，大きなボールをつかったレクリエーションなどはできます。人間の視野は中心部と周辺部でいろいろな機能分担が行われているために，どちらが悪くなったかで正反対の行動パターンになってしまうわけですが，視覚障害やロービジョンと一言で表してしまうと，どちらが使えなくなっているのかはわからないので，一般の人からすると，ロービジョンは皆同じように見えにくいのだと思い込んでしまうのも無理はないことです。他にも，ロービジョンのタイプによっては，照明のちょっとした変化で少し前までは見えていたものが見えなくなってしまうことがあります。まぶしさを訴えるロービジョンの人も多いですが，夜盲といって夜の屋外では明かりがつい

▲図2-2 中心視野が見えづらい状態のシミュレーション
見ようと思って向けた視線が見るものを隠して人の顔がわからない。

▲図2-3 夜盲（左）のシミュレーション
照明が足りずに，夜の街はとても歩きにくい。

第2章 視覚心理学とロービジョン 33

ている場所以外はほとんどが見えなくなってしまうロービジョンもあ
ります（図2-3）。見えにくい部分の視野が，ペットや人のように見
えてしまうシャルルボネ症候群という症状がある人もいます。他の人
が聞いたら頭がおかしくなったのではないかと思われているので，人
に話せずにいる人が多いことがだんだんわかってきました。このように
にロービジョンといってまとめられている視覚の状態には，さまざま
な全く異なるタイプの見えにくさが含まれています。

（7）ロービジョンの人口

　日本には，視覚に障害のある人が170万人くらいいると推定され
ています（日本眼科医会研究班，2009）。全世界では6億人くらいの
人口になるといわれていて（アーディティ・小田，2006），医療の進
歩とともに減っている病気もありますが，先進国では人口の高齢化と
ともに，目の加齢に伴う病気により視覚障害は増えており，日本は急
激に高齢化しているので増加するのではないかと危惧されています。
視覚障害といっても，最初に述べたように盲とロービジョンがありま
すが，盲はその1割程度，残りの9割がロービジョンであると推定
されています（Bourne et al., 2017）。今の日本の人口は1億2600
万人くらいですから，100人に1人がロービジョンという推定にな
ります。そんなにたくさんのロービジョンの人があるのにあまり遭遇
しないのは，1つには圧倒的に高齢者が多いので目立ちにくいという
ことと，もう1つには軽い症状の人は高齢で見えにくくなっただけ
という認識で本人も周りもロービジョンであるという認識をしていな
いためだろうと考えられます。加齢に伴う見えにくさがメガネを作り
直しても解消せずに生活に困難があれば，それはロービジョンです
が，メガネでも見えるようにならないし，病気の治療も難しいとなっ
た場合には，「年をとったんだから仕方ない」と諦めてしまう場合が
少なくないのではないかと思われます。

（8）ロービジョンサービス

　メガネでも見えるようにならないし，病気の治療も難しい状態で
は，手の打ちようがないではないかというのが，現在の一般の人の常
識でしょう。ですが，ちょっとした工夫で見えるようにできることも

あるのです。それを一言で言ってしまえば，その人の見える範囲になるように調整するということです。ロービジョンで見えにくくなっている状態とは，丁寧にいろいろと調べていくと，うまく見える範囲が他の人よりもかなり狭くなっていて，その範囲にうまく世間のものが入ってこないからだということがわかります。視野の狭いロービジョンを例に考えれば簡単です。視野狭窄のロービジョンの場合，小さい視野の中に入ったものは見えますが，360度に広がる世界の中では視野に入っていない部分が圧倒的に多くなってしまっているわけです。視野に入るようにできるものは見えるわけで，例えば手に持っているスマートフォンは簡単に視野に入れることができるので見るのにそれほど苦労がありません。視野の必要度合いで比べると，新聞は広い視野が必要ですが，文庫本なら小さい視野で読めます。段組がなく，レイアウトが簡単なスマートフォンの表示は視野の狭いロービジョンの人にはとても見やすくなっています。新聞を読みたいなら，印刷の新聞をやめて，スマートフォンでインターネット上の新聞記事を読むことにすれば，視野の狭い人も新聞を読めるようになります。このように，いろいろなタイプのロービジョンについて，その性質を丁寧に調べて，直面している困難を解決できるように，道具を工夫したり環境を調整したりして支援することをロービジョンサービスといいます（アーディティ・小田，2006）。ロービジョンケアという言葉を使う人もありますが，ここでは，国際ロービジョン学会の会長だったアーディティさんに習ってロービジョンサービスという言葉を使っていきます。

　WHO の最近の報告書（WHO, 2015；図2-4）にも，健康な加齢を支える公共医療の枠組みには，いわゆる医療サービスだけでなく，加齢によって起こった能力の低下を補償する支援をして，日常生活を送るために重要な機能を維持できるようにするサービスが重要だと書かれています。WHO の図式は視覚だけでなくすべての身体・精神機能について示したものですが，視覚についてはロービジョンサービスの重要性を示したものであり，WHO がそういう主張をしているということは，まだまだこれからの分野であることがわかります。

第2章　視覚心理学とロービジョン　　35

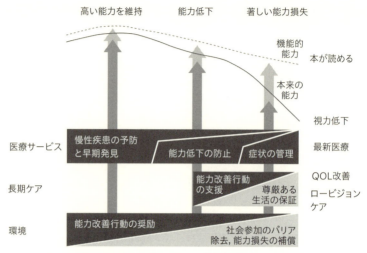

▲図 2-4　今後の健康な加齢のための公共医療の枠組み（WHO, 2015）
横軸は加齢の進行を表す。実線の曲線は本来持っていた能力の低下を，破線の曲線はそれにも関わらず維持できる機能を示している。それを支えるために，いわゆる医療サービスの他に，長期ケアや環境の働きかけが必要だという図式である。

2．閾値・心理物理とロービジョン

(1) できるかできないかの境目

　ロービジョンになるとどうしてある活動・行動が不自由になるのでしょう。それは，視覚に障害があるから，視覚機能が低下したからというのが普通の人の考えでしょう。障害や病気は，できないことの理由として，とてもしっくりきます。病気になれば学校や会社に行かなくて良い，休んでも構わないのは，病気が人間の行動を制限することを社会が受け入れているからです。一時的な病気なら，健康が回復すればふたたびできるようになるので，それで全く構わないわけですが，障害となるとどうでしょうか？　この考え方では，障害があるといろいろなことが一生できないことになってしまいます。ロービジョン＝視覚障害ですから，それ自体を制限の理由にしていたのでは，問題解決は最初から降参してしまったことになります。障害を理由にすることの根本的な問題はここにあります。障害があるのだからできなくても当たり前という考え方は，障害のある人たちへのやさしさのように見えますが，実際には，障害のある人にできるかもしれないこと

を最初からできないと決めつけて可能性を奪っていることになっています。

　さて，もう一度考えてみます。ロービジョンになると，ある活動・行動が不自由になるのはどうしてでしょう。ロービジョンになる前はできたのに，ロービジョンになるとできなくなったのは，どこかにできる／できないの境目があったということです。もちろん，それが障害と判断されるかどうかの境目でもあるわけですが，その境目とは何でしょうか？　視力でしょうか？　きっと視力と関係があるに違いないという想像は妥当な気がします。実際には，それほど単純ではありませんが，まずは，良いスタートです。

（2）できるかできないかの境目の研究

　感覚知覚の心理学は，昔から「閾値」を研究してきました。これは，まさにできるかできないかの境目の研究です。見えるか見えないか，聞こえるか聞こえないかの境目，閾（しきい）の値です。値とあるように，感覚・知覚の心理学は伝統的に量的な検討をしてきました。例えば，真っ暗な部屋の中で小さな光点を表示して，その明るさを上げたり下げたりしながら，見えるか見えないかの境目を調べます。これだと何だかシンプルすぎて，いったい何の役に立つのか分らないかもしれませんが，健康診断の中で受ける聴力検査を思い出してください。ヘッドフォンをして音が聞こえたらボタンを押しますね。あれは聴覚の閾値を測定しています。とてもシンプルな検査ですが，あれだけで聴力を調べることができ，聴覚が正常範囲に入っているのか難聴が起こっているかを調べることができます。

（3）閾値の求め方

　実際の閾値の測定や結果がどのようなものかを図2-5に模式的に示しました。グラフの下にある，アルファベットの並びが測定の仕方とその結果を表しています。6つの行が閾値を求める実験の6つのセッションを例示しています。一番上のUの行は，刺激の強さをだんだんと上げながら見えたか見えなかったかを答えさせたときの結果で，Xは見えなかったことをOが見えたことを示してます。第5段階の強さまで見えず，第6段階で初めて見えたことを示しています。

第2章　視覚心理学とロービジョン　　37

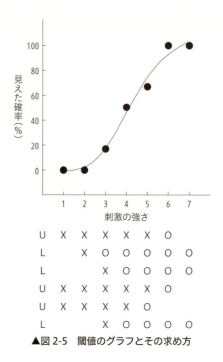

▲図 2-5　閾値のグラフとその求め方

　その次のLの行は，今度は一番強い刺激から弱くしながら測定した結果です。今度は第3段階までは見えていますが，第2段階の強さでは見えなくなったことを示しています。このように刺激の強さをだんだんに変化させながら閾値を探る方法は，専門用語で極限法といいます。Uを上昇系列，Lを下降系列とよびます。上昇系列は見えたら打ち切り，下降系列は見えなくなったら打ち切ります。系列の順序は，この図で示すように，交互に入れ替えるのではなく，ULLUのようにします。ULULのように1回ごとに入れ替えると，いつも上昇系列は下降系列よりも先に測定することになるので，順序による影響が出てしまうためです。

　それぞれの刺激の強さに対して，何回見えたかを数え，その割合を計算してプロットしたのがグラフの黒丸になります。刺激の強さ1のときは，上昇系列で3回試していますが，いずれもXだったので確率はゼロです。刺激2の段階でもゼロですが，3の強さの刺激では1/6だけ見えています。このように，どこかですっぱりと見えるか見えないかが分かれることはなく，見えるか見えないかの境目では，同

じ強さの刺激でも見えたり見えなかったりとはっきりしない状態になります。こういう測定結果から，境目がどこか，閾値を決めることになります。こういう場合の閾値は，50％の確率で見えたところになります。見える場合と見えない場合が半々になるところということです。このグラフの場合は刺激の強さ4のあたりが閾値ということになります。このグラフではたまたま丁度50％になるデータがありますが，いつもそうとは限りません。そこでグラフの中の線で示したような曲線をデータにあてはめて，その曲線が50％になるところを探して閾値としています。このグラフの場合，曲線で50％になるところは，4よりもちょっと大きな数値になりそうです。この曲線は，数学的にいうと，統計の累積分布曲線と同じものです。

（4）心理物理

このように閾値を求める手法は，感覚・知覚の心理学では，心理物理という名前で知られています。刺激の強さという物理的な次元を変化させながら，見えるとか見えないとかいう人間の心の次元の状態との関係を調べているので，物理と心理の関係を調べる学問を心理物理学とよびます。図のグラフの横軸が物理次元，縦軸が見えた確率と心理次元になっていましたね。心理物理は人間にとって意味のある環境を作るためにとても重要な役割を果たしています。例えば，照明によく使われている蛍光灯はいつも点滅を繰り返しています。点滅の回数は1秒間に60回にもなるので，通常は点滅しているようには見えません。1秒間の点滅の回数と点滅して見える確率を調べた心理物理の研究があったから，点滅していない，正確には点滅して見えない照明を作ることができたわけです。ロービジョンの問題解決にとって，この心理物理は特に大きな意味があります。

（5）閾値と困難の関係

この伝統的な閾値の研究は，最近あまり重要視されなくなってしまった感があります。一般の人にとってみれば，閾値に遭遇する体験がない，見えるか見えないかが問題になるような日常場面はほとんどなくて，いつも閾値よりも上の刺激で行動してるからだというのが主な理由だと思われます。確かに多数派の視覚正常の人たちのために整

備された環境では，多くのものは多数派に見えるようにデザインされていますから，その通りかもしれません。しかし，ロービジョンの人が感じている困難は，ある活動・行動をしたくても，それをするために大事なものが，見えない，つまり閾値より下になってしまっているからです。例えば，新聞を読みたくても何という文字なのか見えない，到着したバスの行き先を知りたくてもサインが読めない，階段を降りたいけれど最初の1段がよく見えないなど。できない理由は，行動を達成するために見えなければならないものが，その人の閾値を超えていないからというように見ることができます。こういう風に考えれば，見えなければならないものの強度がその人の閾値を超えるように作り変えることができれば解決できるということになります。ロービジョンの人の問題は，ロービジョンが原因で起こっているとみなしている間は，ロービジョンを治すことができなければ解決しませんが，刺激の側の強度の問題だとみなすことができれば，解決する道が見えてきます。

　もちろん，階段を作り変えたり，新聞の文字を大きく印刷しなおしたりすることはコストがかかりすぎてできません。ですが，階段については段鼻とよぶ段の端の部分に見えやすいテープを貼ったり，塗装を変更したりすることで，ロービジョンの人にも目が弱った高齢者にも見やすく変えることができます。このことについては，後で詳しく述べます。新聞の字については，拡大鏡，いわゆる虫メガネなどを使って拡大すれば読むことができるようになります。ロービジョンの原因になった病気を治療するという解決策ではなく，ロービジョンのそれぞれの状態を丁寧に測定して，課題を解決していくというロービジョンサービスが，感覚知覚の心理学とどのように結びついてくるのかが，わかってもらえたでしょうか？　一人ひとりのロービジョンの状態を丁寧に測るということの中身は，感覚・知覚心理学の考え方や方法論がとても重要な役割を果しています。

3．視力検査と読書検査

(1) 視力検査は実は感覚・知覚心理の測定法そのもの

　健康診断の時に視力検査をしたことがありますね。視力を測定するのは健康管理のためですから，医療関係のことだと思うのも無理はな

いのですが，視力検査の測定方法は，感覚・知覚の心理学が専門にしている閾値の測定方法を応用したものです。聴力検査と同じです。見えるか見えないかの境目の大きさを調べるのが視力検査の目的です。健康診断で視力検査が果たす役割は，見えるか見えないかの境目の値を調べ，それを指標にして去年までと変わっていないか，他の人と比べて正常範囲に収まっているかをチェックし，変化が大きかったり，正常範囲をはずれてしまっていたりしたときには，目の病気になっているかもしれないということで，病院を受診してもらおうという，病気の発見，スクリーニングです。

　典型的な視力検査では同じ大きさのCの字や文字を5つ並べて1行とし，順に読ませて，いくつ正しく読めたかを調べます（図2-6）。Cの字は正確にはランドルト環とよびます。ランドルト環の場合，5文字は全部Cの字で，向いている方向が違っていますので，読むというよりも穴の開いている方向を答えます。全部正しく答えられたら1段階小さい文字に進みます。いくつか正しく答えられない文字があったらどうするんでしょうか？　古典的な視力検査の方法では，5つのうち3つ正しければ，その行は見えたという判定をすることになっています。つまり半数以上見えたら合格ということで1段階小さいところを測定するわけです。こうして1つか2つの文字しか見えないサイズを見つけることができれば，見えるか見えないかの境目の値，閾値を知ることができます。3つ以上見えた方のサイズを

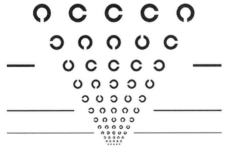

▲図2-6　ランドルト環をならべた視力検査表

視力の大きさとして記録します。閾値は，いってみれば3/5見えた
サイズと，2/5しか見えなかったサイズの境目にあるわけで，より正
確には，ちょうど50％の確率で見える，見えるのか見えないのか
どっちともつかないときということになります。

　視力はその人の見る力を測っているわけですが，こうして厳密に考
えてみると，その視力では半分くらい見えないこともあるわけです。

（2）視力検査を進化させた読書検査

　ロービジョンの人の場合にも視力検査をします。視力が低い場合も
ありますが，視力は正常視力の場合もあります。視力検査の目的は，
視覚に障害がない人と同じで目の健康状態をチェックして，病気が進
行していないかどうかを調べるわけです。視力が低下していれば目の
病気を詳しく調べて治療する必要があります。

　しかし，よく考えてみると，視力検査は見える閾値の文字サイズを
調べているわけですから，あるロービジョンの人，Aさんにとって見
ることのできる一番小さい文字の大きさがわかるとういのは，病気の
発見以外にも価値があることがわかります。例えば，Aさんが新聞が
読めないのは，新聞の文字サイズが，Aさんの視力のサイズよりも小
さいからです。ならば，新聞の文字の大きさをAさんが読めるサイ
ズまで拡大すれば，Aさんにも新聞が読めることになります。つま
り，視力検査の結果は，病気の進行の発見のみならず，日常生活の問
題を直接解決するために使うことができるはずです。人間が新しい概
念を自由に使うのにはそれなりに時間がかかるので，このことを理解
している人は残念ながら世界にも多くありません。それに，視力は見
えるか見えないかの境目の大きさなので，その大きさまで拡大して
も，すらすらと読むことはできません。

　このことに着目して感覚・知覚の研究者が作ったのが，読書検査で
す。ランドルト環を並べるかわりに，意味のある短文を表示し，1文
字ずつ穴の開いている方向を答えさせるかわりに，文を音読させる検
査です。サイズが一定の割合で変化するように印刷されていところ
も，大きいサイズから始めてだんだん小さいサイズを読むところも，
視力検査と同じです（図2-7）。どのくらい正確に読めたかというこ
とだけでなく，読書検査では音読するのにかかった時間も測定しま

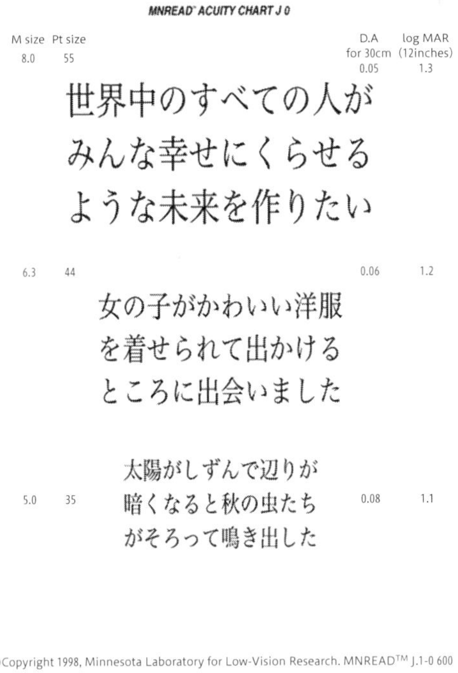

MNREAD® ACUITY CHART J 0

M size	Pt size		D.A for 30cm 0.05	log MAR (12inches) 1.3
8.0	55			

世界中のすべての人が
みんな幸せにくらせる
ような未来を作りたい

| 6.3 | 44 | 0.06 | 1.2 |

女の子がかわいい洋服
を着せられて出かける
ところに出会いました

| 5.0 | 35 | 0.08 | 1.1 |

太陽がしずんで辺りが
暗くなると秋の虫たち
がそろって鳴き出した

©Copyright 1998, Minnesota Laboratory for Low-Vision Research. MNREAD™ J.1-0 600

▲図 2-7　MNREAD-J 読書検査表

す。読書速度も一緒に測ることによって，すらすら読める文字の大き
さを調べることができます。

　そういえば，視力検査では，視力に近い小さい文字のところでは，
「えーと，ああ，たぶん右。次のは，うぅんと，どっちかなぁ…」の
ように方向を答えるのにかなり時間がかかっていると思います。日常
生活の中で，こういう余計な時間をかけていられることは多くありま
せん。例えば，車の運転では，信号の色や，道路標識などを瞬時に読
み取ってハンドル操作をしないと事故になってしまいます。人間の読
み行動もそうで，1 文字ずつ「これは，アかな，イかな，次は，ホか
な，ネかな」なんていう調子で読むことが許されているのは，幼稚園
か小学校の低学年までかもしれません。本人だって 1 文字ごとに迷
うようでは，目で読むことを諦めたくなります。ロービジョンの人た
ちの感じている困難とは，まさにそういうものです。

　図 2-8 にあるグラフは読書検査の結果です。横軸に文字の大きさ
を，縦軸に読み速度をプロットしたものです。このデータは実際のもの

第 2 章　視覚心理学とロービジョン　　43

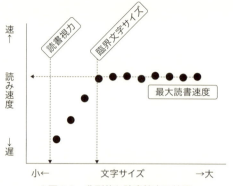
▲図 2-8　典型的な読書検査の結果

で，わかりやすくするために模式的に作ったものではありません。読書検査の結果は，たいていの場合とてもわかりやすい 2 本の直線が交わったような形になります。右側の部分は読み速度があまり変化せず，高いところで安定しています。その人にとって文字の大きさが都合よければ，コンスタントにすらすら読めるということです。左側の直線部分は，読み速度が文字の小さい方に向かってどんどんと急激に下がっています。その 2 つの部分の間，2 つの直線が交差するところに，すらすら読める一番小さい文字サイズがあります。読書検査を作った人たちは，これを Critical Print Size（臨界文字サイズ）とよんでいます。このサイズが困難なく読めるか読めないかの臨界だということです。さっき出てきたロービジョンの A さんの場合も，視力の大きさではすらすら読めないでしょうが，A さんの臨界文字サイズまで文字を拡大することができれば，新聞であろうが，道路標識だろうが，食品の成分表示であろうが，すらすら読めるということになります。

　研究者の間では，一時期，この臨界文字サイズと視力のサイズの間に何かの関係があるのではないか，例えば臨界文字サイズは視力のサイズの 2 倍とか，あるいは 5 倍とかいった一定の関係があるのではないかという考えもありました。もしそういう関係があれば，視力検査の結果から臨界文字サイズを計算で求めることができます。すらすら読めるようにするには，視力の何倍かに拡大すれば良いわけなので，読書検査を別に実施する必要がなくなります。しかし，たくさんのロービジョンの人でデータをとった結果，視力と臨界文字サイズという 2 つの値の間にはそういう単純な関係はなさそうだというのが現在受け入

れられている考え方です。すらすら読めるように拡大するには，読書検査をして，臨界文字サイズを測定してみるのが一番だということです。

4．コントラストの発見と環境調整

(1) 見えにくい人に見やすい色

　ロービジョンの人，高齢で目の悪い人に見やすい色は何でしょうか？　という質問がよくあります。一般には赤は目立つ色だと思われています。しかし，ロービジョンの児童は黒板に赤いチョークで書くと見えにくいともいわれています。正解は，単独の色では決まらないということなのです。赤は確かに目立つ色ですが，目立つのは白いシャツに血がついたようなときで，いつでも目立つわけではありません。赤は見かけよりも暗い色です。黒板も暗い色なので，暗い背景の上に暗い文字をのせたために見えにくくなってしまったというのが，ロービジョンの児童が赤いチョークが見えないということの理由です。

(2) コントラストの発見

　感覚・知覚の心理学で比較的最近わかってきたことの1つに明るさコントラストの重要性があります。人間が物や形を見ているときに大事なのは，明るさの違いだという考え方です。わかってしまえば簡単で，応用範囲の広い知識です。図2-9を見てください。5つの違う色で印刷された文字が並んでいます。背景の明るさは黒から白へ次第に変化しています。どれか1つの色がいつも見やすいということはなく，背景の明るさに近い色の文字は背景に溶けこんで見えなくなっ

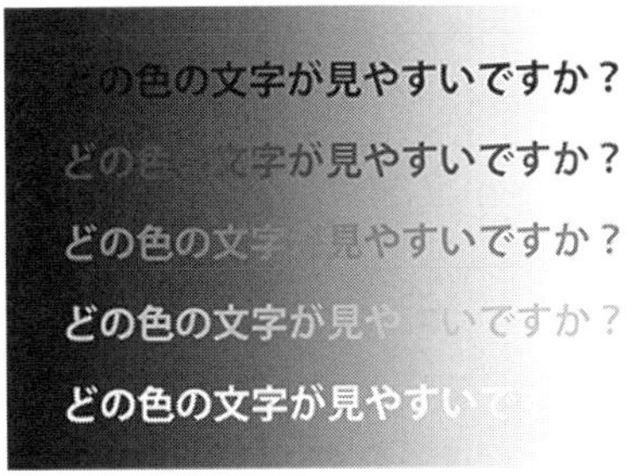

▲図2-9　見やすい文字の色は単独では決まらない
背景との明るさの違い（明るさコントラストの大きさ）が
見やすさを決める。

てしまいます。人間は，背景のことを忘れがちで，図のほうに関心がいくので，ここでも文字の色をどうすればいいか？　ということを考えがちになりますが，背景とのコンビネーションで決まるので，背景の色が何になるかが決まらない段階では，どの色が良いということは決められないということがわかると思います。

（3）明るさのコントラストと色のコントラスト

　色の話をしているはずなのに，明るさのことだけしか取り上げていないなと疑問を感じている人もあると思います。赤いチョークの話は赤という色の話だったのに，途中で色でなく明るさの話にすり変わってしまったように思えるかもしれませんので，整理します。人間が見ている色には，3つの次元，3つの軸があることは，高校までの美術で習うのではないでしょうか？　3つの次元とは，色相と彩度と明度です。色相はいわゆる色の違いで，赤とか緑とかの違いを表し，彩度は色の濃さ・鮮やかさを，明度は色の明るさを表します。この3つの次元でいえば，見やすさに一番影響するのは，色の3つの次元の中では明るさの次元なのです。赤と緑や黄と青といった反対色は色の違いが大きいので色コントラストが大きい組み合わせです。明るさコントラストでなく，色コントラストが大きい組み合わせですので，見やすい組み合わせになりそうですが，もし，この2つの色の明るさを同じにして，色相だけ変化させた場合は，境界線が見えにくくなってチラチラとした不思議な見え方になることが知られています。つまり，明るさの違いがないと色の境界線すらも見えにくくなってしまうということがわかっているのです。ですから，色がくっきりと分かれて見えるようにするためには，明るさの違いをつけること，明るさコントラストが大事だということになります。

（4）生活を見やすくする改善

　明るさコントラストのことがわかるようになると，生活のいろいろなところでそれを応用して見やすさを改善することができます。そのとき，いかにこれまでの人間が，明るさコントラストのことを無視して厳しい環境に自分たちを置いてきたかを痛感することになるでしょう。いつでも簡単に応用ができますので，目が悪くなってきた高齢者

がいる家では，ぜひ試してみてください。感覚・知覚心理学の実力が
すぐに証明されるでしょう。

(5) 階段・段差の見やすさ

　一般の家の中では，階段や段差のある場所は高齢者にとって危険な
場所です。階段や段差はたいてい同じ床材でできているので段差が見
えにくくなっています。段差が見えるのはちょっとした影ができてい
るからで，そのちょっとした影では，目が悪くなった高齢者やロービ
ジョンの目には明るさコントラストが不十分です。視覚正常な人に
とっても，薄暗い照明の下では，同じように明るさコントラストが不
十分でつまずきやすくなっているはずです。明るさコントラストを追
加するようにすると段差がどこにあるかが見えやすくなるので，歩き
やすく，踏み外したりつまずいたりしにくくなります。例えば，高齢
の家族がいる家では，階段の段鼻に階段の色と明るさが大きく違う，
つまりコントラストが高くなるテープを貼ると，安全に階段を使える
ようになります。

(6) なぜ茶碗は白く汁椀は黒いのか？

　毎日３回の食事においても，明るさのコントラストが大きな影響を
与えています。日本の食習慣では，真っ白なお米と茶色い味噌汁を食
べるのが一般的ですが，その際に使用する食器は果たして適切でしょ
うか？　例えば，白い米粒は白い茶碗の中ではコントラストが低すぎて
見つかりません。結果として，ご飯をたくさん食べ残すことになりま
す。ご飯粒を残すということがとても失礼かつ不躾とみなされている
日本では，これは大きな問題です。同様に味噌汁を暗い色の汁椀でい
ただくと，味噌汁の色が暗いので見えにくいことがわかります。つま
り，一般に使われている食器では，お米も味噌汁も，どのくらい残っ
てるのか，どこまで入っているのかがとても見えにくいのです。です
が，一般の習慣として，茶碗は白く，汁椀は黒っぽい色のものという
ことになっているので，たいていの場合は，この普通の食事がロービ
ジョンの状態では，とても見えにくいのです。茶碗を暗い色のものに，
汁椀を明るい色のものに変え，どちらもよく見えるように，いろいろ
な明るさの模様のあるマットの上にのせて食事をすれば，食べ残しも，

第２章　視覚心理学とロービジョン　47

(写真：田中恵津子)

▲図2-10　黒い茶碗と白い汁椀はとても見やすい

食べ損じも減らして楽に食事を楽しむことができます（図2-10）。

(7) トイレの問題

　自分の家のトイレは使いなれているのであまり困ることはありませんが，駅や病院などの公共施設のトイレでは問題がたくさんあります。トイレの内装はたいていどこも白か，明るい色です。衛生的な色で，ゴミを見つけやすく掃除しやすい色ということなのでしょうが，便器もまたたいてい白い陶器で出来ています。トイレットペーパーも白い色です。これは明るさコントラスト的に見ると，最悪の組み合わせで，ロービジョンの状態では，急いでトイレに駆け込んでもどこが便器か探すのに一苦労します。ロービジョンの患者がたくさん訪れる

▲図2-11　見やすく明るさコントラストが工夫されたトイレの例

可能性のある病院の中には，建物の内装やサインを見やすいように改善しているところもあります。図2-11は，便器やトイレットペーパーだけでなく，手すりも見えやすくしているトイレの例です。床と壁の色を暗い色に変えることで明るさコントラストが強調されて，とても見やすくなっています。高齢者や障害者，一般の人と多種多様な人が使いやすいようにするデザインをユニバーサルデザインとよびますが，病院のトイレはユニバーサルデザインが効果を発揮する好例になっています。

2節　ロービジョンサービスの現場と感覚・知覚心理学の関係

　ロービジョンサービスは，茶碗の色についてのアドバイスをして明るさコントラストを改善する生活の工夫を伝授することから，読書検査のような測定をしてより緻密なフィッティングをするところまで幅のあるサービスです。感覚・知覚的な次元のみならず，心理的なカウンセリングやレクリエーションサービス，ICTの手ほどきなどもメニューに入っている多職種による連携サービスでもあります。前にも書きましたが，眼科で医療的なサービスの延長線上で提供されることもあれば，視覚特別支援学校や視覚リハビリテーション施設で提供されることもあります。提供している人の職名も多岐にわたります。感覚・知覚の心理学だけがロービジョンの人の生活の困難を解消しているというわけではありませんが，ロービジョンが視覚という感覚に生じた制限であるということを考えると，感覚・知覚の心理学が，ロービジョンに由来する生活上の困難の解消という問題に答える専門性を最ももっている分野であるといえるでしょう。ここでは，感覚・知覚の測定法がどうして大事かについて書いてみます。

1. なぜ測定が必要か？

　素朴な疑問として，ロービジョンの人たちは，自分のことなのに，どうして自分の見えにくさや，どうしたら困難を解決できるのかがわからないのでしょうか？　どうして，読書検査をして読めるようになる拡大サイズを調べてもらわなければならないのでしょうか？　読書

検査は本当に必要なのでしょうか？

　面白いことに，自分のことは意外とわからないものというのが，その答えだと思います。ロービジョンの人に限らず，視覚正常の人も自分のことは意外とわかりません。例えば，外がすごく暗くなってしまうと人間には色が見えなくなります。色を見るためには目の中にある錐体という細胞が活動する必要があるのですが，錐体が活動するには真っ暗では具合が悪いのです。真っ暗に近い状態でも，桿体という細胞が活動するので，ものは見えます。多くの人たちは，人生で何度もそういう経験をしていると思います。だから，色のない世界，全色盲がどう見えるかを知っているはずなのですが，色の見えない世界を自分が体験したことがあるなどとは思っていません。さらに面白いことに，人間の視野の中心部には，全く桿体がなく錐体だけの部分があります。夜空の星を見ようとして視線を向けたら星が消えたという体験がある人は比較的多いのではないでしょうか？　桿体は暗い星でもよく見えますが，錐体は明るい星しか見えませんので，暗い星を見ようとすると消えてしまいます。つまり，桿体だけが活動しているような暗い状態では，視野の中心が見えないという中心暗点を体験することになります。桿体だけでは視力も 0.1 までしか出ません。これらは全くのロービジョンの視覚機能の状態とかわりません。ですが，ロービジョンになったという実感をもっていないのは，暗がりが特殊状況で，日常生活ではそのような暗い照明しかないということがないからでしょう。

　つまり，人間は誰でもたいていロービジョンの見えにくさを体験したことがあるし，真っ暗に近い状態ではロービジョンと同じような視覚機能になるのです。そんなに暗いところでは，新聞など読めないし，読もうとも思わないでしょう。看板の文字すら読むのに苦労します。明るい普通のところに戻れば苦労しないので本当のロービジョンではないだけです。あなたは自分がそういう目をもっていることを知っていましたか？　感覚・知覚の心理学に限らず，人間は自分のことを意外と知らないから，心理学という学問が必要なのだということもできると思います。

2．なぜ読書検査が必要か？

　読書検査がどうして必要かは，ジーンズを買うときに腹囲を測る必

要があることを例に考えるとよいかもしれません。あなたは最近体重が増えてしまいました。ジーンズを買いにきましたが，ちょうど最近の体型にフィットするサイズを知りたいと思いました。自分にフィットするサイズくらい知っていましたが，最近体型が変わったので，知っていたサイズでは合わないはずで，計り直しが必要です。正常だった視力が急に低下したロービジョンでも同じです。前はこのくらいで見えていたけど，今は見えない。どこまで拡大したらいいか正確にはよくわからない。適当に大きめのサイズのジーンズを買ってもいいけれど，フィットしないとあとから困りそうです。

　腹囲は変化するから測定する必要性はわかるけれど，読み書きに必要な文字の大きさなんて普通は測定する必要はないものだから，やっぱり測定する必要性がピンとこないという人もあるでしょう。視覚正常の人にとって読みやすい文字の大きさの測定の必要がないのは，すらすら読める文字の大きさの範囲がとても広いからです（図2-12）。図には，30cmの距離で読んだときの文字サイズと読み速度の関係がプロットされています。視覚正常群の曲線は40人の大学生の平均値です。視覚正常の大学生は4ポイントから400ポイントまでの広い範囲の文字サイズで高い読み速度を維持することができることがわか

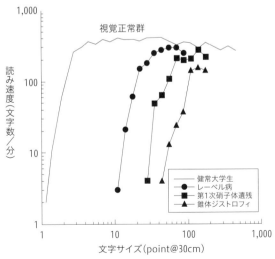

▲図2-12　30cmの距離で読んだときの文字サイズと読み速度の関係

ります。つまり，どんな大きさで表示されても難なく読めるから，わざわざ測ってみる必要はないということです。服の比喩でいえば，どんなサイズの服でも問題なく着られるということになります。視覚正常の人の読み能力はすごいし，そういう風にデザインされた文字というものもすごいということもできます。一方で，ロービジョンの3人のデータは，視覚正常の人たちに比べて，1分間に200文字以上の速度で読める文字サイズの範囲がずっと狭いことがわかります。黒丸（●）のレーベル病の人のデータをみると，30ポイントというサイズにすれば1分間に300文字以上の速度で読めるようになることがわかります。さらに，黒四角（■）の人では50ポイント，黒三角（▲）の人では100ポイントという大きな文字が必要です。こんな大きなサイズが必要だということは，測定してみなければわかりません。全員が視野の中心に見えないところがあるロービジョンですが，必要な拡大はそれぞれに異なっています。黒丸（●）の人と同じ拡大では，他の2人は実用的な速度で読むことができません。

3．ロービジョンでは利用可能な範囲が狭い

　ロービジョンにはさまざまなタイプの見えにくさがあることはすでに述べました。その種類だけでなく程度も人によりさまざまです。文字のサイズ1つをとっても，本来の読書能力を発揮できる範囲は，ロービジョンでない人たちに比べると狭くなっています。コントラストの範囲，照明の範囲などロービジョンの状態によって，うまく行動できる範囲が異なっています。普通の人が能力を発揮できる環境では，十分能力が発揮できなくて，環境を能力が発揮できる範囲に調整する必要があるというのがロービジョンの人たちの問題といいかえることができるでしょう。そうすると，どの範囲で能力が発揮できるのかを測定し，それに合わせて効果的な環境の調整方法を探すのが，ロービジョンサービスの鍵となります。

4．適切な道具や方法を探すのが困難

　ロービジョンの人たちに利用できる道具にはたくさんの種類があります。図2-13には，拡大用のレンズの一部を示しています。これだけたくさんの種類のレンズがあるということは，それだけ程度の異な

▲図 2-13　種類の多いロービジョンの人のための補助具

るロービジョンが存在するということを示しています。レンズ1つ選ぶにしても，こんなにたくさんあるとどうやって選べばいいのか迷ってしまいます。しかも，上に書いたように拡大率が十分でないと読み速度は出ません。より大きな拡大率のものを選べばいいかというと，拡大率の高いレンズは焦点が合う範囲が狭い上，焦点距離が短く，視野に入る文字数が少ないという欠点をもっています。すらすらと読める文字サイズの範囲が限られているということは，その範囲に入るような適切な拡大をしないと読み困難は解消しないということです。読書検査で必要な文字サイズを測定することができたら，その文字サイズを達成できる拡大率を求め，その拡大率の値に近いレンズをいくつか使って，実際の読書材料で試してみるということができれば，道具の選定にかかる時間も短くすむし，ロービジョンの人も読めないことでフラストレーションをもつことも少なくなります。

　眼科のロービジョン外来では，ロービジョンの人の視覚的な特性を詳しく知るために，視力検査，視野検査の他に，コントラスト感度の測定や，網膜の感度測定，ERG（網膜電図）検査など多くの視覚機能の検査が行われることがあります。既存の測定方法，検査方法では十分でない場合もあります。視覚特別支援学校では，ロービジョンの子どもたちがどのような見え方をしているのかを行動観察を通して絞り込んでいく力が役に立っていて，感覚・知覚の心理学の専門性が生かされていることが現場の声1で述べられています。

感覚・知覚心理学をロービジョンサービスでいかす

現場の声 1

● こんなに大きくしないと見えないことを初めて知った

　以前に杏林アイセンターのロービジョン外来で働いている時に、次のような症例がありました。20代の女性で、視野の中心部分に見えない「暗点」とよばれるところがある人でした。視力は眼鏡で矯正して、右目が0.08、左目が0.02であり、拡大すれば十分文字の読み書きができそうでした。仕事は一般事務で、書類に書かれた手書き文字をPCでデータ入力するのが主な作業でした。ところがこの作業にたいへん時間がかかっており、職場での評価は低く、ときどき嫌がらせを受け、円形脱毛症ができていました。

　杏林アイセンターで、この方の読書に必要な拡大率を調べたところ、仕事には、視力から期待されるよりも大きな拡大率、10倍の拡大が必要でした。この方が使っていたのは拡大鏡、いわゆる虫めがねで、拡大率は10倍のものでしたが、そこに問題がありました。拡大鏡（図2-13参照）は、口径と倍率が反比例する関係があります。普通の人の想像では、口径の大きな拡大鏡のほうが大きく拡大するのかもしれませんが、実際は拡大率が大きいもののほうが口径が小さいのです。拡大率を高くするために2-13参照は、レンズの曲率を大きくする必要があり、レンズが分厚くなります。近視の眼鏡を考えればわかりやすいかもしれません。近視の度の強い人の眼鏡は分厚いですね。同じように、拡大するためのレンズも拡大率が上がれば、度数が上がり、分厚くなりますので、口径の大きなものが作れません。作っても重くて実用になりません。

　拡大鏡の口径が小さくなると見える視野が狭くなります。視野が狭くなると一度に見える文字数が少なくなって、想像の通り読むのに時間がかかるようになります。感覚・知覚の分野には、目で読書をするためには、どういう条件がそろっている必要があるかという読書の心理物理という研究があり、そこでは1度に見える文字数が5文字より少なくなると読速度がどんどん下がってしまうことがわかっています。もちろん1度に見える文字が1文字では、読み始める場所を探したり、レイアウトを理解するのにたいへん時間と労力がかかります。つまり、10倍の小さい拡大鏡をつかっているために、手書きの文字を1文字ずつ拾い読みしなければならなかったために異常に時間がかかっていたということがわかったのです。それに加えて、データ入力に使うPCの画面のほうは文字を拡大していませんでした。PCは他の人と共有なので、そもそも設定を変更することは難しかったのです。他の人から見れば簡単な仕事のはずが、時間ばかりかかってし

まっていたのでした。目で文字を処理するのに必要な条件が整っていないために、この人は与えられた作業ができなくて困っていたのです。まさに、この人のロービジョンの性質によって起こっていた問題でした。

　職場の人たちは、ロービジョンを解消するために必要な拡大鏡をすでに使っているのだから、問題は全部解消しているはずだと思っていました。職場では、彼女が作業に時間がかかるのは、態度が悪いか、手を抜いているか、能力がないかという視点で考えられていて、彼女のロービジョンという視覚的な問題が十分解決されていないのだということが理解されていませんでした。

　ロービジョン外来では、この方が本来の事務処理能力を十分に発揮できるように、以下の職場の環境改善をアドバイスしました。①データ入力用のPCの画面を拡大し、さらに画面に表示されている文字を合成音声で読み上げて補助する機能を追加する。②拡大鏡では視野が狭いので、手書き書類を見るために、拡大読書器というテレビ画面で拡大文字が見える装置を導入する。③これらを同時に使える作業スペースを用意する。さらに、この方自身が、職場の同僚に自分の見えにくさを理解してもらえる工夫と努力をすることをアドバイスしました。拡大読書器に表示されている文字を見た同僚からは、「こんなに大きくしないと見えないことを初めて知った」と声をかけてもらえるようになりました。

　障害のある人がいて、障害のために困難なことがあるというとき、心理学という言葉で想像するのはカウンセリングだと思います。この20代の女性の症例でも、職場での嫌がらせで精神的に追い詰められていました。心理カウンセリングも、もちろん効果があったでしょう。しかし、上に紹介したようにロービジョンという視覚の低下した状態のために、仕事がうまくできなくて困っている場合、仕事ができるように、視覚的に環境を調整するという解決方法もあるわけです。これは感覚・知覚の心理学が得意とする分野です。ある程度手順が決まってくれば、眼科の中に作られてきたロービジョン外来でのルーチンのサービスで救われる人も増えていくと思います。眼科の外来で働くには、国家資格を得る必要があり、感覚・知覚の心理学だけでは、眼科に関係した国家資格は取れません。眼科検査の専門家である視能訓練士を養成しているところでは、次第にロービジョンへの対応をカリキュラムに盛り込むようになってきています。しかし、そのコアとなる部分は視覚の機能についての基礎的な概念や知識で、感覚・知覚心理学に負うところが少なくありません。カリキュラムに感覚・知覚心理学の内容を組み込んでいるところも出てきています。もともと視覚研究・視覚科学は学際的な領域で、どこの国でも心理学・眼科学・光学・脳科学など複数の学問領域が互いに専門知識を持ち寄って進歩しています。ロービジョンサービスも複数の学問領域が専門知識を持ち寄ることで発展

するようなものであることは間違いありません。

　現在，私は地方の視覚特別支援学校で専門家として生徒や先生を支援しています。実際に生徒や先生が直面している課題を解決するためには，定型化された検査だけでは難しいというのが実感です。なかなか，できあがった装置では測定できない。生徒の行動を見ながら，測定方法を考える必要があります。病気の種類も，発達の程度も，学習の課題も多様な子どもたちで，毎日が小さな実験の繰り返しです。生徒の行動を観察し，何が理由でつまづいているか仮説をたて，それを実証できるかもしれないちょっとした工夫をして試してみます。課題分析をして，一人ひとり異なる視覚機能のどこが関係しているのか，目の前にある行動とそれがどう関連しているのかをつねに考えなければならないのです。ロービジョンサービス自体がその連続で，心理学の研究室で学んだことが求められていると思います。私の仕事は，まさに感覚・知覚や視覚科学の専門家が面白味を感じられる仕事だと思います。

著者（田中恵津子）：
視覚特別支援学校の現場で働く。立教大学心理学科で基礎心理学を学び，養成学校で視能訓練士の資格を取得，一般の眼科開業医のもとで仕事をする。後に，渡米してマサチューセッツ工科大学の Richard Held 教授のもとで乳幼児の視覚発達の基礎研究やロービジョンの乳幼児の視力検査をする。帰国して感覚・知覚を勉強し，杏林アイセンターのロービジョン外来を担当。現在は，生家のある地域に戻ってフリーランスでロービジョンサービスを提供，視能訓練士協会が提供する生涯学習プログラムを担当している。

第3章

錯視と仕事

活かせる分野

1節　錯視のデザイン

　錯視とは，対象の真の性質とは異なる知覚です。錯視にはいろいろ種類があります。しかも，現在も増え続けていて，専門家の手にも余る事態です。全部把握できている人はいないでしょう。どのような錯視があるかの一覧は専門書などを見ていただくとして，ここではいくつか例をあげるにとどめます。

　錯視の増加の理由の1つに，表現次第でいろいろな現象を錯視ということにしてしまえることがあります。例えば，明るさの恒常性（照明やフィルターの強さにかかわらず，白いものは白く，黒いものは黒く見えること）の現象ですら，明るさの錯視とよぶことができます。図3-1では，左右のハートは同じ白黒の縞模様でできていますが，左のハートは白く，右のハートは黒く見えます。オリジナルはそういう画像であって（左のハートは白く，右のハートは黒かった），それぞれうまく変換することで図3-1を得たのですから，明るさの恒常性のデモというべきところです。しかし，「同じ白黒の縞模様でできている（対象の真の性質）が，左のハートは白く，右のハートは黒く見える（対象の知覚）」と表現し，その不一致を強調することで，明るさの錯視ということにできてしまうのです。

　錯視の中では，静止画が動いて見える錯視は人気があるので，いく

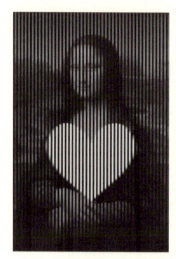 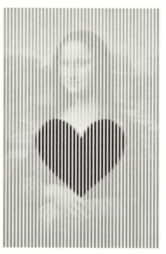

▲図 3-1　明るさの錯視か，明るさの恒常性か

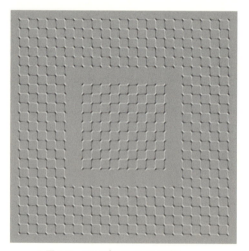

▲図 3-2　エンボスドリフト錯視

つか例をあげてみます。図 3-2 は「エンボスドリフト錯視」という錯視で，内側の正方形領域が動いて見えます。正方形領域と表現しましたが，みかけは菱形に見えます。これは，傾き錯視によってそのように見えています。これは，静止画が動いて見える錯視のうち，傾き錯視を随伴するグループの一例です。網膜像が上下に動くと正方形領域は左右に，左右に動くと上下に動いて見えます。図 3-3 は，知覚の時

間差によって静止画が動いて見える錯視です。図を振ると，内側のパターンは振った方向に遅れて動いて見えます。平均輝度と輝度コントラストが低い領域は，それらが高い領域よりも知覚されるまでの時間が長くかかるのです。図3-4は，錯視的動きの方向はパターンの方向で決まっている錯視で，黒→暗い灰色→白→明るい灰色→黒（以下，繰り返し）の方向にひとりでに回転して見えます。ここでいいたいこ

▲図 3-3　網膜像が動いた方向に動いて見える錯視

▲図 3-4　蛇の回転（最適化型フレーザー・ウィルコックス錯視）

第 3 章　錯視と仕事　　59

とは，静止画が動いて見える錯視というカテゴリーの中も，一様ではないといいます。

斜塔錯視という錯視があります。同じ写真を2枚並べるだけでできる錯視です。奥行き方向に傾いたものは，遠くの側が開いて見えます（図3-5）。筆者は，遠くのものは大きく見える錯視，すなわち奥行き知覚依存の大きさの錯視の一種であると考えていますが，斜塔錯視は線遠近法の消失点問題で説明する人のほうが多いです。多くの錯視は人工的なので，artificial illusion すなわち AI なのですが，普通の景色にみられるものもあります。坂道錯視（縦断勾配錯視）はその例です。上り坂が下りに見えたり，下り坂が上りに見えたりする現象です（図3-6）。

▲図 3-5　斜塔錯視の作例
2つの新幹線は同一で平行にコピペしただけであるが，近くの側ではぶつかるように見え，遠くの側は間隔が開いて見える。

▲図 3-6　坂道錯視の例（久米島の「おばけ坂」）
この坂は向こう向きに 1.0 ％の下り坂なのだが，上り坂に見える。

要するに，錯視といってもいろいろ種類があり，そのデザイン次第でいろいろな応用が考えられるところです。本書の目的が「仕事」なので，本章では一つひとつの錯視のデザインのやり方については解説しません。もちろん，錯視で仕事するには知識が必要なので，ここでそれぞれの錯視の成り立ち，最適条件，デザインのやり方について詳説してもよいのですが，熟慮の末，第2節を充実させることにしました。

2節　錯視と仕事

1. 錯視は仕事になるか？

　錯視の知識を活用した仕事といえば，だまし絵のエンターテインメントでしょうか。錯視とだまし絵は，一般的にはイコールではないのですが，錯視はおもしろいという点ではだまし絵と共通点があります。本節では，錯視はだまし絵を含む広い概念ということにして，話を進めます。

　だまし絵を用いたエンターテインメント，例えば「トリックアート」のエス・デー（参加型エンターテインメントのトリックアート迷宮館等を経営する企業。本社は栃木県と東京都）は錯視研究を活用しているのでしょうか。答えは否です。エス・デーに限らず，世界のだまし絵作家は知覚心理学や視覚科学を特に勉強していないと思います。その理由としては，その必要がないからです。アーティストあるいはデザイナーは，独力で絵の知識を読み解くことができ，その知識を応用するだけで，十分なだまし絵エンターテインメントを展開できるのです。

　それでは，錯視研究の知覚心理学の知見は今後もだまし絵エンターテインメントに不要かというと，それはわかりません。いろいろな知識はあった方が役に立つ可能性は大きいです。問題は，知覚心理学という学術の世界とだまし絵エンターテインメントという商業的業界のインターフェースです。知覚心理学側としては，どの知識をどのように提供したら喜ばれるのかがわかりません。だまし絵エンターテインメント側としては，当面「間にあっている」ということもありますが，学術の知識から何を提供してもらえるものなのか，おそらく見当

がつきません。

そこで「筆者の出番だ」と出しゃばりたいところです。筆者は自他ともに認める「錯視デザイナー」です。錯視作品を量産しています。そして，知覚心理学の教員および研究者である。一応，まともな（？）論文も書いています。ということは，学術界と業界をつなぐインターフェースになりうる稀有な人材です。その人材の内省に従えば（要するに筆者が思うに），それはなかなかたいへんなことなのです。

その理由は以下の通りです。心理学は基本的にサイエンス界にいて，何かを「知りたい」という動機づけで動いています。大学の学部でいえば，理学部の学術です。一方，だまし絵エンターテインメント業界はもの作りです。「作りたい」という動機づけで動いています。大学の学部でいえば，工学部の仕事です。ということは，上記の橋渡しをするためには，「理工学部」でなければなりません。全国の大学の理工学部のどの程度が本当の両刀使いなのか把握しておりませんが，理学（科学）と工学（技術）が融合することは並たいていの努力では足りないでしょう。それを知覚心理学でやらなければならないのです。

以下，アイデアを出してみることにします。

2. 科学館で錯視を活用

錯視デモによく声をかけてくれるのは，各地の科学館および科学館に相当する施設です。筆者は毎年のように，科学館で「錯視展」を開催しています（表3-1）。要請があれば，通常は無償で画像データを提供しています。無償である理由は，科学の普及のためです。特に，心の科学である心理学の一部である錯視研究に子どもが接することは，次の世代における心理学への理解に貢献するでしょう。もっとも，各科学館が錯視画についての科学的説明を十分提供しているとは言い難く，実質的にはただの見世物状態です。錯視展が真の科学展になるには，私たちの情報提供の不断の努力と，今しばらくの時間が必要でしょう。

なお，各地の科学館からは，錯視に関する講演も頻繁に依頼されます。つまり，一般の方に錯視のトークをする機会は多いです。特に中京圏（愛知県・静岡県・岐阜県）の科学館から声がかかることが多い

▼表 3-1　北岡が錯視作品を出品した科学館の一覧（2010 ～ 2017 年）

2010 年
　　千葉県立現代産業科学館「みる！みえる！　―錯視から探る視覚の仕組み―」
　　大阪府立大型児童館ビッグバン「『錯覚のふしぎ』展」
　　広島市江波山気象館「不思議な実験室 2　光と視覚のミステリー」
2011 年
　　仙台市科学館「特別展」
　　髙松市美術館「トリックアートの世界展　視覚の迷宮へようこそ！」
2012 年
　　千葉市科学館「錯覚展 “見える” のふしぎ」
　　愛媛県総合科学博物館「錯視のふしぎ」
2013 年
　　伊丹市立こども文化科学館　錯視の展示
　　福井県立こども歴史文化館「TRICK WORLD フシギフシギノクニ展」
　　静岡科学館る・く・る「かがくの色あそび展」
　　長野市少年科学センター「錯視の企画展」
2014 年
　　さいたま市青少年宇宙科学館「え！？　何でだろう　錯視・錯覚ふしぎ体験館」
　　愛媛県総合科学博物館「大トリックアート展」
　　大垣市スイトピアセンター「夏休み企画展　なにがミエル？　ナニにみえる？」
　　静岡科学館る・く・る「みる・きく・さわるのふしぎ展」
　　出雲科学館「発見！　感覚のふしぎ」
　　栃木県子ども総合科学館「ふしぎいっぱい！　感覚ワールド　―みる・きく・さ
　　わる大冒険―」
　　大阪科学技術館特別展「錯視（さくし）の世界」
2015 年
　　おかざき世界こども美術博物館「脳がびっくり！　錯覚・錯視ふしぎ博物館」
　　名古屋市科学館「錯覚体験ふしぎワールド」
　　上越科学館「視覚・錯覚・トリックアート展」
　　浜松科学館「トリックアートとふしぎな視覚展」
　　博物館明治村「ビジュアル・イリュージョンの世界」
2016 年
　　大垣市スイトピアセンター「カガクのトビラ　錯視展」
2017 年
　　熊本県立美術館「イリュージョンの科学とアート展」
　　福井県立こども歴史文化館「イリュージョン　―先人ゆかりのトリック＆マジッ
　　ク―」

小規模なイベントのため記録していないケースを含めると、この 2 倍程度の仕事量であったと推定
される。

です。首都圏から声がかかることは少ないですが、これは私以外の方
に声がかかるからでしょう。

　最近は、単なる講演ではなく、錯視の工作に人気があります。通常
依頼される時間は 1 時間半で、その時間をいっぱいに使えば 6 種類

第 3 章　錯視と仕事　　63

程度やれますが，4種類くらいの工作の組み合わせにしておくのが満足のコツです。

筆者が開発した錯視工作の人気ナンバーワンは，「輝度勾配依存の明るさの錯視工作」です。正確にいえば，明るさの恒常性のデモあるいはランドのレティネックス理論のデモです。しかし，そういった視覚メカニズムの蘊蓄を傾けるよりは，不合理で不思議な視覚デモすなわち錯視として工作ショーを進めた方が，参加者の理解が速くて深いです。「輝度勾配依存の明るさの錯視工作」は図3-7のようなもので，輝度勾配（明るさのグラデーション）の中央部あたりを切り出して，明るい側あるいは暗い側に配置したり，切片を動かしたりすることで，知覚される明るさの変化を体験するものです。

人気ナンバー2は，「逆遠近法・エイムズの台形窓工作」です。図3-8を切り出して，折り紙して出来上がりです。両眼視のできる大多

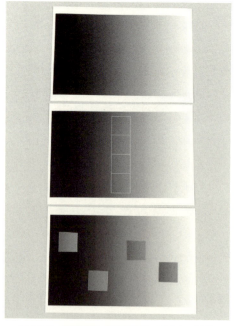

▲図3-7　錯視工作「輝度勾配の明るさの錯視」
輝度勾配の画像の中頃を切り出して，暗い側に持っていくとその切片は明るく見え，明るい側に持って行くと暗く見える。実際に切片を輝度勾配の画像上ですべらして動かすと，切片が明るくなったり暗くなったりして見える変化が体験できる。

数の健常者の場合，普通に見ても全く面白くありません。しかし，片目で眺めるとおもしろいです。デモが変な動きをするのです。太い縦線の部分は実際には奥に折られているのですが，手前に飛び出しているように見え，デモを左右に動かすか，観察者が左右に動いてデモを眺めると，太い縦線部分の「出っ張り」が観察者のほうについてくるように見えます。これは，「形の恒常性による奥行き知覚は意外に強力である」ことを示すデモです。すなわち，形の恒常性による奥行き

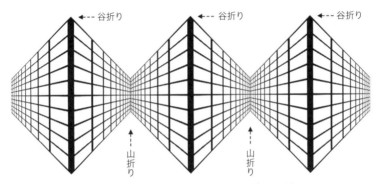

▲図3-8　錯視工作「逆遠近法・エイムズの台形窓」
デモを切り出し，指示通り折り紙するだけでできる。デモを左右に動かすか，観察者が左右に動いて観察する。両目で見ている時は「正しく」見えるが，片目で見ると奇妙な動きをする。

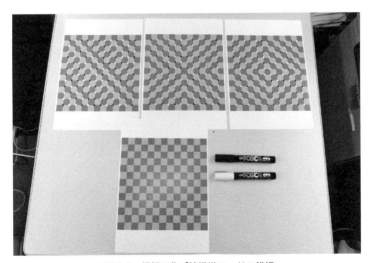

▲図3-9　錯視工作「縞模様コードの錯視」
垂直水平の市松模様の頂点部分に白あるいは黒のインクで十字を描くだけで，傾き錯視と静止画が動いて見える錯視が同時に観察できるようになる。

第3章　錯視と仕事　65

知覚は，両眼立体視による奥行き知覚には負けますが，触覚や運動視差による奥行き知覚には打ち勝つことがわかります。

　インクで少し描き加えるだけで錯視が観察できる工作物も，筆者はいくつか用意しています。図3-9は，垂直水平のチェッカーボードに白と黒のインクで十字を書き加えるだけで，傾き錯視と静止画が動いて見える錯視を作ることができる錯視工作です。図3-2のエンボスドリフト錯視の仲間でもあります。工作物のお持ち帰りのことを考えると，終わる間際の出しものにすることは避けた方が賢明です。錯視工作のサイトは現在以下の通りです。

　　●錯視工作
　　　http://www.psy.ritsumei.ac.jp/～akitaoka/kosaku.html
　　●錯視工作2
　　　http://www.psy.ritsumei.ac.jp/～akitaoka/kosaku2.html
　　●錯視工作3
　　　http://www.psy.ritsumei.ac.jp/～akitaoka/kosaku3.html
　　●オープンキャンパス2017
　　　http://www.psy.ritsumei.ac.jp/～akitaoka/opencampus2017.html
　　●錯視うちわ
　　　http://www.psy.ritsumei.ac.jp/～akitaoka/uchiwa.html

　錯視工作を手掛けているのは筆者だけではありません。それらを集大成して，知覚心理学の仕事の一分野として位置づけられる時が，いずれは来るかもしれません。

3．錯視を医療に活用

　筆者はいろいろな方面から招待講演に呼ばれます。そのうちの1つが医学系の学会です。呼ぶ側の目的は，「何か錯視が医療に役立たないだろうか」ということです。筆者も努力はしているのですが，成就したものはまだありません。

　その不首尾の理由は簡単で，筆者にガッツがないからです。医師の周りには，医療系の企業の人がいます。知覚心理学の人はおりません。この違いです。医師のニーズを聞き，その注文に応え，先回りし

て商品を提案する，というガッツが筆者にはありません。筆者が考えたアイデアを医師が取り上げてくれない，というのは泣きごとにすぎません。しかしながら，零細企業といった感じである知覚心理学研究室の研究者が，医療系の企業並みのガッツを出せるわけもありません。とはいえ，良い機会なので，役立ちそうなアイデアをいくつか紹介してみたいと思います。

　皮下静脈は青く見えます。それは色の対比錯視です。写真を撮って，画素を調べれば確認できますが，たいていの場合，皮下静脈部分もいわゆる肌色をしています。色相でいえばオレンジ色（黄と赤の中間）で，青くはないです。ただし，皮下静脈でない部分に比べて，彩度（色のあざやかさ）が低いです（灰色に近い）。この性質を利用して，皮下静脈の分布をよりわかりやすく表現するアルゴリズムを，筆者は作りました。図3-10上の写真のうち，彩度の高い部分を明るく，彩度の低い部分を暗くマッピングしますと，図3-10下のように

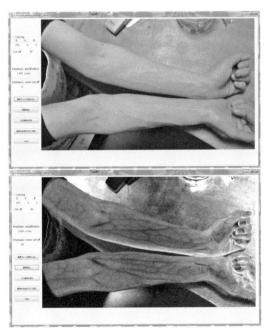

▲図 3-10　医療への応用の模索「皮下静脈明確化アルゴリズム」
彩度のマッピングによる。皮下静脈部分は彩度が低いことを利用する。

彩度の低い皮下静脈がわかりやすく表示できます。

その気になれば，タブレットやスマホアプリとして実装できると思います。そこで，医学系の会合で何度か売り込んでみたのですが，うまくいきませんでした。理由としては，静脈注射をするのには目視で十分で，さらに触って静脈であることを確認してから注射をするのだから不要，とのことでした。この技術の売り込みにこだわるならば，別の用途を提案する必要がありそうです。

図3-11は，1人で眼振を測定できる図版です。ある医師は「そんなもん診察すればわかるから不要」ということでしたが，別の医師は「患者が1人で自分の眼振の様子をモニターできるので有用かもしれない」とのコメントでした。眼振とは，眼球が一定方向にゆっくり動いた後，急速に元の位置に戻るという往復運動を繰り返すことです。前者を緩徐相，後者を急速相といいます。図3-11は，緩徐相の眼球運動の方向に，白い縞模様が動いて見えるよう設計された錯視図形です。図3-11には，30度おきに12種類の縞模様の傾きが用意されています。眼振は，錯視が最も大きい方向にあることが示唆されます。

私は「90°-270°」の図版を座位で観察すると，白い縞模様はゆっくりと下方に動いて見えます。すなわち，下方へ緩徐相，上方へ急速

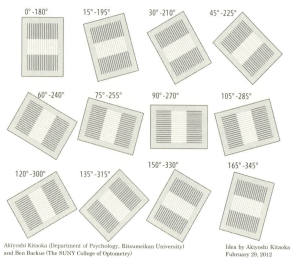

▲図3-11　医療への応用の模索「眼振スクリーニングカード」
眼振の緩徐相の方向に白い縞模様が動いて見える。

相の眼振があると考えられます。おそらくは，重力で眼球が次第に下がる→戻す→下がる→戻す，の繰り返しの反映なのではないかと思います。ツイッターで聞いてみたところでは，2割の方（40名／200名）がそのように見えました。8割の人には錯視が起きないので，ウケない錯視であるともいえますが。

　強制的に眼振を起こして，この錯視を体験することもできます。身体を右にくるくる回転（上から見て時計回りに回転）して目を回させますと，回転をやめた直後から前庭性眼振が発生し，「0°-180°」の図版の白い縞模様が右に動いて見えます。図3-2のエンボスドリフト錯視でも前庭性眼振を検出でき，上記の回転の場合，内側のパターンが上方に動いて見えます。

　緑内障では，網膜の周辺から網膜が変性していき，だんだんものが見えなくなりますが（見えない視野部分を暗点といいます），視覚的補完の作用により，初期のうちは暗点になかなか気づきません。図3-12は周辺視野の暗点検出用図版で，周辺視に暗点があれば，棒が短く見えることでわかるという仕掛けです。あまりおもしろくない図ですし，しばらく見ていると消える錯視（フィリング・イン）が発生

▲図3-12　医療への応用の模索「暗点検出画像」
中心を見ながら，棒の見えの長さに違いがないかをチェックする。
相対的に短い棒があれば，その方位に暗点がある可能性がある。

してところどころ見えなくなりますから，暗点との区別がつかなくなる欠点があります。この図は 2016 年の緑内障学会で提案したもので，「使えるかもしれない」と評価してくれた医師もいましたが，まだまだ改良の余地があります。

医療に錯視研究を役立てるには，医師との交流が足りません。ちょっとしたお付き合いでも，大切にする必要があります。現場の医師は患者への応対で忙しく，校務で忙しいとはいっても基本的には研究者である心理学者とは時間の使い方が異なりますので，医師の要望にはこまめに耳を傾けるのが成功の鍵と思います。もっとも，筆者は錯視の知識を医療に応用することに一度も成功していないので，言うことにまるで説得力がありませんが。

4. 錯視を美容に活用

2015 年に筆者は，毛髪科学技術者協会という学会に招待され，講演を行いました。毛髪科学技術者協会は，髪の美容に関する関係業界の学会です。平たくいえば，「知覚心理学でハゲをなんとかできないものか」という期待で私はお呼ばれしたのでしょう。結論からいうと，その期待には答えられず，普通の錯視ネタでエンターテインメントして時間を過ごす，ということになりました。これは，ゆゆしき問題です。知覚心理学は「見え」や「聞こえ」の心理学です。「頭髪が減少するとなんだか格好悪いのはなぜか」と聞くなら，知覚心理学なのではありませんか（進化心理学や人間行動学の取り扱い物件のような気もしますが）。私たちと私たちの先輩方は毛髪科学に取り組んできましたか？ 少なくとも，教科書では見たことがないです。では，筆者に何かアイデアあるのか，こうしたら少ない頭髪でも見えはよろしくなるという方法はあるのか，と言われると全くありません。

化粧に関してならとっておきのアイデアがあります。化粧品会社に売り込みに行ったこともありますし，その顛末もおもしろおかしく書くことはできます。しかし，本書は色の錯視を取り扱えないので，この件は別の機会に譲りたいと思います。また，「化粧のアーティストの使う技法は錯視である」ということにして話を進めるなら，一章分あるいは一冊分書けるかもしれませんが，彼らの使うアートの技法の大半は，少なくとも筆者らの知っている錯視の応用ではないと思います。

この領域に，錯視研究の応用可能性の鉱脈が眠っていることは明らかです。それも大量に。しかし，アイデアがなければどうにも仕事になりません。残念ながら，本節は不完全燃焼のまま終えます。

5．軍事における錯視研究

　読者には，ぎょっとするタイトルで，恐縮です。しかしながら，数十年後あるいは数百年後にこれを読む人がいるかもしれませんから，彼らのためになぜ「ぎょっとするタイトル」なのか補足したいと思います。

　日本は現在，1945 年の第 2 次世界大戦敗戦後に発足した民主主義体制の国民国家です（形式上は立憲君主制）。防衛面では，自衛隊と称する充実した人的規模（訓練の行き届いた職業軍人で構成）と最新鋭の装備の陸軍・海軍・空軍を有するとともに，条約により外国軍が国内各所に駐留しています。という状況ですが，第 2 次世界大戦時およびそれ以前に祖国の行った不適切な行為の数々とその戦争の結果の悲惨さへの反省から，国民の平和志向は強く，大学でも軍事に関することは議論することすらはばかられる状況です。後者の一部は，「軍事に関して議論をすると戦争を招く」という言霊（ことだま）的思想に基づいています。「縁起が悪い」という考え方と似ています。これは科学的とはいえない思想ですが，支持者は多いので，このことに言及するには細心の注意が必要な状況です。

　現時点では，近隣の独裁国家の情勢が緊迫化しており，未解決の領土問題もあり，このような言霊的平和主義がいつ破れるのか，あるいは持続するのかはわかりません。いずれにしても，本シリーズのテーマは「心理学と仕事」なので，知覚心理学それも錯視研究が有する有力なポテンシャルである軍事的応用について，言霊的平和主義のタブーに触れたくないからといって無視を決め込む，ということは避けたいと思いました。

　錯視研究の軍事的応用というと，カモフラージュと暗号の技術がまず思い浮かびます。ランダムドットステレオグラムがカモフラージュ破りの軍事技術由来であることは，よく知られています。消える錯視（extinction illusion）はいくつかの種類が知られていますが，組み合わせることでカモフラージュや暗号の技術に応用できそうです。例え

第 3 章　錯視と仕事　　71

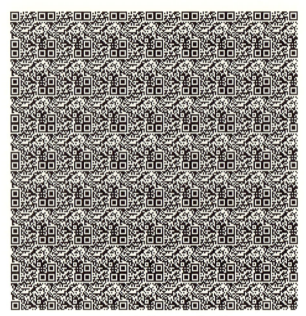

▲図 3-13　隠し絵を用いた暗号通信
「隠し絵を用いた暗号通信。解読できるかな？」というフレーズが埋め込まれている。解説については，http://www.psy.ritsumei.ac.jp/〜akitaoka/kieru3.html を参照。

ば，図 3-13 には何が書かれているでしょうか。種明かしは致しません。
　もう 1 つ 2 つ例をあげられれば説得力も高かったのですが，にわかには思いつきませんでした。しかし，錯視研究の軍事的応用と申しましても，おそらくは普通に民生用にも使える科学技術となると思われます。なお，科学には国境はありませんが，国防には国境があります。それなのに，科学者が国防に協力することは問題ないのか，という議論があるわけですが，ここでは論じません。
　現時点での日本国での話ではありますが，錯視研究の軍事的応用は実現性が低いです。本章の 2 節 1. や 3. でも述べたことと同様で，軍事的応用を考えようにも知覚心理学に何が求められるのかがわかりませんし，国防機関としても知覚心理学に何を求めるべきなのかがわかりません。現時点では，国防機関から研究補助金を受給している知覚心理学者はいないと思います。一方，国防機関内部で独自にそのような研究が行われているかどうかは，筆者にはわかりません。心理学

の学部あるいは大学院の出身者で国防機関に入る人はいます。民間の知覚心理学側は圧倒的に人的資源が希少ですから，国家からの需要があっても対応できるかどうかわかりませんし，求められたとして，やる気になるかどうかもわかりません。また，マスコミには「錯視程度は専門家の意見を聞くまでもない（錯視ネタを取り上げるときは迎合したコメントだけ求める）」という学問を軽視した姿勢がありますが，国防機関も似たような姿勢をとるかもしれません。やるなら大学に協力を求めず，自力でやろうとするのではないか，という意味です。守秘義務もありますしね。

　というわけで，少なくとも私は，言霊的平和主義の人から「いつかきた戦争に進もうとしている」と非難される心配をする必要はなさそうです。

6. まとめ

　心理学よりも数十年長い歴史をもつ錯視研究ですが，基本的には基礎研究でやってきました。この先もそうなのかもしれませんが，ここでは錯視の応用すなわち錯視工学や錯視を用いた仕事の開発・発展の可能性について論じてみました。ポテンシャルとしては十分と思います。あとは，人間と社会にやる気があるかどうかの問題かもしれません。

　最後に，お気づきの方もいらっしゃるとは思いますが，本章で紹介した錯視図は筆者が作図したものばかりです。つまり，一般的な錯視研究の話題であるのに，図の選び方が偏っています。これは，筆者が錯視の実験心理学研究者であるだけでなく，絵も描けるという特殊性に由来しています。他の方のデザインを引用しないことはバランスを欠き，怠慢であり，さらには傲慢であるとも認識しておりますが，執筆の時間的制約もございまして，これでご寛恕頂けますと幸いです。

トリックアート：心理学の参加型アートへの活用

現場の声 2

　近年，観光や娯楽施設などのレジャー産業では，「参加型」「体験型」のサービスが求められています。過去の観光の主流であった「見る」「聞く」だけではない，「感じる」「やってみる」というさらなる面白さや楽しさへのニーズが強くなっているためでしょう。

　『トリックアート』とは，1980年代に弊社エス・デーの創業者である剣重和宗が「見て，触って，写真が撮れる参加型アート」として創造した，日本発祥の新しい芸術の楽しみ方です。その基本となるのがトロンプ・ルイユ（だまし絵）といわれる絵画の技法であり，立体表現を生み出す「遠近法」「陰影法」「前進色と後進色の組み合わせ」です。トリックアートでは，さらに錯視などの心理学のアイデアを加えることで，鑑賞者が体感するほどの立体感を表現しています。生み出された立体感は，2次元である絵画の世界と3次元の鑑賞者の世界を繋ぐ効果を生み，鑑賞者がポーズをとることでトリックアート作品に入り込んだような写真を撮ることが可能となるのです。この様にトリックアートが見るだけの芸術作品ではなく，鑑賞者が参加することのできる芸術作品となるための重要な技術として心理学は利用されています。

　また，トリックアートでは心理学の研究材料として生み出された図形や構造に絵画の技術を加えることで，面白く楽しく表現し，鑑賞者が娯楽として感じることができる作品に仕上げています。その中でも「エイムズの部屋」はトリックアート美術館に展示され，多くの鑑賞者が体験したことで有名になった代表例です。

　さらにトリックアートでは，「人の思い込み」をうまく利用しています。目に見える形をそのまま表現するのではなく，人が思い込んでいる世界に近い形で描くことで，より脳に本物らしく感じさせています。例として，実際の影は光源の位置や強さにより形を変え，色合いも変わりますが，人は影を作る物と同じ形に近く一定の暗さをもっている影を本物であると認識をしやすいため，トリックアートではあまり影の形を崩さずに表現しています。これにより，脳が影があるから立体物である，という思い込みをより強く利用することができるのです。

　私たちは誰もが感じる錯覚や錯視による不思議な体験は人の知的好奇心をくすぐり，良質な遊びになると考えています。実際にトリックアート美術館を訪れる方々を見ていると，楽しみ方や遊び方はさまざまですが，皆さん笑顔で，会話が弾んでいると強く感じます。自分の想像力やアイデアを膨らませながらアートに参加し，写真を撮ることで自分だけの作品を完

エイムズの部屋　　　　　　　　　　　制作風景

成させる，さらには錯覚を体験することで驚くという脳を使った知的な活動は人を魅了するためでしょう。私たちが仕事をしている中で最もうれしい瞬間でもあります。

　芸術や娯楽に対する人の好みは多様で複雑ですが，驚きや不思議な体験をすることへの興味や好奇心は大多数の方が感じる普遍的な感覚であると思います。人の感覚や感じ方を理解するためのきっかけを与えてくれる心理学は今後さらに拡大する「参加型」「体験型」のサービスを生み出すために必要であり，重要な要素であると考えます。そして，感性を表現する手段として発展してきた絵画の技術と心理学は親和性が良く，互いを補完することができるでしょう。今後，心理学の研究が進むことにより，トリックアートの進化・発展にもつながると期待しています。

著者（清水洋信）：株式会社エス・デー

> 第3章筆者（北岡）より
> 　日本にも，若冲・国芳・北斎といった偉大な先達はいるのですが，西洋と比較すると，だまし絵の評価は低いように見えます。そこに20世紀後半から真っ向勝負を挑んできたのがエス・デー（「トリックアート美術館」のほうが人口に膾炙しているかもしれません）で，だまし絵体験のできる本格的な商業施設です。トリックアートの中に入り込んで写真を撮れるという点は，だまし絵というカテゴリーのつぼをついています。それが，VR（バーチャルリアリティ）やAR（拡張現実）を先取りしていることは，特筆に値します。だまし絵も錯視もエンターテインメントの側面があり，かつ本質的でもあるのですが，少なくとも心理学というアカデミックな世界においては，だまし絵や錯視のエンターテインメント性を十分評価してきませんでした。現在の知覚の心理学は，錯視研究等の成果をだまし絵のエンターテインメントの発展に寄与するポテンシャルがあり，その機は熟していると思われます。例えば，静止画が動いて見える錯視や色の錯視はほとんどトリックアートに応用されておらず，具体的な実現性はわかりませんが，その可能性を秘めています。

第4章

聴覚と難聴

活かせる分野

1節　聴覚の役割と機能

1. 日常生活における聴覚情報の役割

　私たちの日々の生活において，聴覚情報は欠くことのできない感覚情報です。聴覚情報は聴取者の後方を含めた全周囲から到来し，聴取者が外界の音空間を把握する際に活用されます。私たちが把握できる音空間の精度は最小弁別角度（minimum audible angle: MAA; Mills, 1958）を指標として評価され，聴取者の正面が最も感度が高く，水平方向で1度程度（Mills, 1958），仰角方向でも4度程度といわれています（Perrott & Saberi, 1990）。さらに私たちは，寝ている間も含め24時間絶えず聴覚情報を取得することができます。一方で，音声情報のやりとりも聴覚情報が果たす役割として極めて重要です。音声コミュニケーションにおいて話者から発せられる音声に含まれる情報には，言語情報，パラ言語情報，非言語情報があり（日本音響学会，2014），これらすべてを聴取者に伝えるための感覚情報は，聴覚情報をおいて他にはありません。

　私たちは聴覚情報にまさに「囲まれて」生活しています。天井，壁面，床のすべてが吸音材で覆われ周囲からの音が全く響かない無響室に入るとそのことを実感します。しかし，生活の中でこの聴覚情報の存在を意識することはほとんどありません。「音」としてすぐに思い

浮かぶのは「音楽」ではないでしょうか。外界把握，コミュニケーションといった私たちの生活の根底に根ざした情報である聴覚情報に意識を向けてみると，その情報の重要性とともに，難聴など何らかの原因で情報が取得できない状況の困難さが容易に理解できると思います。

2. 音の聴こえのメカニズム

　音の聴こえのメカニズムを知る前に，私たちが聴く音について少し触れたいと思います。私たちの聴く音は空気の圧力の微小な変動です。この音の圧力の変化分は音圧とよばれ，天気予報でよく耳にする気圧と同じ Pa（パスカル）を単位としています。ただし，1 気圧が1,013hPa（1hPa は 1Pa の 100 倍）なのに対し，私たちは 20μPa（1μPa は 1Pa の 1,000,000 分の 1）の音圧の音も聴くことができます。いかに私たちの耳が敏感な圧力センサであるかがわかるかと思います。この音圧を対数を使って表した単位が dB（デシベル）です。通常，音の大きさを表す際は dB を単位として表現します。私たちはだいたい 0dB から 120dB までの範囲の大きさの音を聴くことができます。通常の会話音声が 60dB 程度，ささやき声が 30 〜 40dB 程度の大きさです。

　さて，私たちはこの音をどのように得ているのでしょうか？　言わずもがなですが，私たちは左右両方の耳を使って聴覚情報を取得しています。音声情報に関しては，特に騒音下や難聴時などの劣悪な音環境では話者の口の動き（読唇）などの視覚情報によって言語情報の取得はある程度可能（Sumby & Pollack, 1954; Ross et al., 2007; Woodhouse et al, 2009）ではありますが，いずれも音声情報の取得を助ける（もしくは変容させる［McGurk & MacDonald, 1976］）という位置づけであり，耳から得られる聴覚情報が主要なものであることに変わりはありません。

　聴覚末梢系の全体図を図 4-1 に示します。図 4-1 にもあるように，耳に入力された聴覚情報は，外耳，中耳を経て内耳に伝達し，内耳において電気的な神経パルスに変換されて中枢へ伝達し，処理されます。

　外耳は主として耳介と外耳道からなる部位で，空気を伝搬した音が直接接する場所であり，外界からの音を集音する役割を果たします。

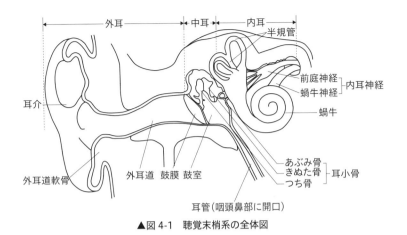

▲図 4-1　聴覚末梢系の全体図

　耳介は耳輪，耳珠，耳甲介，舟状窩などさまざまな突起，くぼみからなっており，音が到来する方向に依存してこの凹凸への反射，回折の様相が変化することで，音の周波数特性が変わることになります。この特性は頭部伝達関数（head-related transfer function: HRTF［日本音響学会，2010］）として表され，この方向に依存した周波数特性の違い（スペクトラルキュー）は，人間が音の方向を知る上で大きな役割を果たします。特に上下方向の音の判断には重要な手がかり（日本音響学会，2010）となります。一方，外耳道は，長さ 2.5cm ほどの管で鼓膜で終端されています。このような形状は，物理的には一方が閉じた音響管（閉管）と考えることができ，形状に依存した共振周波数を求めることができます。ただし実際には，鼓膜が硬くないことや開口部での影響などにより形状から求まる共振周波数よりも低い 2.5kHz 付近に共振周波数をもち，鼓膜に入力される音は，この周波数帯域において 10dB ほど増幅されて入力されることになります。

　中耳は鼓膜と耳小骨からなり，空気中を伝搬した音のエネルギーを内耳に効率よく伝えるためのインピーダンス変換器としての役割を果たします。具体的には，鼓膜と耳小骨の1つであるあぶみ骨との面積比（約 35：1），および，耳小骨を構成するつち骨，きぬた骨の長さの比（約 1.4：1）により，入力した音のエネルギーの約 56％が内耳に伝わることになります。これらの機能がはたらかずに入力された音が直接内耳に到達した場合には，入力された音のわずか 2.6％ほど

第 4 章　聴覚と難聴　　79

のみが内耳に伝わることになるため，小さい音の聴こえが困難になります。

内耳で入力された音信号を神経パルスとして変換し中枢に伝える役割を果たします。図 4-2 に示した蝸牛は聴覚器官の中で極めて重要な役割を果たす器官であり，3cm ほどの長さで 2.75 回転の渦巻き状の形状をしています。蝸牛とよばれる名前もこの形状に由来しています。この蝸牛はリンパ液で満たされており，あぶみ骨を通して伝搬された音は前庭窓を通して蝸牛のリンパ液に伝わります。基底膜とライスネル膜の 2 つの膜で前庭階，中央階，鼓室階の 3 層に区切られた蝸牛内の前庭階に伝わった音は，蝸牛の終端（蝸牛孔）で折り返されて鼓室階内を逆に伝搬し，最終的に蝸牛窓に到達します。この上下で逆方向にリンパ液内を伝搬することにより基底膜が上下に振動します。基底膜は奥に行くほど幅が広く，また薄い形状をしています。このため，場所によって強く振動する周波数が異なり，入り口側では高い周波数，奥に行くほど低い周波数で振動することになります。これにより，入力された音の周波数が位置として分析されて処理されることになります。

基底膜上に並んだ有毛細胞（和田，2016）では，入力された音信号が神経パルスとして変換されます。有毛細胞には内有毛細胞と外有毛細胞の 2 種類があり，基底膜上に内有毛細胞は 1 列，外有毛細胞

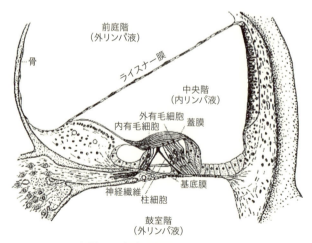

▲図 4-2　蝸牛の断面 (Littler, 1965)

は３列に並んでいます。聴神経の大部分は内有毛細胞につながっており，入力された音信号を神経パルスに変換する役割はこの内有毛細胞が担っています。なお，人間は，音の周波数の分析をこの聴神経の発火タイミング（位相固定，phase locking）でも行っており，1.5〜4kHz あたりを上限としてそれ以下の周波数ではこの機能でも音の高さの分析が行えることが知られています（Palmer & Russell, 1986）。内有毛細胞が入力音のパルス信号への変換の役割を担っている一方で，細胞の数自体が内有毛細胞よりも多い外有毛細胞は，基底膜の振動を能動的に増幅させる役割を果たします。この外有毛細胞の増幅機能は入力された音の大きさに依存して増幅する大きさが変化する非線形特性を有し，入力された音の大きさが小さいときには大きく増幅するのに対し，入力された音の大きさが大きいときには増幅率は小さくなります。この機能により，人間は120dB にも渡る大きさの範囲（ダイナミックレンジ）で音を聴くことができるのです。ちなみに，聴覚分野でノーベル医学・生理学賞を受賞したベケシー（Békésy, G.）は，入力された音の周波数に依存した場所をピークに基底膜が振動することを示し，1961 年に賞を受賞しました。なお，この時に調べた基底膜の振動は，外有毛細胞の能動増幅機能が含まれていないものでした。この外有毛細胞の非線形な増幅特性に起因して生じる，音を聴く器官である耳から音が放射されるという耳音響放射（otoacoustic emission: OAE）（Kemp, 1978）は，内耳機能の診断において使われています。

　聴覚末梢系のメカニズムに対し，聴覚中枢系のメカニズムは未だ未解明な部分が多く，現在でも多くの研究がなされています。比較的高次な部分まで周波数局在性（tonotopy）を有しているといった知見のほか，特に音空間の把握という点での知見もいくつか明らかとなっています。音空間の把握には両耳に入力された情報の統合処理が必須であり，聴覚中枢系における重要な役割の１つです。左右耳からの信号が入力される上オリーブ複合体から上位の部位で主に処理がなされているといわれますが，具体的なメカニズムについては新たな研究が待たれます。

3. 難聴のメカニズム

　難聴は先に示した聴覚器官に何らかの障害が発生し音が聴こえにくくなる状態です。難聴がなぜ発生するのかについてはさまざまな原因が考えられますが，その中でも最も多い原因が，加齢による聴力低下です。一般に聴覚閾値（聴き取ることのできる最も弱い音のレベル，最小可聴値）は30代頃から年齢に応じて特に高い周波数で上昇していく（聴き取りにくくなる）ことが知られています。高齢者の人口は年々増加の一途をたどっており，加齢に伴う聴力低下は大きな社会問題となっています。しかし，聴力低下を補う補聴器の普及率は日本では2015年でも10％を超える程度であり，十分に普及していないのが現状です。これには，補聴器の機能，装用技術に未だ改善の余地があることと合わせ，補聴器を装用することの心理的な側面（後ろめたさ）も原因と思われます。

　スマートフォンや携帯端末で普段から音楽を聴く機会が増えている現代では，日常的にイヤホン等の何かしらの治具を耳につけている光景が普通になりつつあります。このような環境では，補聴器に対する見た目のハードルは年々下がるであろうことが予想され，今後補聴器がより普及し，低下した聴力を十分に補って日常生活が送れるようになることが期待されます。

(1) 難聴の種類と補聴

　難聴は，障害が発生した部位によって，伝音性難聴，感音性難聴に大別されます。さらに感音性難聴は，内耳に障害がある内耳性難聴とより高次の部位で障害がある後迷路性難聴の2種類に大別されます。

　伝音性難聴は，伝音器官である外耳，中耳に障害が生じた難聴です。例えば，外耳道が閉塞していたり，鼓膜に穴が空いていたり，耳小骨が癒着して音の伝搬を阻害していたりして，入力された音が内耳に十分に伝わらない状況です。先にも述べたように，外耳，中耳では，空気を伝搬した音を蝸牛に効率よく伝搬する役割を果たしており，この両者に障害が発生すると，内耳に伝わる音のエネルギーは大きく減衰してしまいます。裏を返すと，内耳に効率よくエネルギーを伝えることさえできれば内耳で正常に音信号の神経パルスへの変換が

できることから，入力される音信号を増幅することで聴こえを補うといった手法が有効になります。耳の後ろの乳様突起（マストイド）に振動子を当てて骨を揺らすことで音信号を伝える骨伝導補聴器や，外耳道入り口の軟骨部に振動子を与えて音信号を伝える軟骨伝導補聴器などが実際に市販されています。

　一方，感音性難聴は，内耳およびより高次の部位で障害が発生した場合を総称した難聴です。加齢に伴う難聴のほとんどはこちらにあたるほか，長時間大きな騒音にさらされることで生じる騒音性難聴もこちらの難聴に分類されます。このうち内耳性難聴は蝸牛性難聴などともよばれ，蝸牛に障害が発生した難聴です。多くの場合，有毛細胞，特に外有毛細胞が脱落等によって機能しなくなるもので，障害が発生した有毛細胞が担当していた周波数とその周囲の音の聴こえに影響を及ぼします。近年の研究でマウスにおいて有毛細胞を再生することに成功したことが報告されました（Mizutari et al., 2013）。しかし，この技術を臨床等に応用するためにはまだ時間が必要で，現在では，補聴器や人工内耳の装用といった手法で，低下した聴力を補うことが一般的です。補聴器にはその形状や装着する部位に応じて耳かけ型 (behind the ear: BTE)，耳あな型 (in the ear: ITE) などさまざまな種類があります。図 4-3 に例を示します。いずれの補聴器も，マイクロホンによって集音した音信号をディジタル信号処理技術等を駆使して難聴者の聴力に適した形で変換しイヤホンを通して難聴者に提示します。これまでは左右耳で独立に動作する補聴器をそれぞれの耳に装用することが一般的でしたが，近年では，両耳の補聴器同士が通信して協調動作しながら，空間内の所望の音を難聴者に提示する補聴器が開発され，市販されるようになってきています。一方，人工内耳では，複数のチャネルを有する細い電極を蝸牛内に埋め込み，入力された音信号の周波数に該当する基底膜上の位置を，電極上のその位置に

（写真はリオン株式会社提供）

▲図 4-3　さまざまな種類の補聴器

一致したチャネルに電気信号を流すことで刺激するものです。先にも述べたように，基底膜上の入り口から奥に向けて，場所に応じて対応する音の周波数が異なるという知見を活用しています。

　内耳より上位に障害をもつ後迷路性難聴はそのメカニズムも複雑であり，補聴処理も容易ではありません。周波数局在性を有する蝸牛神経核の該当部位に電極をあてて入力した音の情報に合わせて電気刺激を与える聴性脳幹インプラント（Schwartz et al., 2008）などいくつかの手法は実際に臨床でも行われていますが，それぞれの障害の部位にあった補聴処理は未だ確立されていない状況です。特に，聴覚情報処理障害（auditory processing disorder: APD）（小渕・原島，2016）など，「音は聞こえるけれど何を言っているかわからない」というような聴覚閾値だけでは説明のつかない「隠れた難聴（hidden hearing loss）」（Plack et al., 2014）に対する関心が高まっており，その原因の解明と補聴技術の確立が望まれます。

（2）難聴における音の聴こえ

　先に述べたように，難聴は障害の部位により症状が多岐にわたり，聴こえの様相は大きく異なります。ここでは，特に内耳性難聴を取り上げて，その際に生じる聴こえの変化について述べていきます。

①聴覚閾値の上昇とラウドネス補充現象　多くの内耳性難聴では外有毛細胞に障害が発生することを述べました。外有毛細胞は基底膜の振動を能動的に増幅する機能を有しており，入力される音の大きさが小さいときに振動を大きく増幅します。したがって，外有毛細胞に障害が発生すると，入力された音の大きさが小さいときに十分な増幅がなされずに音が聴こえない状況，すなわち，聴覚閾値の上昇が発生します。難聴の度合いは，この閾値の上昇度合いに応じて平均聴力レベル（次節参照）を指標として「軽度難聴（25 dB 以上 40 dB 未満）」「中等度難聴（40 dB 以上 70 dB 未満）」「高度難聴（70 dB 以上 90 dB 未満）」「重度難聴（90 dB 以上）」の 4 種類に分類されます。会話音声など私たちが通常聴いている大きさの音が聴きにくくなるのが中等度難聴，ささやき声などもう少し小さい音の聴こえが困難になるのが軽度難聴というイメージです。

　一方，外有毛細胞の増幅機能は入力される音が大きくなるにつれて

小さくなります。したがっていったん音が聴こえ始めると知覚される音の大きさは急激に大きくなり，最終的にはうるさすぎて聴きたくないような十分に大きな音の聴こえは健聴者とほぼ同じになります。この結果，難聴者の聞こえる音の大きさの範囲（ダイナミックレンジ）は，健聴者に比べて極めて狭くなります。これがラウドネス補充現象とよばれる現象です。なお，近年では，外有毛細胞の増幅機能の原因の他に，内有毛細胞や聴神経など他の部分の機序についても指摘されています（Kale & Heinz, 2010; Scheidt et al., 2010）。

　したがってこのような難聴の聴こえを補うためには，単に音を大きくするのではなく，聴こえを補償する形で提示することが重要になります。

②**周波数分解能**　外有毛細胞の障害は聴覚閾値の上昇だけでなく，周波数分解能の低下，すなわち，細かい周波数の違いが聞き分けられないという状況が発生します。これは，外有毛細胞がその位置によって担当する周波数が決まっていることに起因します。外有毛細胞に障害が発生すると，その細胞が担当する周波数の小さい音が聴きづらくなります。入力される音の大きさが大きくなるとこの音が聴こえるようにはなりますが，その一方で，この細胞の周囲の基底膜も振動することとなり，その結果，近傍の周波数の音を担当する内有毛細胞も発火することになります。すなわち，本来であれば区別できる周波数差が区別できなくなるわけです。

　聴覚閾値の上昇と周波数分解能の低下はいずれも外有毛細胞の障害に起因する部分が多く両者には強い関連があり，閾値の上昇が大きければ周波数分解能の低下も大きくなります（Hopkins & Moore, 2011）。

③**時間分解能**　聴覚閾値の上昇や周波数分解能の低下などの周波数に関連した聴力特性の変化はかなり研究が進んでいるのに比べ，時間に関連する聴力特性の変化に関する研究はそれほど多くはありませんでした。特に，聴覚における時間情報処理を音のレベルの緩やかな時間的変化（振幅包絡）と，より短い時間での変化を示す微細構造（temporal fine structure: TFS）に分けた場合，振幅包絡に関してはある程度まとまった知見が得られていたのに対し，後者の微細構造の知覚については比較的最近になって体系化が行われ詳細に分析されるようになりました（古川，2016）。

振幅包絡の変化の知覚は，ラウドネス補充現象との関連が指摘され，知覚的な大きさが比較的小さい音であれば難聴者のほうが健聴者に比べより敏感に変化を知覚できる（Schlittenlacher & Moore, 2016）といった報告がなされています。それに対し，同じく振幅包絡という観点で時間変調伝達関数（temporal modulation transfer function: TMTF）を指標にした際には，難聴者のほうが感度が低い（Bacon & Viemeister, 1985）といった報告もなされています。一方で，微細構造の変化の知覚に関しては，難聴者は健聴者に比べ感度が低い（Hopkins & Moore, 2011）ことが知られています。

これらの時間分解能と音声の聴こえとの関連についても研究がなされています。例えば，微細構造の感度の低下は，複数人の音声が混合した状態でのターゲットの音声の聴き取りの能力に関連するといった報告があります（Hopkins & Moore, 2011）。また，先に述べた「隠れた難聴」との関連も指摘されています。

④空間分解能　私たちが音の方向を知覚する際には，頭部伝達関数が包括的に含むさまざまな手がかりを用いています。例えば，水平方向の音の方向を判断する際には，両耳に入る音の大きさの違い（両耳間レベル差）や到達時間や位相の違い（両耳間時間差，位相差）が大きな手がかりとなり，入力される音の周波数によってこれらの手がかりをうまく使っています。また，上下方向の音の方向の知覚にはスペクトラルキューが手がかりになります。これらはいずれも周波数情報や時間情報に関連した手がかりであり，ここまでに述べた難聴による周波数分解能，時間分解能の聴力特性の変化と深く関連してきます。また，左右耳の聴力特性の違いにも大きく影響されます。

例えば，水平面上において妨害音の中からターゲットとなる音が提示された方向を判断するといった場合には，妨害音が左右の耳の方向から来るときのほうが，妨害音が正面から到来するときに比べ，ターゲットの音に対する方向判断の精度が健聴者に比べて低下することが報告されています（Lorenzi et al., 1999）。また，音の水平方向判断に寄与する両耳間レベル差と両耳間位相差の寄与を調べたところ，雑音環境下でのターゲットの音声の聴き取りにおいて，両耳間時間差の寄与は健聴者とほぼ同等だったのに対し，両耳間レベル差の寄与は健聴者に比べて低下することが示されました（Bronkhorst & Plomp,

1989）。これは，典型的な難聴では高い周波数の聴力閾値が上昇してしまうことと関連しています。つまり，両耳間レベル差が音の方向判断の主な手がかりとして用いられる高い周波数が，聴力閾値の上昇により聴き取りが困難になることで使えなくなるためと考えられます。さらに，最小弁別角度などにおいても，難聴により増加するといった報告がなされています（Akeroyd, 2014）。なお，これらの報告では左右耳の聴力特性が同じような場合で検討していますが，左右耳での聴力特性が異なる場合，左右耳に入力された音の信号差を手がかりとしている音の方向判断は極めて難しくなります。聴力閾値の上昇により本来あるべき両耳間レベル差を知覚することができなくなるからです。さらに，左右耳での聴力特性が異なる場合，両耳間時間差の寄与も低下することが報告されています（Bronkhorst & Plomp, 1989）。

⑤視覚情報の活用　既に述べたように，音声の聴き取りにおいて話者の口の動きの情報（読唇［lip-reading］情報）は重要な手がかりの1つです。この情報は，騒音下など特に音声情報の取得が困難な状況で用いられるわけですが，難聴になると聴力が低下して音情報の取得が困難になることから，常時この「音声情報の取得が困難な状況」に直面していることになります。

　このような観点から，読唇情報の寄与について健聴者と難聴者を比較したさまざまな研究がなされてきました（Woodhouse et al., 2009）。例えば，健聴者と平均聴力レベルが90 dB以上の高度難聴者を対象に，話者映像のみを提示した状態で話者の発声した音声を回答させたときには，健聴者では10 %前後だった正解率が，人工内耳装用前の難聴者では30 %前後に上昇し，さらにその正解率は人工内耳の装用年数に応じて上昇したことが報告されています（Strelnikov et al., 2009）。

　人工内耳装用時の音声を模した劣化雑音音声（noise-vocoded speech sounds: NVSS；力丸，2005）を健聴者に聴かせて音声を回答させた際に，音声のみを聴いて学習したときに比べ，話者映像を付加して学習した方が劣化雑音音声の聴き取りが向上した（Kawase et al., 2009）という報告がなされているなど，聴き取りが困難な音声の聴取環境では実際に読唇情報が大きく活用されることが明らかに

なってきています。海外では，補聴器装用時の適合評価時にも話者映像を提示したより実際に近い環境で行おうといった研究が開始されており，今後難聴と読唇情報の関連についてはさらに明らかになっていくと思われます。

2節 音の聴こえを正しく評価するには

1. 聴力特性の評価

前節で述べたように，難聴は障害の部位がさまざまであり，また，その部位によって生じる現象も多岐にわたります。したがって，ひとくちに難聴といってもその際の音の聴こえは人それぞれによって千差万別です。このような難聴者の聴力を適切に補うためには，難聴者の聴力特性を正確に把握する必要があります。そこでここでは，具体的な測定項目をいくつかあげて，それがどのように測定されるのかについて述べていきます。

(1) 聴覚閾値の測定

難聴に限らず聴力検査といって真っ先に思い浮かぶのは聴覚閾値の測定ではないでしょうか。純音聴力検査とよばれ通常の健康診断でも行われるものです。難聴時の最も典型的な症状である聴覚閾値の上昇の程度を把握する意味でも，この聴覚閾値の測定は重要です。

聴覚閾値はオージオメータとよばれる専用の機械で測定します。図4-4にオージオメータを示します。測定では，単一周波数を持った正弦波（純音）を刺激音として用い，125, 250, 500, 1,000, 2,000, 4,000, および8,000Hzの純音で音の大きさを変えて閾値を測定します。前節で難聴には伝音性難聴と感音性難聴の2種類があることを述べましたが，この聴覚閾値の測定でも骨導閾値と気導閾値の2種類を測定することになります。

測定された値は聴力レベルとして評価されます。この聴力レベルは健聴者の聴覚閾値を基準として数値化された

（写真はリオン株式会社提供）
▲図4-4 オージオメータ

もので，0 dB であれば健聴者と同じ聴覚閾値であることになります。これをグラフ化したものをオージオグラムとよびます。オージオグラムの例を図 4-5 に示します。通常のグラフは上にいくに従って値が大きくなりますが，オージオグラムでは下にいくに従って値が大きくなっています。ちなみに，左右の気導閾値，骨導閾値を示す記号や，マス目の大きさなど，書式に細かい規定があります。

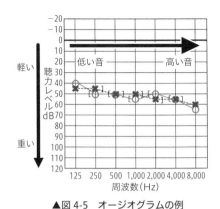

▲図 4-5　オージオグラムの例

図中の○，×はそれぞれ右耳，左耳の気導閾値，[，] はそれぞれ右耳，左耳での骨導閾値を表し，下向き矢印はスケールアウトを表します。

　得られた聴覚閾値により難聴かどうかを判断する際には平均聴力レベル（pure tone average: PTA）を用います。これは，500，1,000，2,000Hz の聴力レベルから算出されます。

（2）中耳機能の測定

　中耳は空気中を伝わる音を蝸牛内のリンパ液に効率よく伝えるインピーダンス変換器の役割を果たすことから，中耳の診断の中心はこの中耳のもつインピーダンス変換がどれくらい正常に機能するかを調べることになります。いうならば機械的な機構をもつ中耳の機能の測定です。中耳炎などになった時に経験したことがある方もいるのではないでしょうか？　測定にはインピーダンスオージオメータとよばれる機械を用いて，ティンパノメトリーとよばれる検査を行います。プローブを外耳道に装着し，鼓膜に向けて空気圧をかけ，鼓膜から戻ってきた空気圧を測定して中耳の様相を診断します。得られた測定値をグラフ化したものはティンパノグラムとよばれます。

（3）内耳機能の測定

　内耳性難聴の典型的な原因の 1 つが先に述べたような外有毛細胞の障害です。外有毛細胞は能動的，かつ，非線形な増幅特性を有して

第 4 章　聴覚と難聴　　89

おり，これが正常に機能しているかどうかの診断は非常に重要です。

この内耳機能の診断方法の1つが，歪成分耳音響放射（distortion product OAE: DPOAE；大山ら，1992）です。これは，耳から音が放射される耳音響放射を用いた手法で，2つの異なる周波数の純音（f_1, f_2，ただし$f_1 < f_2$とします）を同時に耳に提示したときにその歪み成分（$mf_1 \pm nf_2$，ただし，m, nは整数，特に$2f_1 - f_2$が多い）を測定するものです。測定値をグラフ化したものは聴力レベルを記録したものをオージオグラムとよぶのに対応してDPgramとよばれます。この手法の良いところは，特に難聴者に判断を求める必要がない他覚的な検査であることです。そのため，判断バイアスに左右されることなく測定ができるほか，乳児など回答を求めることができない人に対する測定にも使用することができます。

また，内耳性難聴の典型的な症状であるラウドネス補充現象の度合いを測定する手法もあります。SISI (short increment sensitivity index) 検査です。ラウドネス補充現象が生じると音の大きさが聴覚閾値を超えた途端に急に大きく知覚されるようになることから，提示された音の大きさを少しだけ大きくしてそれに気づいたかどうかを回答させ，何回気づいたかの割合を指標にします。

(4) 聴覚中枢系の機能の測定

既に述べたように，聴覚中枢系の役割は未解明な部分も多く，その診断も非常に困難です。ここでは，聴性脳幹反応検査（auditory brainstem response: ABR；草刈，2006）を紹介します。聴性脳幹反応はクリック音などの刺激音が入力されることで文字通り脳幹のさまざまな部位から脳波が発生する現象です。発生する部位によって出力される脳波の時間や形状が異なることから，脳幹の機能の分析に使用されます。DPOAEと同じく他覚的な検査であり，睡眠の深さや意識レベルに依存せずに安定して結果が得られることから，特に新生児や乳幼児の聴力検査手法として用いられています。

(5) 時間分解能の測定

時間分解能の検査として最も古くから用いられている手法はギャップ検出閾値検査です。この検査では，ある一定以上の持続時間をもつ

音にわずかな時間的な空隙（ギャップ）を挿入し，そのギャップが検出できたかどうかをギャップの幅をパラメータとして測定するものです。時間分解能が高ければ高いほどこのギャップ検出閾値は小さくなり（つまり非常に短時間のギャップでもギャップがあることに気づく），逆に時間分解能が低い場合にはギャップの時間長が長くなってもギャップの存在に気づかないことになります。

　以上に示したもの以外にも，難聴者の聴力特性を測定するさまざまな手法が提案，実施されています。その多くが難聴者に何らかの音を聴かせてその反応を元に分析するものですが，難聴者の多くが比較的高齢な方が多いこともあり，より精度の高い結果を得るためにチューニングされている実験室実験とは違い，精度もさることながらできるだけ短時間で測定ができるという点が重要となってきます。したがって，測定法を中心に専門的な知識を求められる場合も多く，聴覚閾値の測定など，臨床検査技師といった資格を持った人が担当することになります。

2．音声の聴こえの評価

　聴覚の大きな役割である音声によるコミュニケーションを考えると，聴こえの最終的な判断として音声がどの程度聴こえたかを判断することが重要です。さまざまな研究により先に述べた聴覚の基本的な特性と音声の聴こえの関連に関する研究がなされてはいますが未だ不十分であり，現状では多くの場合，最終的には実際に音声を使って聴こえの判断をすることになります。使用する音声の違いによりいくつかの評価方法があげられます。

(1) 単音節による聴こえの評価

　試験音声として単音節を用いて行う手法です。日本語には拗音を含まないと 67 個，拗音を含むとちょうど 100 個の単音節があります。日本聴覚医学会では，このうち，50 個の単音節を用いた 57-S 語表や 20 個の単音節を含んだ 67-S 語表（日本聴覚医学会，2010）が提案されており，特に 67-S 語表は臨床の場面で難聴者の音声の聴き取りの評価で広く用いられています。

第 4 章　聴覚と難聴　91

実際の検査では，提示する単音節の音圧を変化させたり，ノイズを付加して単音節とノイズの音圧の比（信号対雑音比，SN 比）を変化させたりして，それぞれの条件で単音節を聴かせます。聴き取れた結果は，提示した単音節のうちいくつの単音節が正しく聴き取れたかを指標とする単音節明瞭度（語音明瞭度）や，50 ％の単音節が聴き取れた条件を指標とする語音聴取閾値（speech reception threshold: SRT）などで分析されます。

（2）単語や文章による聴こえの評価

単音節を用いた聴こえの評価は，その簡便性やこれまでの膨大なデータの蓄積，さまざまな聴覚の基礎特性との関連の分析結果などの理由で，現在も臨床で最も一般的に行われる音声の聴こえの検査ですが，私たちの日常的な音声の聴き取りの様相を必ずしも正しく反映しているわけではないという問題点が存在します。日常生活で孤立した単音節を聴く機会がほとんどなく，通常は単語や文章を用いて意思疎通を図っていることからも容易に想像がつくと思います。

ただし，単語や文章を用いた聴こえの評価を考える際には，どのような語，文章を使用すればよいかということが非常に大きな問題となってきます。騒がしい場面でも自分の名前が呼ばれたときにはすぐに反応できるといった経験もあると思います。名前を試験語にするということは少ないかもしれませんが，それでもよく知っている語のほうがほとんど知らない語に比べて，聴取環境が悪い状況でもよく聴こえるといったことが知られています。また，文章を考えると，単語同士に関連がある方が単語間で類推がはたらくため，ばらばらな単語を組み合わせた文章に比べ聴き取りが容易だということも想像できます。このような状況もあり，さまざまな要因を考慮した単語，文章の評価用語表が提案されていますが（例えば，米本，1995; NTT・東北大*），未だ標準的な手法は存在していないのが現状です。

---

* NTT コミュニケーション科学基礎研究所・東北大学電気通信研究所　親密度別単語了解度試験用音声データセット（FW03）
http://research.nii.ac.jp/src/FW03.html
親密度別単語了解度試験用音声データセット 2007（FW07）
http://research.nii.ac.jp/src/FW07.html

音声の聴き取りの様相は補聴器の適合評価では非常に重要です。難聴者の聴力特性は人により大きく異なるものの，現状ではそのすべての特性を定量化できていないことから，自分自身の聴こえにあった補聴器を得るためには，実際にその補聴器を使って生活をして，その時の聴こえの感想に基づいて特性を調整し直すといった作業が重要となってきます。その際には，言語聴覚士などの音声の聴こえの専門家も交えながら，その時どきの感想を分析し，補聴器の特性に落とし込むというプロセスが行われることになります。

言語聴覚士によるコミュニケーション障害へのサポート

現場の声 3

　言語聴覚士は1997年に国家資格化されたリハビリテーションに関する専門職の1つで，主にことばによるコミュニケーションに障害をもつ方をサポートする専門職です。先天性の問題や脳血管障害などの後天的な問題が原因で言語や聴覚，発声・発音，認知機能の障害から生じるコミュニケーション障害の程度を評価し，機能の改善や維持，代償的な能力の活用のための訓練を行います。また家族などに患者のハンディキャップを軽減するための指導を行うことも大切な仕事です。近年では，話す機能と関連の深い飲み込み（嚥下）障害への対応も増えています。

　病院や診療所などの医療機関や老人保健施設やデイケアセンター，肢体不自由施設などの保健福祉施設，小学校や特別支援学校などの教育施設など幅広い領域で活動しています。

　私は，大学病院の耳鼻咽喉・頭頸部外科で勤務しています。仕事の内容は主には「発声」「発音」「聴覚」「嚥下」機能に何らかの問題を抱えている方の検査やリハビリを行っています。

　今回は聴覚障害をもつ方に対して，言語聴覚士が行っている業務に関して説明します。

　聴覚障害をもつ方は，どのような困難が日常生活で生じるでしょうか？人の声やことばが聞こえない，ことばの内容が歪んできこえるなど「ことば」が理解できないことがあげられます。また電話の音や自動車の近づく音，水の音など日常生活でながれている環境音が聞こえないといったこともあげられます。ことばが聞こえないことでコミュニケーションが制限され，地域や社会活動への支障が生じたり，ことばの獲得やことばを使って考える能力の発達などが十分に獲得されないことになります。

訓練室
防音に配慮された環境で，1対1で行います。

主な業務は，純音聴力検査など聴覚検査・評価の実施，補聴器や人工内耳といった聴覚補償機器の適合，言語・コミュニケーション訓練，聴覚患者・家族の心理面や社会参加・活動へのサポートなどがあります。

　聴覚検査・評価の実施は，聴覚障害の程度の把握やリハビリテーションの方針を組み立てる上で必要になります。また必要に応じて，ことばの獲得の程度や発音の状態の評価なども行います。「聞こえ」の問題が「話す」ことに影響する場合があるためです。

　聴覚障害をもつ方は聴覚障害の程度に応じて，補聴器や人工内耳といった聴覚補償機器の活用が必要となります。言語聴覚士は補聴器や人工内耳を患者さんの聴力の状態に応じて，「聞こえ」が改善する状態に調整します。また機種選択への助言や機器の使用方法やメンテナンスの方法の指導なども合わせて行っています。聴覚補償機器は日常生活で常用してもらうことが大切になりますので，こういった指導も実はリハビリを進めていく上で重要です。

　先ほど述べましたが，「聞こえ」の能力と「ことば」の獲得は関連が強いため，特に聴覚障害をもつお子さんの場合，「聞こえ」の障害により，ことばの獲得が遅れてしまうことがあります。またそれに伴いコミュニケーション能力の発達の遅れや，学習能力の遅れなどが生じる可能性もあります。ですから「ことば」の獲得を支援していくことも大事な仕事になります。具体的には，聴覚補償機器を使用し「聞こえる」状態にし，遊びながら日常生活にいろいろな「音」があることに気づいてもらうことや，単語や文法を使用できるようにすること，発音の練習や書字能力の習得など発達の状態に応じた言語・コミュニケーションに応じたさまざまな能力の獲得をサポートしていきます。

　聴覚障害の評価やリハビリは心理学の知識を活用しながら行います。具体的には，音の物理的な性質を，聴覚を介して人間がどのように認識しているかを理解する必要があり，これらは聴覚心理学の知識が必要となります。

聴力検査室

人工内耳の調整画面

　また聴覚障害の検査やリハビリは乳幼児から高齢者まで幅広くの年齢層を対象とするため，発達やライフステージに応じた対応が必要となります。ですから発達心理学の知識も必要となります。またことばの習得や学習に関連し，学習心理学や言語心理学といった知識も必要となります。聴覚障害をもつ方や家族支援においては障害受容を促す支援も必要であり，支援にあたってはカウンセリングの知識も必要なことがあります。
　言語聴覚士の仕事は心理学と多くの部分で接点をもっています。心理学の知識を実際の検査やリハビリに生かし，聴覚障害をもつ方の生活の質が向上するようにサポートする仕事が言語聴覚士の仕事です。

　　著者（佐藤剛史）：東北大学

第5章

触／身体感覚とデザイン

活かせる分野

1節　触／身体感覚の心理学と感覚設計

1. 触／身体感覚

　私たちは普段の生活の中で，「触れる」という行為を絶え間なく行っています。例えば，スーパーで野菜を買うときや，電化製品店でスマートフォンを買うときには，対象に手を伸ばし，軟らかさ（硬さ），温かさ（冷たさ），気持ち良さ（悪さ），高級さ（安っぽさ）といったさまざまな質感を感じ，それを買うかどうかといった意志決定や行動の手がかりとしています。また，皮膚を通じて対象に触れるだけでなく，自身の身体がどこの位置にあるのか，どのような力がかかっているのかという身体の感覚は，身体の動きを制御するためには必須の感覚です。これらの，触れた対象の属性を感じるための感覚と身体の位置や力に関する感覚（以降，本章ではこれらの感覚を合わせて「触／身体感覚」と表します）は，日常の私たちの判断や行動に大きな影響を与えています。

　これまでいくつかの特定分野，例えば，布の触り心地に関する分野や，金属やプラスチックの表面加工に関する分野，家具や内装の素材選択に関する分野，化粧品やマッサージといった美容の分野では，それぞれの分野に専門家が存在し，各分野の専門家によって触／身体感覚の設計の探究がなされてきました。それだけでなく，近年は，

VR技術の発達とともに，触覚技術への注目が飛躍的に高まり，主に振動を使ったユーザーへの情報提示がゲーム等のエンターテインメント分野で行われるようになりました（例えば，Konishi et al., 2016；任天堂，2017）。しかしながら，触／身体感覚の設計について考えたとき，その原理は専門家の特殊技能として存在していることが多く，広く明示的に流通するような形にはなっていません。私たちは，日常の営みの中で何らかの目的を適えるために，感覚刺激の構造を意図的に設計してコミュニケーションや表現を行っています。例えば，この本に書かれている文字の大きさや形も，文章の内容をわかりやすく伝えるという目的を適えるために設計されたフォントやレイアウトが使用されています。絵や音楽も鑑賞者の心を動かすという目的のために設計された光や音の構造ということができるでしょう。これまで光や音の設計は，ビジュアルデザイン・サウンドデザインという形である程度確立されたものとなっており，その職能（知識やノウハウ），職業（ビジュアルデザイナー，作曲家等）も社会的に認知されています。しかしながら，触／身体感覚の設計に関しては，その原理が学術的にも明らかでなく，当然ながらその職業（触感デザイナー？）も社会に認知されているとはいえません。少なくとも本稿執筆時に，筆者はそのような肩書きの職業募集を見たことはありません。このような状況で必要となるのは，製品やコンテンツにおける触／身体感覚の設計を，意志決定者の好みや，専門家の暗黙知のみによって決定するのではなく，知覚心理学の知見に基づく手法や方法論を誰もが使用可能な形にし，分野としての裾野を広げ，リテラシーを持った人々の議論によって意志決定がなされる基盤を作ることであるといえます。

　ここまで私は，「触／身体感覚」というあまり一般的とはいえない語を敢えて使用してきました。一般に「触れる」という語の英訳は"touch"ですが，私が想定している「触／身体感覚」に対応する英単語（名詞）は"haptics"です。haptics とは，もともとギリシャ語の"haptikòs（触れる感覚に関するもの）"を語源としていて，視覚における光学（optics），聴覚における音響学（acoustics）に対応する，触覚における物理・生理・心理をまたがる「触れることの学問」を意味する語です。ドイツの心理学者・哲学者であるデソワール（Dessoir, M., 1867-1964）が初めに使用したといわれています。ま

た，「触／身体感覚」を知覚心理学に関連する専門用語との関係から定義すると以下のようになります。物体に皮膚を接触させることで，物体の表面形状や硬さ，温度を知る感覚を皮膚感覚（cutaneous sense）とよびます。また，手や足といった身体部位がどこにあるのか，その部位にどのくらいの力が加わっているのかを知るための筋肉や腱の状態についての感覚を自己受容感覚（proprioceptive sense）とよびます。そして，皮膚感覚と自己受容感覚，さらには痛みなどの感覚まで合わせた感覚を体性感覚（haptic sense）とよびます。体性感覚は，触れるという皮膚表面の物理現象だけでなく，力の感覚や腕などの能動的な探索運動，さらにはそこから得られるさまざまな身体感覚まで含んだ語です。触／身体感覚は，体性感覚とほぼ同義語もしくはより抽象的な意味をもつものとして使用しており，その意味するところである「触＋身体」を明確にするためにこのような表記にしています。また，英語圏において haptics は，比較的一般でも使用されており，触覚関連分野の最も大きな学会の名前は World Haptics，皮膚感覚や力の感覚によって意思や感情を伝えるコミュニケーションを haptic communication，皮膚感覚や力の感覚を通じて情報提示を行う技術を haptic technology とよんだりします。触／身体感覚もしくは haptics は，その概念に関して出版物（渡邊，2014；仲谷ら，2016），イベントや技術・作品コンペティション（JST ACCEL 身体性メディアプロジェクト，2017）等を通じて普及が図られつつあるものの，その設計原理に関しては現在進行中で発展している分野といえます。本章ではそのような触／身体感覚の設計について述べていきます。

2. 触／身体感覚の特徴

触／身体感覚は視覚や聴覚と何が異なるのでしょうか。視覚や聴覚は身体から離れた対象を認知するための感覚である一方，触／身体感覚は対象に直接触れて，それが存在していること，対象のリアリティを確かめる感覚です。また，コミュニケーションにおいても，触れることは相手を安心させ，信頼や親しみを伝えるために重要な役割を果たします。つまり，この触／身体感覚の大きな特徴として，リアリティの拡張や共感的コミュニケーションの促進があげられます。そこ

で以下では,これらの特徴に関連して私が行ってきた取り組みを4つ紹介したいと思います。

1つ目は,自分自身の生命と深い関わりのある心臓の動きである鼓動を,簡便な装置によって自身の手で触れられるようにしたワークショップ「心臓ピクニック」(渡邊ら,2011)です。私たちの日常生活において,自分の生命(いのち)について,そのリアリティを感じる機会はほとんどありません。もちろん,生死に関係する事故に直面したときや大自然の中に入り込むといった非日常においては,一時的にそのことを実感することがあるかもしれませんが,高度に記号化された現代の日常において,自分や他人の生命を感じ,その尊厳について考える時間をもつことはほとんどありません。そこで,ワークショップ「心臓ピクニック」では,生命を象徴する臓器である心臓に擬似的に触れることで,生命の意味を個人個人で実感,再認識していく場をもつことを狙いとしました。

ワークショップでは,図5-1(左)にある,マイク内蔵の聴診器,振動スピーカ(心臓ボックス),制御回路からなる心臓ピクニックセットを使用します。ワークショップの参加者は,図5-1(右)のように,片手に聴診器,もう片手に心臓ボックスを持ちます。そして,聴診器を自身の胸に当てて鼓動音を計測し,それを心臓ボックスから振動として出力します。そうすることで,参加者は自身の鼓動を音として聞くのではなく,振動として触れることが可能になります。ワークショップは主に野外で行われるため,ピクニックのように身体を動かすことで,自身の鼓動の変化を直接手で触れて感じることができます。さらに,心臓ボックスを他の参加者と交換することで,自分と他

▲図 5-1　ワークショップ「心臓ピクニック」
(左) 聴診器,振動スピーカ(心臓ボックス),制御回路からなる心臓ピクニックセット。(右) 鼓動を手の上の触感として感じる「心臓ピクニック」の体験の様子。

人の鼓動の違いを感じることもできます。普段意識することのない心臓の動きに触れることは、自分や他人の生命存在としての側面を実感し、そのかけがえのなさについて考えるきっかけになると考えられます。ワークショップ参加者からは、「自分の心臓ボックスに対して"愛しい"と感じた」「次に自分以外の鼓動を感じるときは子どもを授かったとき」というようなコメントもありました。これらのコメントからも、生命に擬似的に触れる体験、つまりは触／身体感覚を通してその存在を実感することは、リアリティをもって対象を理解するきっかけになったと考えられます。

このプロジェクトは、知覚心理の立場から関わった私だけでなく、ドイツ在住のダンサー／コレオグラファーの川口ゆいさん、コミュニティデザインを専門とする東京都市大学の坂倉杏介さん、身体的なインタフェースデバイスの開発を専門とする大阪大学の安藤英由樹さんとのコラボレーションとして行いました。そのため、同様の仕組みは、心理学の実験の一部として使用されたり、ダンサーの心拍が観客の手に届けられるというダンスステージの演出として使用されたりもしました（Kawaguchi & Ishibashi, 2014）。ただし、どのような用途も、普段は感じられないものを触／身体感覚を通して感じることで、環境や自身に対する認知や理解を変容させるものといえます。本プロジェクトでは生命を対象にしましたが、世界には原子や分子、宇宙の構造、数学の論理など、私たちの目では見えないものがたくさんあります。同じように考えると、これらを理解する際に、自分で分子模型を作ったり、宇宙空間にある比率で物を置いてみたり、積み木を使って計算してみたり、触／身体感覚を通して感じられるようにすることが、実感を伴った理解へとつながるといえるでしょう。

2つ目の取り組みは、視覚情報から疑似的な触覚を感じるというpseudo-haptics（スード・ハプティクス）についてです。普段、マウスでパソコンを操作していると、データ処理の負荷等によって画面上のカーソルの動きが遅くなったとき、マウスを動かす手が「重い」と感じたことはないでしょうか（図5-2左）。この現象は、スード・ハプティクスとよばれ、2000年代に海外のコンピュータインタフェース研究の中で多く取り上げられるようになり、現在、日本でも多くの応用研究が行われています。

第5章　触／身体感覚とデザイン　101

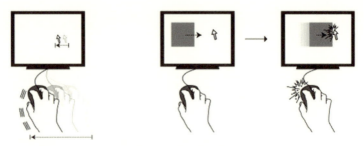

▲図5-2 スード・ハプティクス
(左) 画面上のカーソルの動きの変化を疑似的な触／身体感覚として感じる。(右) 動いている物体がカーソルに衝突する際，物体の速度を変化させることで疑似的な触／身体感覚を感じる。

　パソコンを操作しているときに，自分の手はマウスの上にあるのに，あたかも画面の中のカーソルが自分の手先であるかのように感じることがあります。この感覚は自己主体感 (Sense of Agency, センス・オブ・エージェンシー) とよばれ，自分が何らかのエージェント (agent) を意図通りに操作している感覚をさします。自分の手は最も馴染み深いエージェントですし，道具や自分の身体から離れたカーソルもエージェントとなります。そして，前述のマウスの速度変化の例にあるように，実際にエージェントから触／身体感覚に関する情報が送られてこなかったとしても，エージェントに関連する見た目の変化は，何かに「触れた」とか「重い」といった触／身体感覚的なイメージとして解釈されます。つまり，自己主体感の生成は身体境界の認知的な拡張であり，それによってエージェントに関する視覚的な出来事が，自身の触／身体感覚と関連づけられて感じるのです。

　また，エージェントであるカーソルの動きに変化を加えるのではなく，カーソル自体は動かず周辺で動いている物体がカーソルに衝突する映像を作成し，衝突する物体の速度を変化させることでも疑似的な触／身体感覚を生じさせることができます (Watanabe, 2013)。図5-2 (右) のように，図形が左から右へと動いていくときに，体験者のエージェントであるカーソルがその図形とぶつかるタイミングで，図形の動きを突然遅くします。このときも，カーソルと図形の視覚的な関係性の変化が触／身体感覚的な関係性の変化として解釈され，手に何かが衝突したとか，図形に摩擦があるように感じられます。

　このような視覚的な情報だけで疑似的な触／身体感覚を生み出す方

法論は，タッチレスポンス機能の付いたスマートフォンやタブレットと相性がよく，広告や映像作品等における応用が期待されます。実際，2015年5月に発表された，歌手の安室奈美恵の楽曲「Golden Touch」のミュージックビデオ（MV）では，その仕組みが用いられ，画面に指で触れることで擬似的な触／身体感覚を感じられる画期的なMVが制作されました（PARTY，2015）。MVで触感を体験するには，まず画面中央の印に指を置きます。音楽が始まるとともに，指に向かって風船が近づいてきて指のところでパーンと割れます。映像だけ見ていると，風船が動いてきて割れるだけですが，画面に指を置いて映像を見ていると，あたかも風船が指にぶつかって割れたような感覚が生じます。MVでは，風船だけでなく，レコードをスクラッチしたり，ボタンを押したり，さまざまな疑似「触／身体感覚」を感じることができます。その効果は，1度目は画面に触れ，2度目は触れずに鑑賞するとはっきりとわかります。

　3つ目の取り組みとして，触／身体感覚のみによってコミュニケーションを行うことを目指して制作した「振動電話ふるえ」について紹介します（"ふるえ言葉のはじまり" 制作チーム，2016）。私たちは，日常生活において，文字や音声を使用することで，自分の意思や感情を伝えることができます。視覚や聴覚では，それぞれ特有の言語が存在し，形や音のパターンからそれが指し示す意味を理解することができます。一方，触／身体感覚においては，それ自体を主たる感覚とした言語は存在していないといえるでしょう。点字等，皮膚の触感を利用した言語も存在しますが，それらは触／身体感覚オリジナルの言語というより，音声言語の音韻を触感で代替したものです。ただし，私たちは，触感のボキャブラリにあたるようなさまざまな触感を区別して知覚することが可能であり，それだけでなく，触感のパターンから意味が生じる体験，つまりは「触り言葉」の原型を日常生活の中でも体験しています。例えば，トントンと他人の肩を叩くとき，それは振動自体を伝えたり肩の筋肉をほぐすことを目的としているのではなく，こちらを向いて欲しいということを意味しています。また，身体をほぐすだけでなく，感覚のイメージを伝達することに着目したマッサージは，触れる順番が重要な役割を果たすことが報告されています（鈴木ら，2013）。私は，このような人間が触感に対して何らかの意

味を見出す性質を利用して，振動のみによるコミュニケーションの実験システムを開発しました。

　このシステムでは，2人の体験者はそれぞれお腹と背中に振動子が付いたベルトを装着して電話ボックスの中に入ります。このとき，一方の人が公衆電話の番号のボタンを押すと，相手のお腹と背中に「ズキューン」「ピュン」「グサ」といったオノマトペで表された身体に突き刺さるような振動が送られます。ボタンは1から9のプッシュボタンの番号に対応して9種類あり，それぞれ違った振動が相手に伝わります。この振動を互いに順番に送りあっていると，そこにだんだんとルールが生まれてきます。スマートフォンなどのテキストメッセージアプリでは，顔文字やスタンプを使用することができますが，それだけでも会話を行うことができるように，振動のやりとりでも受け手は送り手の意図を推定し，何らかの触感を送り返すということが行われます。実際に，「AさんがBさんに遅刻したことを振動のみによって謝罪する」といった状況だけ決めておいて，振動によってコミュニケーションをとると，特に声のやり取りをしているわけではないのに，なぜか笑いが生じたりします。このように触／身体感覚に対して，その背後に何らかの意図を感じあうことで，言語的なやり取り

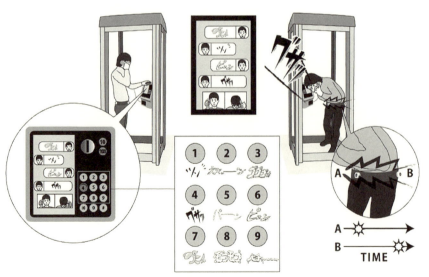

▲図5-3　「振動電話ふるえ」の体験イメージ図
電話のボタンを押すと相手のお腹から背中にかけて振動が貫く。

をするようにコミュニケーションをとることができるのです。

　最後の取り組みとして，触／身体感覚の共感的な特性を利用したインタラクティブ作品「心音移入」について述べます（安藤ら，2010）。私たち人間は，心音をはじめ，身体から発せられる音を聞くと自身の身体反応を参照して，音を発した側の感情や意図を半自動的に推定します。例えば，速足の足音が聞こえたら，その人は何か焦っているのだろうかと想像し，速い鼓動音が聞こえたら，その心臓の主は緊張しているのだろうかと想像します。また，映像においても同じで，痛そうな表情を浮かべている人の映像を見たときには，自分も痛いかのような感覚が生じます。

　私は，このような人間の共感能力に着目した作品「心音移入」を，アルゴリズム研究者・東京藝術大学教授の佐藤雅彦さん，心臓ピクニックを共同で行っている安藤英由樹さんと制作しました。本作品の体験者は，図 5-4 のように椅子に座ってヘッドフォンを装着します。マイク内臓の聴診器を自分の胸に当てると，自身の心音がヘッドフォンを通じて流れてきます。このとき，体験者の目の前およそ 1.8m 先には大画面のディスプレイが設置されていて，そこから緊張している人の映像が流されます。例えば，運動会の徒競走スタート直前の小さな子どもの映像や，戦場に赴く兵士の映像，剣道の試合直前の場面といった映像が流され，それに合わせて聞こえる心音の音量が調整されます。基本的には緊張感の高い場面では音量が大きくなり，そうではない場面では音量が小さくなるように調整されていて，そうすることで，体験者は映像を見ているうちに，心音が自分自身のものなのか，それとも映像の中の緊張している人のものなのかだんだん区別がつか

▲図 5-4 「心音移入」体験の様子
（左）胸に聴診器を当てて自身の心音を聴く。（右）大画面ディスプレイから緊張している人の映像が流される。

なくなり，映像の中の人の緊張が伝わっているかのような感覚になることが意図されています。

　ここまで触／身体感覚に関連する4つの体験を紹介しました。「心臓ピクニック」にあったように，触／身体感覚は何かが実際に存在しているというリアリティを拡張する感覚であり，その効果はスード・ハプティクスのように，視聴覚情報をうまく修飾することでも引き起こすことができます。また，「振動電話ふるえ」での体験が示唆するように，触／身体感覚は原初的な意図のやり取り，コミュニケーションを生み出すことが可能で，「心音移入」であったように，それは共感的な感情をよび起こす源泉となっています。

2節　触／身体感覚の分類法

　前節では，触／身体感覚の特徴について紹介しましたが，そこから生じるリアリティやコミュニケーションの設計を行うために必要となるのは，触／身体感覚のカテゴリ分類であると考えられます。触／身体感覚にはどんな感覚があって，どのような感覚がリアリティを生み出すのか。どんな感覚が人を心地よくし，どんな感覚が人を嫌な気持ちにするのか。その感覚の差異を把握するための分類法が必要になります。そこで本節では，触／身体感覚の差異を簡便に把握する方法論について述べたいと思います。

　本章1節では主に振動によって生み出される触／身体感覚を紹介しましたが，本節では，すでにある程度のバリエーションが存在している触素材に対して適用した分類法を2つ紹介したいと思います。具体的には，手元にある複数の触／身体感覚の相対的な関係性をできるだけ手軽に把握するための分類法と，言語を利用した触／身体感覚のユニバーサルな感覚空間による分類法です。

1.　カテゴリ分類特性を利用した相対的な関係性の把握

　触素材に触れたときに生じる触／身体感覚は，「粗さ感」「摩擦感」「凹凸感」「硬軟感」「温度感」といった基本的な感覚の組み合わせといえます（永野ら，2011）。粗さ感や摩擦感は，指で表面をなぞるように動かしたときに生じる物体の微細な（μm オーダーの）凹凸や

指と物体の摩擦に関する感覚。凹凸感は，凸間距離がある程度の大きさ（mm オーダー）で，指を動かすことがなくとも感じられる表面凹凸に関する感覚。硬軟感は，物体表面に対して垂直方向に力をかけたときに感じられる物体の硬さに関する感覚。温度感は，指と物体の間の熱エネルギーの移動によって生じる温冷の感覚です。これまでの触覚の知覚心理学の研究では，「粗い―滑らか」「硬い―軟らかい」といった前述の基本的な性質を表す形容詞対を複数用意し，触素材すべてに対して，すべての形容詞対で点数化を行い（semantic differential method：SD 法），その点数に対してクラスタ解析（cluster analysis）や主成分分析（principle component analysis）とよばれる分析を行い，触素材間の関係性の分析および視覚化が行われてきました。また，触素材の評価に形容詞を使わず，「どのくらい似ているか」という基準だけで，2 つの素材の類似度に点数をつけ，多次元尺度構成法（multi-dimensional scaling：MDS）とよばれる方法によって素材間の関係性を定量化，視覚化する方法も知られています。

　しかし，これらの方法は，形容詞の数や触素材の数が増えるにつれて，評価に必要な時間が飛躍的に増加します。例えば，100 個の触素材に 10 の形容詞対で評価を行うと 1,000 回の評価が必要になり，20 の基準だと 2,000 回の評価が必要になります。また，類似度を評価する場合も，100 個から 2 個を取り出す 4,950 組の比較が必要になり，手軽に素材の関係性を把握したいという現場での目的においては過剰な負荷といえます。また，触感を得るためには，なぞり動作といった一定時間かかる手の動きが必要であることや，同時には 1 つの触感しか感じとることができないため，触素材の評価には非常に時間がかかります。

　そこで，別の方法として，触素材を任意の数のグループに分類する「フリーソーティング（free sorting: FS）」という分類法があります。FS は，触素材すべてを対象にして「感覚が似ている」と感じられる素材を集め，数を決めないでグループ化していくという分類法です。触素材の数が多い場合には，図 5-5（左）のように，大まかに分けて，さらに細かく分ける段階的な分類を行うことも可能です。そして，分類結果から触素材間の組み合わせすべてに対して類似度を算出することができます。類似度は，複数の評価者が FS を行ったとき

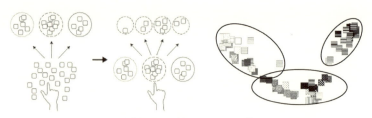

▲図 5-5　フリーソーティング
（左）素材の数が多い場合はグループ分けを多段階で行う。（右）89 種類の素材に対して，15 名がフリーソーティングを行い，その結果に基づき，素材間全ての類似度を算出，MDS を行ったもの。

に，その2つの素材がどのくらいの割合で同じグループに分類されるかの割合（0〜1）とされることが多いです。類似度の値を元に，多次元尺度構成法（MDS）を行い素材の関係性を2次元平面上に決定することができます。例えば，図5-5（右）は89種類の触素材に対して，15人の被験者がFSを行い，そこから触素材間の類似度を算出，MDSを行い素材の関係性を可視化したものです（永原ら，2016）。素材の細かい違いが反映された2次元平面が作られ，およそ3つの大きなグループに分かれることがわかります。このように，FSは手元にある素材の触／身体感覚の相対的な関係性を知るための方法であり，小さな感覚の違いにも対応できる方法であるといえます（ただし，対象となる素材群が大幅に変更された場合は，もう一度やり直す必要があります）。

2. 言語によるユニバーサルな感覚空間の構成

触／身体感覚の分類をする上で，前述の相対的な関係を手早く知るという方法だけでなく，わかりやすいユニバーサルな感覚の地図を作るという方法も考えられます。例えば，視覚においては，色名がきちんと定義されており，その関係性である色相環といったものがすでに存在していて，それをもとに感覚の設計や共有が行われています。しかし，触／身体感覚においては，視覚における色名のような感覚自体を指し示す名前が決まっておらず，それらの関係性を表したユニバーサルな感覚空間も流通する形では存在していません。

感覚空間を構成する1つの着眼点として，感覚を表す言葉を分析する方法があります。例えば，「赤」「青」「緑」「黄」といった色名

は，日常でもよく使用されている感覚のカテゴリの名前であり，これ
らの関係性を知ることは，どのように人間が色を分類しているかを知
る１つの手掛かりといえます。前述のように触／身体感覚において
明確な感覚名はないのですが，それに近いものは存在しています。
「さらさら」「ざらざら」「ねばねば」「もちもち」といったオノマトペ
(onomatopoeia, 擬音語・擬態語の総称) です。日本語には触／身
体感覚のオノマトペが非常に多くあることが知られています。異なる
オノマトペが存在するということは，少なくともそれらの感覚を異な
るものだと認知しているということです。そこで，私はオノマトペを
感覚カテゴリの名称のようにとらえて，触／身体感覚の地図を制作す
ることにしました (早川ら，2010)。具体的には，日本語の触覚に関
するオノマトペを42語集めて，それぞれに対してその言葉がもつ
「大きさ感」「摩擦感」「粘性感」というイメージを数値で回答しても
らい (「ざらざら」の「大きさ感」＝3，「摩擦感」＝5，「粘性感」
＝2など)，そのイメージの関係性を分析しました。20名の被験者の
回答結果を主成分分析して，図5-6のオノマトペの２次元分布図が
得られました。

　この分布図は，近い感覚を表すオノマトペが分布図の中で空間的に
も近くに位置しており，現在の日本人が感覚をどのようにカテゴリ化
しているのかを空間的に表したものといえます。オノマトペが空間的
に配置されたことで，触覚の感覚カテゴリやその分類軸について考え
ることが可能になります。分布図の中で，左上には「じゃりじゃり」
や「じょりじょり」といった粗い触感を表す語が集まり，右下には
「つるつる」や「すべすべ」といった滑らかな触感を表す語が集まっ
ています。また，「こちこち」や「こりこり」といった硬い触感を表
す語が左下に集まるのに対して，「ぐにゃぐにゃ」や「ねちょねちょ」
という軟らかい触感を表す語が右上に集まります。さらに，右中央付
近には「ぬるぬる」や「にゅるにゅる」という湿り気の触感を表す語
が集まり，左中央付近には「がさがさ」や「かさかさ」という乾いた
触感を表す語が集まっています。

　そして，素材の感覚の関係性を得るために，この地図の上に素材を
配置します。例えば，図5-6では，複数の触素材をその感覚に合わせ
てオノマトペ分布図上に配置し，同時に快不快の評価を行うことで，

第5章　触／身体感覚とデザイン　　109

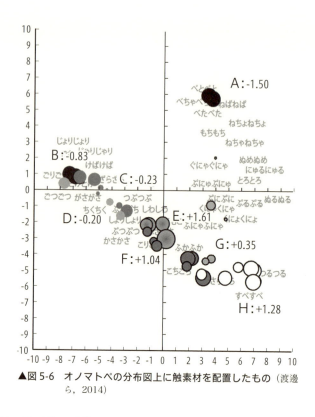

▲図5-6　オノマトペの分布図上に触素材を配置したもの（渡邊ら，2014）

　触素材の快不快と感覚の関係性を2次元平面上に可視化しました（渡邊ら，2014）。〇が素材1つを表していて，A-Hの記号は感覚の似た素材のグループで，数値が快不快の評価の平均になります。プラスが快を表していますが，快をもたらす素材は「すべすべ」のような滑らかで硬いものや，「ふわふわ」のような柔らかいものでした。一方，不快な素材グループはマイナスで表され，大きく分けて，粗くて乾いた「ざらざら」のような素材であるか，摩擦がありやや軟らかい湿り気を伴う「ねちょねちょ」のような素材であり，これらはカテゴリが異なる不快な触素材だということが一目でわかります。

　以上，触／身体感覚の分類について2つの方法を紹介しました。1つ目は「フリーソーティング」という，手元にある素材間の相対的な関係をできるだけ簡便に知る方法で，人間は，似ている／似てないについては，直感的に答えられるというカテゴリ分類の認知特性を利用したものです。2つ目は「オノマトペ分布図」を利用したもので，包

括的に感覚の言葉を集め，分析することで，ある言語における感覚を表す言葉の平面上で素材の関係性を明らかにする方法です。フリーソーティングは調べたい素材が変われば，フリーソーティング自体をやり直す必要がありますが，言語を利用することで素材に依存しない感覚の関係性を知ることができます。

フェイシャルエステ：触／身体感覚の最前線

現場の声 4

現場の声 4

　第5章では，触／身体感覚の特徴を活かした体験設計や感覚の分類方法について述べてきました。もう一度述べますが，これまで触／身体感覚に関する設計が全く存在していなかったわけではありません。例えば，布の触り心地の研究は長い歴史がありますし，インテリアデザインやファッション，化粧品といった分野においてもその重要性は認識され，それぞれの分野での専門知が蓄積されています。その中でも，直接的な触／身体感覚の関係性，つまり人が人を触れるためのスキルを磨いている分野があります。それはマッサージの分野です。単純に身体をほぐすことで筋肉を動きやすくしたり血液の流れをよくするという物理的な作用だけでなく，触れることによって快の感覚やうっとりするような感覚を生み出す方法論が蓄積されています。マッサージは数十分から長い時には数時間におよび，さらにリアルタイムに反応が返ってきます。まさに，触／身体感覚の最前線ということができます。本節では，フェイシャルエステの専門家である東京ファセテラピー代表の鈴木理絵子さんにお話を伺いました（エステの詳細については参考文献を参照）。

▶渡邊淳司（以下，渡邊）：鈴木さんのお仕事についてお聞かせください。また，その特徴はどのようなものでしょうか？

▷鈴木理絵子さん（以下，鈴木）：私はフェイシャルマッサージの専門家で，心まで伝わる，感動するマッサージを研究しています。1993年にエステサロンを開業，ファセテラピーというフェイシャルマッサージを行っています。マッサージにはいろいろあって，リンパを流したり，つぼを押したりとか，いろいろあると思うんです。だけど，そういうのはもちろん踏まえた上で，人間の感覚，心をほぐすような，そういう触覚美容を展開していきたいんですね。今までの見た目だけを追求した美容では綺麗になれない，「何かが違う」というのを女性は皆感じているんですよ。でも，実際にどうするのかというのは，よく考えると難しくて。肌に触れて，心に届くというのは，つまりどういうことかというと，肌に触れることでその人の思考を動かすということになるんですね。だから，そうするために，従来の肌理論にくわえて，さらに触れた時の触感を分類し，それのアルファベットみたいなものを作って，その組み合わせでストーリーをイメージできるマッサージをしています。

▶渡邊：なるほど。触感のアルファベットとおっしゃっていましたが，それについてもう少し教えてください。

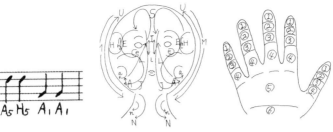

（左）触譜の例。（中央）音符の下にあるアルファベットはマッサージを行う顔面の部位と手の動きを表す。（右）数字はそれに使用される手の部位を表す。

▷鈴木：「触譜」（しょくふ）というものを作っていて，それはマッサージに使う手のひら部位の面積とか，圧力とか，手を動かす速さとかをアルファベットのように記述して，それの組み合わせでマッサージの言語のようなものを作っています。これ（図左）ですが，音楽家の方にも相談しながら作ったので，楽譜っぽくなっています。基本的には五線譜と音符，その下の文字によって構成されています。五線譜の音の高低がマッサージの圧力で，五線譜の第三線を「基本の圧力」，大切なものを把持するときの圧力として，そこから上向すると圧力が弱くなり，下向すると圧力が強くなります。この圧力は，物理的な力の大きさじゃなくて，施術者個人の中で相対化されています。つまり，施術者個人の中で差異があればよいのです。また，マッサージのリズムは音符によって表現されます。例えば，あるマッサージの手技が二分音符で表現される場合，同じ手技が四分音符で表現される場合に対して，2倍の時間をかけて施術が行われます。音符の下にあるアルファベットと数字は，それぞれマッサージを行う顔面の部位と手の動き（図中央），それに使用される手の部位（図右）を表しています。この触譜は，同じリズムで行われる4つのストロークを表していて，①両頬を手のひらで軽めの圧力で丸くマッサージし，②目尻を手のひらで軽めの圧力で丸くマッサージし，③④両頬を指先で強めの圧力で丸く2回マッサージするとなります。このように，触感の組み合わせでいろいろな曲（物語的なマッサージ）を作るんですね。

▶渡邊：触譜を作ろうとしたきっかけについて教えてください。

▷鈴木：エステサロンにおいてマッサージというものは非常に大きな要素であって，良いときと悪いときでお客様の数とか反応が大きく変わってしまうんです。それで，私はマッサージの記述を始めるようになったんです。最初は絵文字のようなもの（次頁）だったのですが，だんだんと先ほどのようなものになりました。良かったときのマッサージを記述して，そのパターンを考えたりできるようになりました。もう1つ，マッ

113

実際に見ながらマッサージをしていた初期の触譜。手に塗布していたマッサージオイルが譜面に滲んでいる。

サージを学ぶ人への伝え方が変わりました。触譜を使わない時は，私1人だけのメソッドだったんですけど，今やそれを使うことで，私，いらなくなってしまったんですよ。同じようなレベルのマッサージを普及することができました。

▶渡邊：触譜によってマッサージが普及できるようになって，次はどのようなことを考えていますか？

▷鈴木：今まで手のマッサージで行っていたことを，振動で実現することを考えています。マッサージって効果があるよといわれても，その人がいないと再現できないことが多いので，触譜と振動によって，エステの感動をいつでもどこでも誰もが手軽に手に入れられるよう，社会の隅々まで行き渡らせたいなと思っています。もちろん，ちゃんとした教育を受けた人の手には敵わないです。ですけれども，そうじゃない手には敵うくらいになってきているんです。あと，振動になって，その波形データのコピーができるようになりました。そうなると，非常に安く，安定した技術として世界に広められるじゃないですか。

▶渡邊：振動を作る場合，どのようなことに気をつけたらよいでしょうか？

▷鈴木：振動と手の違いとして，振動は手の動きがもつようなストロークが作れないということがあります。それをカバーするような装置の作り

方を工夫することや，振動の連なりにうまく差異を作ることが重要です。例えば，手で触れる場合，Aという触れ方の次にBという触れ方があるとき，そこにどんな違いがあるかというのが重要で，圧力，面積，速度などの変化がありますが，振動でも要点は全く同じです。手に比べると振動は使えるパターンが非常に限られていますが，手ができないリズムの正確さという特徴があります。機械は正確でとても細かいことができるので，そこを最大限に利用していくことが重要です。それと今，特に力を入れているのが，その人の状態に合わせて振動の組み合わせの順序を変えて，その人が求める振動の組み合わせで，マッサージの効果をより引き出せないかと考えています。

▶渡邊：今後の触／身体感覚の設計，マッサージのデザインが向かうべき方向性について，ご意見を聞かせてください。

▷鈴木：音楽に例えるとわかりやすいと思うんですが，触覚も作り手によっていろいろな触感が作られるようになると思います。私ができることは，それのきっかけ作りですね。最初は，先生が触譜に変わって，譜面があればセラピストさんがマッサージをできるようになる。次に，セラピストさんがいたのを全く同じとまでいかないにしても，振動子があればある程度は再現されるようになる。触譜や振動のプログラムなど，こういう考え方があって，組み合わせるとこんなものができるよということがわかれば，皆作っていくと思うんです。そして，振動をネットワークとかを通じていろいろなところに送ったり，人に合わせてマッサージを選択することもできるかもしれない。つまり，音楽のように，今，触覚の文化をそこまで広められるという可能性が出てきたということなのです。

鈴木理絵子：
1970年，京都生まれ。1993年にベルギーエステ国際ライセンスゴールドマスター取得。1994年から京都・東京を中心にサロンとスクールの活動を開始。触感に関するアート＆サイエンスのプロジェクト，Haptica Projectの活動を展開。2006年に招待された感覚設計国際シンポジウムでのワークショップをはじめ各学会での発表・講演会など多数。東京ファセテラピー　http://tokyo-ft.com

第6章

嗅覚と化粧品

活かせる分野

1節　香りと化粧の心理学

1. 香り・化粧の基礎知識

　化粧品にとって，香りは極めて大切な要素です。まず，香水は香りそのものが主役です。そして香水に限らず，化粧水・口紅・ヘアトニックなど，多くの化粧品には良い香りがついています。化粧品原料の匂いをマスキングし，使う時の心地よさを向上させることが理由の1つです。使う時に原料の匂いがするよりは，香りを楽しみながら夢見心地で使うほうが，化粧品に似合います。また，同じブランドで洗顔フォーム・化粧水・乳液・クリームをそろえれば，香りが統一され，一体感のある使い心地になることでしょう。抗菌剤が発達していなかった当時は，香料が抗菌の役割も果たしていました。

　さて，化粧品は，大別すると，体表の美容と健康を維持・増進する「慈しむ化粧」と，印象を管理する「飾る化粧」に大別されます（阿部，2002; 2017）。

　慈しむ化粧とは，主にスキンケアを指します。一言でスキンケアという場合は，顔の肌を対象とするのが普通で，それ以外の部位については，ヘアケアやボディケアなど，ケアの前に部位を示す言葉を入れて区別しています。スキンケアの代表的アイテムは，洗顔フォーム・化粧水・乳液・クリームなどです。

飾る化粧には，視覚的な印象を演出するメーキャップと，嗅覚的な印象を演出するフレグランスがあります。メーキャップもヘアメーク，ボディメークなど，顔以外を対象とする場合は，部位を示します。口紅・マスカラ・アイシャドー・ファンデーションなどが代表的なメーキャップ化粧品です。

　一方，フレグランスは部位を区別する呼称がありません。一般的には手首，あるいは肘や膝の内側につけます。かぶれやすいかたは，スカートの裾などにつけます。これらの部位につける理由は，体温や動きによって香り立ちを良くするためです。嗅覚順応によって，つけた本人はしばらくすると香りを感じなくなりますから，つけすぎには要注意です。フレグランスの呼称は，賦香される香料の配分比率で異なります。香水・パフューム・パルファムは15〜30％，オードパルファムは7〜15％，オードトワレは5〜10％，オーデコロンは2〜5％の香料が含有されています（光井，1993）。

2．嗅覚の生態学的機能

(1) 鼻で嗅ぐ香りと口に入れて感じる香り

　香料会社は多量の香料を販売していますが，香料がそのままの状態で私たちの手元に届くことは稀です。多くの場合，化粧品や食品に混ぜられて私たちの手元に届きます。つまり，香料は何らかの商品に賦香される（匂いづけされる）形で私たちの生活と接点をもつことになります。香料が賦香される代表的な製品としては，香水・スキンケア製品・メーキャップ製品・ヘアケア製品・入浴剤・洗剤・柔軟剤・芳香剤などの化粧品関係の香料（以降，化粧品香料），あるいは飲料・冷菓・菓子・チューインガム・歯磨き剤・マウスウォッシュ・飼料などの食品関係の香料（以降，食品香料）があげられます。さまざまな香料を適切な配合で調整する，すなわち調香を行うことで，これらの製品の香りができあがります。化粧品香料を調香する専門家をパフューマー，食品香料を調香する専門家をフレーバリストとよんで区別しています（長谷川香料，2017）。

　香料会社の収益は，化粧品香料と食品香料が2本柱です。意外かもしれませんが，化粧品香料よりも食品香料のほうが大きな比重を占めています。例えば高砂香料の2015-2017年度の中期経営計画にお

ける食品香料の売り上げ目標は 940 億円であり，化粧品香料 460 億円の倍以上になっています（高砂香料，2015）。つまり，日常生活における香り（香料）の価値は，まず，口から摂取することにあり，次いで，身にまとうことにあると考えることができます。そして，口から摂取する食品香料と身にまとう化粧品香料は，口に入れるか（食品香料），入れないか（化粧品香料）を境目としています。どちらかというと化粧品に近そうな歯磨き剤やマウスウォッシュが食品香料のカテゴリーとされ，フレーバリストが調香するのは，口に入れた時の匂いが重要だからだと思われます。

　実は，口に入れないで鼻から嗅ぐ香りと，口に入れた後に鼻に抜けて感じる香りは感じ方が異なっています。クンクンと鼻で嗅ぐ香りは前鼻腔経路の匂い（orthonasal smell），口から鼻に抜ける香りは後鼻腔経路の匂い（retronasal smell）といいます。イヌなどの動物は嗅覚に優れ，ヒトは劣っているとされていますが，実は，後鼻腔経路の嗅覚（retronasal olfaction）については，ヒトが最も発達していることが指摘されています（Shepherd, 2004）。

（2）嗅覚の生物学

　さてここで一旦化粧品から離れて，嗅覚そのものについて考えてみます。嗅覚（olfaction）は味覚（gustation）とともに，化学物質を刺激として生じる化学感覚（chemical senses）です。しかし，味覚が，甘味・塩味・酸味・苦味・うま味の「基本 5 味」の受容体による比較的単純な感覚であるのに対し，嗅覚は約 300 種類の受容体によって，1 兆もの匂いを区別し得るとされる複雑な感覚です（Bushdid et al., 2014）。これは人間の場合ですが，他の動物でも嗅覚のほうが味覚よりも多様性に富んでいるといえるでしょう。

　ゆえに，嗅覚はさまざまな情報をもたらしてくれます（本段落はShepherd, 2004 に基づきます）。エサとなる獲物の匂い。逆に，自分をエサにしようとする猛獣の匂い。自他の縄張り。危険な山火事の匂い。多くの哺乳類は，多様な嗅覚世界の中で生活しています。マウスは，自らを狙う動物の匂いや生命を脅かす煙の匂いなどの「生き残り（survival）」，縄張りや個体識別のような「社会性（social）」の領域については，ヒトより豊かな嗅覚世界に生きています。しかし，焼

き肉やチーズなどの「食べ物 (foods)」，そして花の香りや香水などの「花 (floral)」に分類される領域については，ヒトはマウスよりもはるかに豊かな嗅覚世界をもつのだそうです。ヒトは，二足歩行をするようになって行動半径が広がり，食べ物のバリエーションが増えました。200万年ほど昔に火を扱えるようになって，調理をするようになったので，食べ物の香りや風味が各段に豊かになりました。発酵という技術を獲得したことによって，料理の香りがさらに強まりました。1万年ほど前になると農業や都市文化が始まり，家畜の飼育・野菜の栽培・香辛料・チーズやワインを製造する技術などが発達し，食べ物の香りはさらに多様化しました。200万年以上にわたって増大してきた食べ物の香りが進化圧となって，ヒトの後鼻腔経路の嗅覚機能は哺乳類の中でも抜きんでたものとなり，食べ物を味わうときについては，マウス以上に豊かな嗅覚世界をもつようになったというのです。この論文では詳細が説明されていませんが，ヒトが花や香水などの「花」の領域の香りに秀でていることも注目すべき特徴です。

(3) 食べることと化学感覚

味わうことは，味覚だけではなく，嗅覚，特に後鼻腔経路の嗅覚に多くを依存しています。風邪をひいて「味」がわからなくなるのは，嗅覚の変調によって後鼻腔経路の匂いがしなくなるのが主たる原因です。また，視覚も重要なはたらきをしており，特殊な実験装置で寿司のマグロの色を青く見せると，美味しさが減じてしまうくらいです（坂井，2016）。味わいを構成する感覚を図 6-1 に整理してみました。このように，味わいとは，化学感覚（味覚・嗅覚）を中心として，多

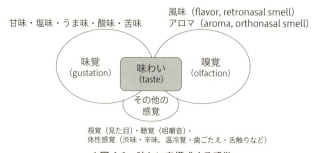

▲図 6-1　味わいを構成する感覚

様な感覚が総動員して得られるものなのです。

　動物は，食べられるものとそうでないものを選択し，その蓄積の中で種固有の食物レパートリーを確立してきました。この選択において，化学感覚が重要な役割を果たしてきました（Johns, 1999）。

　まず味覚は，口中に入れ，舌に触れて初めて感じる近感覚（near sense）です。自然界では，苦味は毒の信号です。ガルシアとハンキンズ（Garcia & Hankins, 1975）は，「不快なもの，特に苦いものは食べるな」「初めて食べるものは少しだけ試せ。そしてしばらく胃が受けつけるかどうかを見守れ」という野生環境における生き残り戦略を想定し，苦味による味覚嫌悪学習が重要な役割を担ってきたと考えました。味覚嫌悪学習というのは古典的条件づけの一種であり，ある食べ物を食べて気持ち悪くなると，1回だけの経験でも条件づけが成立し，その味の食べ物を回避するようになるという，味覚特有の条件づけです。これは1回の失敗を，命を守るための貴重な教訓として身につける仕組みであると理解できます。

　次に嗅覚ですが，嗅覚は対象が離れていても感じ取ることができる遠感覚（far sense）です（遠感覚と近感覚の中間的な近傍感覚とする分類もあります［三星，2010］）。口に入れる前どころか手に取る前に，有害な対象を避けることに役立ちます。嗅覚の嫌悪学習は，それ単独では味覚ほど強力なものではありませんが，味覚と同時に提示された嗅覚刺激は強力な嫌悪刺激となり，その味覚よりも長く記憶されます。これを味覚増強性嗅覚嫌悪（taste-potentiated odor aversion）といいます。つまり，1回食べて嘔吐感が生じ，有害なものだと学習したら，その匂いがしただけでそれを避けることができるのです。

　このように，化学感覚は，食べるという生命維持活動において，決定的に重要な役割を担っています。少量の試食で嘔吐感を察知したら，その時の味覚と嗅覚の複合的な情報を学習し，次からは有害なものを回避します。一旦学習したら，口に入れる前に，嗅覚だけで避けることができるようになるというのは，実に合理的です。このとき重要なのは，口に入れる前に嗅いで感じる前鼻腔経路の匂いであり，口に入れてしまった後の後鼻腔経路の匂いは，生命維持の観点からは「後の祭り」です。ヒトの発達した後鼻腔経路の嗅覚は，外観の色や

第 6 章　嗅覚と化粧品　　121

形，歯ごたえ，味覚と複合した「味わい」を大いに楽しむことに役立つ感覚です。つまり，ヒトでは，化学感覚が「安全装置」としてだけでなく，「快楽装置」として機能していると考えることができます。

(4) 化粧品と化学感覚

さて前述の，シェファード (Shepherd, 2004) が描くヒトとマウスの嗅覚世界の比較では，「食べ物」の領域とともに，花や香水の香りなどの「花」の領域については，ヒトのほうが優れていました。香水の香りが花の香りと一緒になっているのは，香水の原料に花の精油が多用されているからでしょうか？（本章2節参照）。

経済産業省 (2015) の統計によれば，花・植木小売業の2014年国内年間販売額は約4,085億円です。約1,176億円の果実小売業の3倍以上で，約5,549億円の食肉小売業や5,684億円の鮮魚小売業に迫る金額です。店舗数は書店を上回っています（花・植木小売業21,445軒，古本を除く書籍・雑誌小売業19,576軒）。ヒト（日本人）は，花や植木を，これほど重視しているのです。花や植木は，その見た目や香りの美しさを楽しむことに価値があります。ヒトが花や香水の豊かな香り世界を生きていることは，その嗅覚的な美に惹かれる特性をもった動物だということを示しているように思います。後鼻腔経路の香りで食べ物を美味しく味わう能力と同時に，花や香水の前鼻腔経路の香りを堪能する能力を発達させたのが，ヒトの嗅覚の特徴だということでしょう。

図6-1の食べ物にならい，スキンケア・フレグランス・メーキャップに関わる感覚を図6-2に整理してみました。フレグランスは嗅覚，スキンケアは皮膚感覚を主とした体性感覚（皮膚感覚＋筋や関節などの運動感覚），メーキャップは視覚と最も深く関わりますが，他の感

▲図6-2　化粧品と感覚の関わり
円の大きさが概念的な関わりの深さを示す。

覚も無縁ではありません。そして，嗅覚と体性感覚は，どの化粧品カテゴリーにも重要な関わりをもっています。化粧品は嗅覚と触覚を中心とした複合的な感覚を楽しむもの。肌で感じて香る。化粧品の感覚をダイジェストすると，こうまとめられます。

また，化粧品の嗅覚的性質は，皮膚感覚に影響します。同じリップクリームであっても，透明で明るい印象のレモンの香りだと，軽い伸びのつけ心地になり，濃くむんむんした印象のバニラの香りだと伸びが重くなりました（菊地ら，2013）。食べ物において嗅覚・味覚とその他の感覚が一体的に味わいを構成していたように，化粧品もさまざまな感覚，とりわけ嗅覚と皮膚感覚が，総合的に使い心地に影響していることが示唆されます。

3. 化粧品の香りの研究

ここまで嗅覚の基本性質を見てきました。ヒトは後鼻腔経路の嗅覚に優れ，食べ物をおいしく味わう能力に秀でている動物です。そして，理由は定かではありませんが，お腹の足しにならない花を愛で，その前鼻腔経路の香りや香水を楽しむ動物でもあります。以下では，化粧品に関連した香りの研究をご紹介します。

(1) ジャスミンの単純接触効果

繰り返し同じ刺激に接していると，それだけでその刺激の嗜好性が高まるという現象が知られています。これを単純接触効果（mere exposure effect）といいます。この現象が生じる理由はいくつか考えられていますが，ザイアンス（Zajonc, 2001）は古典的条件づけによる解釈を提案しています。

古典的条件づけ（classical conditioning）は，パブロフの犬で有名な現象です。犬にエサを与えると唾液が出ます。このとき，メトロノームの音という無関係の刺激を与えることを繰り返すと，いつしかメトロノームの音を聞かせるだけで唾液が分泌されるようになります。これが古典的条件づけです。

例えば，無意味な文字の羅列を繰り返し見ているうちに好ましく思えるようになる単純接触効果を，ザイアンス（Zajonc, 2001）の考えに基づいてパブロフの犬と対比させると表6-1のようになります。

第 6 章　嗅覚と化粧品　　123

▼表6-1　ザイアンス（Zajonc, 2001）に基づいた「古典的条件付け
　　　　（パブロフの犬）」と「無意味な文字の羅列の単純接触効果」
　　　　の対応

古典的条件付け （パブロフの犬）	無意味な文字の羅列の単純接触効果
エサ	悪いことが起こらない（嫌悪対象の不在）
メトロノームの音	無意味な文字の羅列
唾液分泌	好きになる（選好反応・対象への接近傾向）

　「何度見ても，悪いことが起こらない（つまり，安全である）。だから好ましい」…こういう説明です。これは，1回食べて危険だったから2度と食べないという味覚嫌悪学習の裏返しのような現象です。味覚嫌悪学習は1回だけで成立する，おそらく生命維持のための特殊な古典的条件づけですが，それ以外の感覚については，パブロフの犬と同様，繰り返しが必要です。パブロフの犬が，エサと同時に繰り返しメトロノームの音を聞いて，「メトロノームの音＝エサ」と学習するように，安全な環境で繰り返し無意味な文字の羅列を見るうちに，「この無意味な文字の羅列＝安全」という学習が成立し，安全なものを好ましく感じるようになるというのがザイアンス（Zajonc, 2001）の説明です。つまり，単純接触の繰り返しで，その対象が安全だということを学習するから好きになるのが単純接触効果であって，逆に，危険だということを学習するから嫌いになるのが味覚嫌悪学習です。安全だと学習するには繰り返しが必要であり，危ないものは繰り返す危険を冒さずに1回で嫌いになる，というのは合理的な仕組みだといえます。

　さて，これを化粧品にあてはめてみます。好きな香りの化粧品と嫌いな香りの化粧品があれば，買うときは好きな香りのほうを選ぶでしょう。しかし，単純接触効果を踏まえれば，嫌いな香りだと感じた化粧品も，繰り返し嗅いでいるうちに好きになるかもしれません。

　そこで，ジャスミンとローズの香料を使って，単純接触効果の実験をしてみました（阿部・庄司・菊地，2009）。ジャスミンもローズも，化粧品に多用される香料です。しかし，何の香りか聞かずに純粋なジャスミンの香りを嗅ぐと，良い香りだと思わない人が多いから不思議です。一方ローズは一般的に嗜好性の高い香りです。

124

▼表6-2　ザイアンス (Zajonc, 2001) に基づいた「古典的条件付け (パブロフの犬)」、「無意味な文字の羅列の単純接触効果」、「ジャスミンの単純接触効果」の対応

古典的条件付け (パブロフの犬)	無意味な文字の羅列の単純接触効果	ジャスミンの単純接触効果
エサ	悪いことが起こらない (嫌悪対象の不在)	安らかな睡眠
メトロノームの音	無意味な文字の羅列	ジャスミンの香り
唾液分泌	好きになる (選好反応・対象への接近傾向)	好きになる

　寝ている時に，枕元に香りを放つ道具を置きます。16 名の男女に，ジャスミンの香料を嗅いでもらいました (ジャスミン群)。別の16 名の男女には，ローズを嗅いでもらいました (ローズ群)。こうして計 32 名に，4 晩連続で香りを嗅ぎながら寝てもらいました。そして，最初の日の寝る前 (評定 1)，3 日目の寝る前 (評定 2)，4 日目の起きた後 (評定 3) の 3 回，ジャスミンとローズの香りの嗜好を評定してもらいました。ジャスミン群もローズ群も，ジャスミンとローズの両方を評定してもらいました。

　すると，ジャスミン群もローズ群も，ローズについては最初から最後まで，嗜好評価は高いままでした。一方，ジャスミンの香りは群によって異なりました。ローズ群は評定 1 でジャスミンをやや好ましくないと評価し，評定 3 まで変化なしでした。ところがジャスミン群は，評定 1 では，ローズ群同様にジャスミンをやや好ましくないと評定したのですが，繰り返して嗅ぐうちに評価が上がり，評定 3 ではやや好ましいと評価が向上したのです。つまり，好きな香りは好きなまま，あまり好きではない香りは嗅ぎ続けると好きになる。そういう結果でした。

　夜，自分のベッドで眠る時，身の安全を心配する人はいません (もしそういう人がいたら，かわいそうです)。自分の寝床は，最高に安心できる，安全な環境だと思います。寝ているうちに，嗅ぎ続けた香りの安全性を学習し，好きだと感じるようになるのでしょう。これをパブロフの犬，無意味な文字の羅列の単純接触効果と対比させて描くと表 6-2 のようになります。

第 6 章　嗅覚と化粧品　　125

（2）バレリアンのストレス緩和効果

　香りがもたらす心理学的・生理学的効果に注目した研究をアロマコロジー（aromachology）といいます。アロマ（芳香）とサイコロジー（心理学）の造語です。1980年代から日・米・欧を中心に盛んに研究が行われ，1999年時点で既に100を超える論文が報告されているそうです（Jellinek, 1998; 1999）。アロマコロジーで見出された効果，すなわち，アロマコロジー効果を持った香料を化粧品に用いれば，毎日の暮らしが豊かになることでしょう。

　皮膚の機能回復を指標として，ジャスミン・レモン・ローズ・改質バレリアン（天然精油からイソ吉草酸を中心とした不快成分を抜去した香料）・バニラのストレス緩和効果を検討した研究をご紹介します（阿部・庄司・菊地・樋口，2009）。

　まず，中心指標とした，皮膚のバリア能について説明します。私たちの皮膚は，体内から水分が失われることを防ぐ，バリアのはたらきをしてくれています。その作用を主として担うのが，皮膚最上層の角質層です。粘着テープを皮膚に貼ってはがすと（テープストリッピング），角質層がはがされ，ダメージを受けます。数回繰り返すと皮膚のバリア能が低下し，経表皮水分蒸散量（transepidermal water loss: TEWL）が増大します。しかし，放っておくと自然回復し，TEWLは減少します。この回復時間はストレスや香りの影響を受け，ストレスで回復が遅れ，ある種の香りを嗅ぐことでストレスによる影響が緩和され，回復が促進されます（Denda et al., 2000）。

　そこで，ストレス課題をしている最中に，上記の香料を嗅いでもらい，香料のないときと比較して，TEWLの回復率を比較しました。ストレス課題は，赤色で「あか」と書いたものや，黄色で「あお」と書いたものが並ぶシートを見て，それぞれの文字が何色で書かれているかを，できるだけ早く正確に選択肢に印をつけて回答することを求めるカラー・ワード・ストループテストを用いました。そして，まず何もしないときの前腕内側のTEWLを測定し（基準値），同じ個所をテープストリッピングしてバリア能が低下した値を測定します（ダメージ値）。そして香料を嗅ぎながらカラー・ワード・ストループテストを50分行いました。107名の大学生に協力してもらい，ジャスミンを嗅ぐ群，レモンを嗅ぐ群，ローズを嗅ぐ群，改質バレリアンを

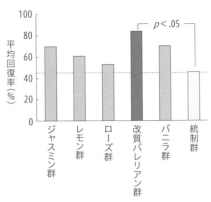

▲図 6-3　ストレス課題前後における TEWL 回復率の香料による違い（阿部・庄司・菊地・樋口，2009 より改変）

嗅ぐ群，バニラを嗅ぐ群，何も嗅がない群（統制群）に分けて，TEWL の回復率を比較しました（回復率＝［ダメージ値－回復値］／［ダメージ値－基準値］）。

この結果を図6-3に示しました。改質バレリアン群の回復率は，何も嗅がなかった統制群の回復率よりも高いことが統計的に確認されました。つまり，改質バレリアンはストレスの影響を緩和する作用があると考えられます。しかも，皮膚の機能改善を指標とした結果ですから，スキンケア効果も期待できそうです。

4.　1節のおわりに

身の回りを探せば，化粧品・食品・洗剤・チューイングガム・歯磨き粉・ジュースなど，さまざまなものに香料が使われています。本節では化粧品の話題が中心でしたが，香りが大事な商品はたくさんあります。言い換えれば，嗅覚に関連した仕事はたくさんあるということです。そして，香料・嗅覚は，とても面白い研究対象です。多くの方に興味をもっていただければ幸いです。

2節　香りを測る・つくる

1.　香料の基本

香料は天然香料と合成香料に大別されます。天然香料は，動植物か

ら圧搾・溶剤抽出・水蒸気蒸留などの方法で取り出されます。

　植物から抽出された液体を冷却し，油層を分離した天然香料を精油（essential oil）とよびます。例えばバラやジャスミンは花・つぼみ，ユーカリは葉，ラベンダーは全草，シナモンは樹皮，ベルガモットは果皮など，さまざまな部位が香料の原料となります。

　動物由来の天然香料のうち，フレグランス用としては，オスのジャコウジカの腹部にある香嚢から得られるムスク，ジャコウネコの尾の近くにある香嚢から得られるシベットなどがあります。マッコウクジラの内臓にできた結石は龍涎香といい，エタノールに溶かして香料を得ます。これらの動物由来の天然香料は，絶滅の危惧や動物愛護の観点から，近年は合成香料で代用されています。飲食物に用いる天然のフレーバーについては，ビーフやチキン，魚介類，甲殻類の殻などを原料として多量に生産・利用されています（日本香料工業会，2009）。

　合成香料は，石油・石炭・パルプなどを原料として，化学的に製造されるものです。種類としては3,000以上あるものの，市場で取引されているのは約500種類だそうです（日本香料工業会，2009）。「合成」と聞くと，なんとなくイメージが良くありませんが，産地や気象状況のばらつきがないこと，大量生産で安価で安定した供給ができることなど，天然香料にはない特長があります。

　もはや手に入らないムスクを合成香料で代用するためには，ムスクの香りの正体となる化学的な成分が何かを明らかにする（同定する）必要があります。このようなときに活躍するのが，ガスクロマトグラフィー（gas chromatography: GC）や質量分析法（mass spectrometry）という化学分析技法です。分析対象となる香りのもとを気化させてカラムという部品を通過させる際，カラムの固定相との相性で，成分ごとに通過時間が異なってきます。これがガスクロマトグラフィーの原理です。そして成分ごとに分けられた（分画された）気体を質量分析計で測定することで成分を同定することができます。質量分析計の代わりに，調香師が嗅いで成分を分析することもあります。

　このような成分の測定については，化学的・機械的な測定，あるいは香りのエキスパートである調香師が得意とするところであり，心理学的測定手法の出番はありません。

2. 印象の測定

　香りの測定で，心理学的な測定法が活躍するのは，「一般の人間はどう感じるか」，すなわち，香りの印象を問題にするときです。香りの印象は，嗅覚の生理学的機構に基づいた「感覚」を基礎としながらも，個々人の体調，経験，あるいは嗜好などに関わるより高次な「認知」の領域です。

　印象の測定には，一般的に質問紙法が用いられます。樋口ら（2002）は，次のような手順で，香料の印象を測定する質問紙を開発しました。まず，フレグランスの原料となる香料を，感覚強度が一定になるよう濃度を調整して，匂い紙に噴霧します。これを嗅いでもらいながら，「すっきりした」「まろやかな」などの感覚を形容する用語，あるいは「活動的な」「不安な」などの感情を形容する用語について，その香りを表現するのにどの程度適切かを7段階で判断してもらいました。その結果を因子分析という統計技法を用いて分析し，香りの印象評価に好適な形容語を確定しました（表6-3）。

　この香りの印象評価用語は，香りを嗅いで，どの程度当てはまるか，例えば，「全く感じない」を0，「はっきり感じる」を5として評価します（原著では0～6）。そして，「濃い」「強い」「むんむんする」の評点を合算し，「強さ・濃さ」の因子の得点とします。同様に，他の因子も計算します。すると，レモンは感覚的印象の「明瞭さ」と感情的印象の「高揚感」がとても高く，バニラは感覚的印象の「柔らかさ」が高いが「明瞭さ」が低めであり，感情的印象の「リラックス感」が高くて「高揚感」が低いというような特徴がわかります。グラフに描いて距離を計算すれば，ローズはジャスミンと近く，

▼表6-3　香りの印象評価用語（樋口・庄司・畑山，2002）

（因子名）	感覚評価用語	（因子名）	感情評価用語
強さ・濃さ	濃い・強い・むんむんする	リラックス感	ゆったりした・和らいだ・ぼんやりした
明瞭さ	透明な・すっとする・すっぱい	高揚感	爽快な・すっきりした・すがすがしい
柔らかさ	柔らかい・甘い・まろやかな	ストレス感	いらいらした・落ち着かない・不安な

レモンと遠いということもわかります。

3. 生理作用の測定

　鳥居ら（Torii et al., 1988）は，脳波を用いて香りの興奮－鎮静作用を測定しました。第1刺激で準備を開始し（よーい），次の第2刺激で反応を求められると（ドン），「よーい」と「ドン」の間の時間，脳波は陰性側に振れます（「よーい」を予告刺激（warning stimulus），「ドン」を命令刺激（imperative stimulus）といいます）。この変化を随伴性陰性変動（contingent negative variation: CNV）といい，期待や注意が高まると大きくなることが知られています。ある香りを嗅いでいるときに，このCNVを測定し，何も嗅いでいないときと比較して，大きくなったら興奮，小さくなったら鎮静の作用があったと考えることができます。17種の香料を調べたところ，ローズ・クローヴ・ネロリなどは興奮，レモン・ベルガモット・サンダルウッドなどは鎮静作用があることがわかりました。伝承的には，ローズは鎮静，レモンは興奮するとされていたのですが，CNVは逆の結果を示したのです。

　脳波については，CNVのほかにもさまざまな指標があり，香りの影響の研究に多用されています（古賀，2002；飯嶋・大澤，2002）。

　面白いことに，心拍率からはCNVとは異なる結果が得られています。菊池らは，CNVの実験方法と同じように，予告刺激と命令刺激による，「よーい，ドン」の課題を用いた実験を行いました（Kikuchi et al., 1991）。まず，テフロンチューブを通じて自動的に20秒間，香りを鼻腔に提示します。そして，予告刺激の音を提示します。約10秒後（予測されないように若干長短を調整），命令刺激の音が聞こえたら，できるだけ早く手元のボタンを押して，その音を消してもらいます。すると，予告刺激で心拍率は一旦減少した後に増加し，その後は命令刺激が鳴るまで遅くなり続けます。そして命令刺激でボタンを押すと，一気に増加します（二刺激間心拍変動）。予告刺激後の上昇（山）と命令刺激までの低下（谷）の落差は，反応時間と負の相関があり（Hatayama et al., 1981），期待や注意の指標となることが知られています。つまり，この山谷が大きいほど興奮，小さいほど鎮静とみなすことができます。

実験の結果，この山谷の落差は，大きい順に「レモン」＞「無臭（乾燥空気のみ）」＞「ローズ」となりました。つまり，レモンが興奮作用，ローズが鎮静作用という，CNV とは逆の結果，つまり伝承作用を指示する結果が出たのです。さらに，この効果は香りの濃度と比例しており，濃いほうが興奮・鎮静それぞれの作用が強くなっていました。そして，レモンやローズの香りを好ましいと感じた人のほうが，そうでない人より，レモンとローズの作用が強く表れていました。さらに，レモンやローズの香りを好ましいと感じた人は，これらの香りを，すっきりした，あるいは安らいだと感じた程度が高くなっていました。濃度や嗜好が，生理反応や香りの印象に影響することを示した，興味深い結果です。

4．心理学と化粧品開発

谷田ら（1992）は，上記の心拍率の二刺激間心拍変動の実験方法を用いて，入浴製品にふさわしい，安らぐ香りを選定しました。

まず，調香師が 3 種の候補香料を調香してくれました。候補 A は，フローラル・ウッディ・グリーン，B はオリエンタル・フローラル，C はフローラル・ウッディの香調でした。これらを嗅ぎながら，レモンやローズの実験と同様に二刺激間心拍変動を測定したところ，山谷の落差が最も小さくなるのは候補 A を嗅いだときであり，ローズよりも顕著な効果が認められました。すなわち，ローズよりもリラクセーション効果の高い，候補 A という香りを見つけることができたのです。

こうして候補 A の香りが賦香された入浴剤が開発され，販売されるに至りました（阿部，1993）。これは，心理学的なデータを商品開発に活用する感性工学（長町，1989）の好例です。調香という感性に基づく創作的な取り組みと，科学的な実証の取り組みが協調し，香りの開発がさらにレベルアップすることが期待されます。

香りを創造するパフューマー

現場の声 5

パフューマー（調香師）の仕事は，対象者（お客さま）がどのような場面でどのような気持ちで香りを使用するか，を想像して「香りを創造」することです。例えばオフィスで仕事中に眠気があってけだるい気持ちになったとき，ハンドクリームの香りでリフレッシュすることができるでしょう。この

とき，その香りを創造するためには，パフューマーは気持ちをリフレッシュする香りとは何か，その香りを作成するための香料素材は何かを理解しておく必要があります。

それでは，実際に香りをどのように作成していくのでしょうか。

パフューマーはまず，香料素材を徹底的に記憶します。記憶を行う際は，覚える香料をいかに具体的な過去の体験で感じた匂い・香りと関連づけられるかが鍵です。したがって日頃からアクティブに行動し，周りの匂い・香りに興味をもつことが大切となります。よく使用する原料香料の種類はおよそ1,000種類程度です。その中でも特に頻繁に使用する天然香料約100種類，合成香料約150種類を繰り返し覚えることからスタートし，自分の香料素材のパレットを増やしていくことになります。このパレットの中の香料が多ければ多いほど表現できる香りの幅が広がり，これら香料素材を組み合わせることで自分のイメージした香りの創作に近づくことができます。

製品の香りを創る際は，創作した香りが対象者（お客さま）にどのように感じられるかを確認するために調査します。その際の項目としては，香りの嗜好だけでなく，香りの強さやその強さの嗜好，香りのイメージ等を一般パネルにて評価を行います。調査の中では，香りによってリフレッシュした感じがするか，リラックスした感じがするかといった心理評定も行われます。その際に用いる評価方法としてはPOMS（Profile of Mood States）やGACL（General Arousal Check List）等の心理質問紙を用いる場合もあります。これらの心理質問紙によって香りを嗅ぐ前と嗅いだ後の気分の変化を評価し，その香りのリフレッシュ度，リラックス度を測定します。

● 具体的なフレグランスの開発事例 ————————————————

　「美しい肌そのものの香り，肌と心まで浄化する」今までにない新しい香りをコンセプトにしたフレグランスの開発事例です。新しい香りを見つけるために新品種のローズを探し，フランスのローズナーセリー（薔薇育種会社）を探訪するというテーマでした。毎日のように仏国内線を乗り継ぎ次から次へとローズナーセリーを訪問し，新品種の香りを嗅ぎ続けました。ようやくたどり着いたのは，デルバール社のブルーローズでした。この新品種のブルーローズをフレグランスの名称でもある「シナクティフローズ」と命名し，香り分析を行って再現香料をフレグランスに配合しました。このシナクティフローズは，フルーティなみずみずしさとバイオレットのような透明感，ティーの香りが調和した香りです。そして，香りに含まれる成分（呼称：ローズシナクティフエレメント）にリンパ管活性化因子の産生促進効果があることがわかりました。いわゆるアロマセラピー（芳香療法）的な効果があるということになります。

　ローズナーセリーを探訪する際に，浄化イメージの香りも見つけようということになりました。あるローズナーセリーが所在するピレネー山脈の麓フランス南西部ビアリッツの清流を探索していたところ，赤い実が目立つ植物が目に留まりました。その実はヒペリクムという植物でしたが，フレッシュなハーバルスパイシーな香りで，まさに求めていた浄化されるイメージでした。そこで自生しているヒペリクムの香りをその場で採取し，研究室に持ち帰って再現香料を作成しました。

　こうして新たな素材を配合して完成したフレグランスについて，有用性評価テストを実施しました。その結果，「肌や体の内側から透きとおっていくような心地良い香り」「香りがよくなじみ，まるで肌自身が香りを放っているように感じる」について 60 〜 70 ％のパネル（アジア人女性 n = 100）がそう思うと回答しました。直接外部に向かって演出する香りではなく，自分の内部に向かって内側から美しさを表現する香りとして今回のフレグランスをスキンパルファムと名づけています。単にリラックスやリフレッシュといった尺度ではない，新たな試みといえるかもしれません。

● 日常生活での香り ————————————————

　パフューマーは日常生活においてもタバコや刺激物を避ける必要があるといわれてきました。しかし，調香研修として欧州の某香料メーカーに留学した時のことです。自分で作成した香りを先生に評価をしていただき，目標の香りに仕上げていくのですが，ある先生は片手にタバコを持ち片手にムエット（匂い紙）をもって匂いを嗅いだのです。私はその部屋ではタバコの匂いしか感じませんでしたが，その先生にとってはタバコの匂いがニュートラルな状態であり，それ以外の香りがよく嗅げるというわけです。

これは，嗅覚順応を逆手に取った例かもしれませんが，私たちの日常生活でも，強い香りをつけている人は自分ではその匂いを感じにくいといえます。そのため，職場の身だしなみとして気になる点をあげた調査では，「服装が適切ではない」「化粧が濃い・派手すぎる」を抑えて断トツのワースト1位が「香水がきつい」でした。場面を考えた香りの使い方は非常に大切ということがわかります。

　嗅覚順応とは別に，強い香りを特に嫌う日本人の気質は，パーソナルスペース（他人に近づかれると不快に感じる空間）の大きさとも関連がありそうです。親密距離（恋人や家族との距離）といわれる0〜45cmでは，ボディクリームやハンドクリーム，シャンプー等をほのかに香らせる，あるいは個体距離（会話の空間）45〜120cmではデオドラントやライトコロンの香りを用いるなどの工夫が必要となります。ただし，香りはわずかな空気の流れによって拡散する方向が変化するため，実使用レベルでの再現性の高い検証は難しいのが実情です。

● 香りは時代を映す鏡 ────────────────────────────

　次に，香りの強さ以上に大切な要素である香りの質についてみていきましょう。香りの質は香調，ノートと表現されます。時代によって香調の流行は変遷を繰り返しています。この流行の変遷には周期があり，さわやかで軽い香り（シトラスノートやグリーンノート）と甘い重い香り（ウッディノートやオリエンタルノート）が20年周期で繰り返されていると考えられます。そしてその時代の人々の心理が敏感に反映されています。

　1970年代ウーマンリブ全盛の時代には，女性の社会進出と同時に職場受けする香りとしてグリーンノートが流行しました。シャネルNo.19がその時代の代表ともいえるフレグランスです。1980年代にはワンレンボディコンが流行し，香りも自由で享楽的なものが好まれるようになり，甘くセンシュアルなプアゾンや女性らしい柔らかさがあり華やかなエタニティが大流行しました。そして1990年代は再びグリーンノートの時代に。エイズ問題や環境破壊などの反省から美しい生き方が求められ，海や水などのナチュラルなイメージのある香り，マリンノートが誕生しました。このように，香りはまさに時代を映す鏡といえるでしょう。

　香りをどのような気持ちで使用するか，そこには時代背景や他者への意識，自分の内側への意識などさまざまな要素が組み合わさっています。その一つひとつを読み解き，その時代を代表する香りを創ることこそ，まさにパフューマーの夢ではないでしょうか。

　　著者（森下　薫）：株式会社資生堂

第7章
味覚と食

活かせる分野

　この章では，感覚・知覚心理学の中でも最もマイナーな感覚である味覚について概説します。その中では味覚と他の感覚の相互作用についても述べ，その相互作用が食事をしたときに感じられる「味」を作り出している仕組みについて説明します。それから，味覚心理学が実生活（特に食生活）上でどのように扱われているか，味覚心理学が適用できる仕事にはどのようなものがあるか，などについて述べていきます。最後に心理学と関連の深い官能評価学について説明し，官能評価学の立場から味覚を扱う仕事をされている2人の方にお話をいただきます。なお，食の心理学といえば和食，肥満，摂食障害などのトピックも含まれますが，本章ではそれらは扱いません。

　この章の内容を理解しやすいように，始めに簡単な実験をしてみましょう。手元に味のついた水飲料を準備してください。無色透明ながらほのかに味のする商品は現在かなりの売り上げのあるヒット商品らしいので，比較的手に入りやすいと思います。できれば天然水を使った飲料より，炭酸水を使った方がより理解が進むと思います。

　まずはそのまま一口飲んでみましょう。ジュースのようなはっきりとわかる果実の味はしませんが，レモンやぶどうなど，ラベルに書いてある通りのほのかな味がしたと思います。

　では今度はそれぞれの商品のラベルにある成分表（原材料）を見てみましょう。例えばあるレモン味の炭酸水には「水，炭酸，香料」と

135

あります。また，別のブランドのぶどう味の炭酸水には「ナチュラル
ミネラルウォーター，糖類（果糖，砂糖），ブドウエキス，酸味料，
香料，酸化防止剤（ビタミンC）」とあります。さて，飲んだ時に感
じた果実の味の元は何だったのでしょうか？　本章ではこのことを切
り口にして，味と食について考えてみましょう。

1節　味覚と味

　本節では最初に味覚ついて説明します。次に「味」を構成する別の
感覚（嗅覚，触覚，視覚，聴覚など）について説明します。それか
ら，食物に対する忌避や嗜好について，感覚・知覚心理学の観点から
説明します。最後に食物を摂取したときに生じるおいしさや満足感に
ついて述べます。

1. 味覚：適刺激と受容器

　私たちは食物や飲料を口の中に含んでいるときに感じる感覚を「味
覚」と感じてしまいます。しかしながら，心理学で扱う味覚は，この
日常生活用語の「味覚」とは若干異なります。最初に心理学で扱う味
覚の説明から始めましょう。

　感覚・知覚心理学の最初に学ぶ用語の1つに適刺激という用語が
あります。味覚における適刺激とは味覚を生じさせる化学物質のこと
です。化学物質すべてが味覚の適刺激ではありません。化学物質のう
ち，味細胞の表面にある味覚受容器に受容される水溶性化学物質のみ
が味覚の適刺激となります。味覚の研究分野ではこのような化学物質
を呈味物質とよびます。

　これまで味覚受容器として，甘味受容器，うま味受容器，苦味受容
器が，その構造（Gタンパク質共役型受容体）とともに明らかとなっ
ています。また，完全に特定されているわけではありませんが，塩味
受容器と酸味受容器の候補がいくつかあげられています。これらの受
容器にはそれぞれ適刺激があることが知られています。例えば甘味受
容器の適刺激にはショ糖のような二糖類，ブドウ糖や果糖のような単
糖類が典型的な物質ですが，サッカリンやスクラロースなどの人工甘
味料も含まれます。これらの適刺激が受容器に吸着すると，味細胞に

受容器電位が生じます。その電位は味細胞とシナプスを形成している味覚神経に伝達され，脳へと運ばれていきます。なお，1つの味細胞には1種類の受容器しか発現しないので，味細胞のレベルで味が混同されることはありません。これらの性質から，甘味，うま味，苦味，塩味，酸味は五基本味とよばれ，味覚の構成要素だとされています。

また，味細胞は口腔のどこにでも存在するわけではありません。つまり，味覚を感じられる場所は口腔内でも一部なのです。皆さんの想像通り，舌にも味細胞はたくさんあります。ただ，舌も上側の縁（前端，横縁，後端）にしか味細胞は存在せず，舌の中央にはほとんどみられません。また，舌以外にも，軟口蓋や咽頭・喉頭部にも味細胞は存在します。

2. 味覚：味覚神経と中枢

さて，先に味覚神経と書きましたが，解剖学的には味覚神経という名前の神経は存在しません。他の感覚では，例えば嗅覚を伝達する嗅神経（第Ⅰ脳神経），視覚を伝達する視神経（第Ⅱ脳神経）などが有名ですが，味覚にはそれを伝達する専門の脳神経はありません。その代わり次の3種類の脳神経が味覚を伝達します。舌の前方2／3の味細胞の情報は顔面神経（第Ⅶ脳神経）鼓索枝，舌の後方1／3は舌咽神経（第Ⅸ脳神経）舌枝，その他の味細胞の情報は迷走神経（第Ⅹ脳神経）によって脳へと伝達されます。これらの神経の総称として，味覚神経という表現を用いることがあります。本章でもこの先では味覚神経という表現を使います。

味覚神経の情報はすべて延髄孤束核の前方に投射します。延髄孤束核からの情報は齧歯類（ラットやマウスなど）では橋の結合腕傍核を経由して，霊長類では直接，視床味覚野（後腹内側小細胞部）へと伝達されます。視床味覚野からの情報は2つのルートに別れ，一方は大脳皮質味覚野（前頭弁蓋部から島皮質前部への移行部）へ，もう一方は扁桃体や視床下部へと伝達されます。これら2つのルートはそれぞれ，質の情報処理，情動性の情報処理に関わると考えられています。2つのルートを伝達された情報は最後に眼窩前頭皮質で統合されます。

眼窩前頭皮質には，味覚の他に嗅覚や視覚，触覚などが投射していることが知られています。ヒトを対象としたfMRI計測やサルを対象

とした電気生理学実験などから，眼窩前頭皮質は食物に関連する情報を統合し，その結果を視床下部などの摂食関連部位へ伝達する役割を担っていると考えられています（Rolls, 2006）。

3. 味覚と嗅覚

　本章の最初で味のする水飲料を飲んだ時に感じたことを思い出してください。例えば「水，炭酸，香料」のみからなる飲料を口の中に入れると，ほのかな酸味とレモン味，炭酸のシュワシュワ感などが感じられました。この味について本節2. までの記述を元に考えてみましょう。

　本節2. で述べたように，味覚とは甘味，うま味，苦味，塩味，酸味の五基本味のみから構成されています。そのため，上述の飲料から生じる味覚は炭酸から生じる酸味のみとなります。他のレモン味，シュワシュワ感などは味覚ではありません。では次に鼻を摘んで飲んでみましょう。ほのかな酸味と刺激感があるだけで，果実の味はなくなったはずです。この経験からわかるように，果実の味は香料から生じる嗅覚によって生じていたのです。食品産業界ではこのような知覚経験を風味（フレーバー）とよんでいます。香料会社では香粧品などの香りを設計する専門家をパフューマーとよぶのに対し，食品や飲料などの香りを設計する専門家をフレーバリストとよびます。

　ちなみにこのような専門知識をもつ著者であっても，普段の食事のときには香りを「味」と表現しますし，「鼻を摘んで味わう」ことなしに，どれが味覚でどれが嗅覚かを判別することはほとんど不可能です。このように嗅覚と味覚は風味とよばれる一体化した知覚を形成しています。このような一体化は基本的には生後の経験を通じて，味覚をUS，嗅覚をCSとする古典的条件づけの仕組みによって形成されることが報告されています（Stevenson, 2009）。なお，この一体化した風味知覚を「学習性の共感覚」と表現することもあります（坂井，2009）。一種の共感覚のように一方の感覚が喚起されると，もう一方の感覚も同時に生起したように感じられるということを意味しています。

　このような風味知覚は長い間食品産業界でも研究・応用されてきました。中でも著名なものは嗅覚による味覚増強効果です。例えば，飲

料の甘さを強めたいがカロリー量は増やしたくないという場合，飲料にバニラなどの香料を添加すると，カロリーは控えめでも甘さの強い商品ができます。バニラの香り（嗅覚）と甘さ（味覚）は西洋文化において日常的に対提示されているため，これらの間に学習性の共感覚が生じており，バニラの香り（CS）を嗅ぐと無意識のうちに甘さが喚起される（CR）という仕組みです。香りによって喚起された甘さが，実際の甘味料から生じる甘味に脳内でつけ加えられて感じられるため，甘味が強くなったように感じられるのです。現在では糖尿病の方の糖質制限食や高血圧の方の減塩食などの味の調整技術としてこの現象が応用されています。一方で，嗅覚による味覚抑制効果も知られており，例えば人工甘味料のもつ嫌な味（苦味や渋味など）をマスクするために香料（甘い香り）が添加されることもよくあります。

　さて，冒頭の水飲料の話に戻りましょう。炭酸水には，炭酸による酸性という性質から微かな酸味がするだけです。しかしレモン香料によるレモンの香りによって，いくらかの酸味とレモン味が喚起されるというわけです。次に炭酸のシュワシュワ感がどのような仕組みで感じられるかについて説明しましょう。

4．味覚と触覚

　炭酸水を飲むとシュワシュワとした感覚が感じられます。このシュワシュワ感は炭酸ガス（二酸化炭素）を口の中に吹きつけただけでは生じません。このことから炭酸水のシュワシュワ感は，単純な触覚で生じているのではないことがわかります。また，口腔内に炭酸刺激を与えても味覚神経は応答せず，三叉神経舌枝にのみ応答がみられます。そのため水に溶けた炭酸が舌に分布している三叉神経の自由神経終末によって受容された結果，シュワシュワ感が生じると推察されています（駒井ら，2006）。

　また，唐辛子やわさびなどの辛さも，味覚神経ではなく，三叉神経で受容・伝達されています。例えば唐辛子の辛さの成分であるカプサイシンは三叉神経の自由神経終末に存在する TRPV1 という受容体に吸着し，英語では hot と表現される辛さを生じさせます。一方，わさびの辛さの成分であるアリルイソチオシアネートは TRPA1 とよばれる受容体に吸着し，英語では sharp と表現される辛さを生じさせ

第7章　味覚と食　　139

ます。前者の辛さに関わる TRPV1 は熱感や痛覚にも関わっていて，後者の辛さに関わる TRPA1 は冷感や痛覚にも関わっていることが知られています（加塩・富永，2014）。

　ここまで述べてきたような口腔内三叉神経の活動に伴う触覚は，化学物質によって引き起こされるので，嗅覚や味覚と合わせて口腔内化学感覚とよばれています。ちなみにこの分野で著名な学術雑誌の誌名は *"Chemical Senses"* といい，化学感覚受容機構の分子生物学的研究から，ヒトの化学感覚受容・認知に関する心理学的研究まで，広く網羅していることが特徴です。

　さて，冒頭の例に戻りますが，実際にはほとんど味のしない香料だけが入った炭酸水を飲んだ時のことを思い出してください。ここまで述べてきたように，この炭酸水の味は，香料から喚起される嗅覚と炭酸から生じる口腔内触覚から生じています。このことを理解した上で，もう一度口に含んでみてください。やはり，それらの感覚を味覚と認識してしまいます。このようにヒトでは口の中に何かがあると，そこから味がしているように思えるという特性があると議論されています。

　この触覚と味覚の間の交互作用についても研究はたくさん行われています。その中で興味深いと思われる研究をいくつか紹介しましょう。片側の顔面神経鼓索枝だけに損傷を受けた患者さんでは，実際には損傷を受けた側の味覚は感じませんが，本人は両方の舌できちんと味を感じていると報告します（Grant et al., 1989）。また別の実験では，実験参加者の舌に基本味を含ませた綿棒と含ませていない綿棒とを同時に接触させると，味を含ませていない綿棒で触れられているところにも味を感じたと実験参加者は報告しました（Lim & Green, 2008）。この効果は綿棒を舌に接触させてすぐに離すと弱くしか観察できませんが，舌に接触させたままだと（実際には味を含んでいない綿棒に対して）感じられる味がより強くなります。他にも味のないゼラチンをさまざまな味をつけたゼラチンと一緒に口の中にいれて，味のしないゼラチンを吐き出すように指示をすると，実験参加者は上手にその味のしないゼラチンを吐き出すことはできません（Delwiche et al., 2000）。すべてのゼラチンから味がするように感じられるのです。これらの実験結果から，口の中に複数のものがあり，そのいずれ

か1つに味が付いていると，口の中全体から味がしているように感じてしまうことがわかります。この現象は，視覚優位性（visual capture）になぞらえて，触覚優位性（tactile capture）と名づけられています（Todrank & Bartoshuk, 1991）。最近このトピックに関する総説（Spence, 2016）が出版されていますので，この現象に興味のある方はご参照ください。

　触覚優位性という概念を使って，香り付き炭酸水を口に含んだときの知覚を解釈してみましょう。その炭酸水を口に含むと，香料の香りによって味のイメージが喚起されます。また同時に触覚によって，口の中にものがあると知覚されます。その結果，実際にはその水は呈味物質を含んでいなくても，口の中全体から味が生じるように感じられるのです。

　口腔内の触覚にはここで述べたものの他に食物や飲料の温度，硬さ・柔らかさ，形，舌の上での広がり具合などの要素も含まれます。これらを総称してテクスチャーとよぶことも多く，それらの物理化学的特徴との関連性が示唆されています。もちろん，私たちの味わいにはこのテクスチャーも欠かせない要素の1つですが，本章では割愛します。

5. 味覚と他の感覚

　これまで述べてきたことから，味覚は近感覚のため，近感覚である触覚や近感覚に近い嗅覚との結びつきが大きいことがおわかりいただけたでしょう。しかしながら，味覚は視覚や聴覚とも深い結びつきをみせることが知られています。ただし，味覚と触覚や嗅覚の間には相互の作用がありましたが，聴覚や視覚からは一方的な影響を受けると考えられています。

　視覚が味覚に及ぼす影響について簡単に説明しましょう。香料と呈味物質を溶かした簡易な飲料に着色料を使って色をつけた実験では，実験参加者は色が濃ければ濃いほど味を強く感じること（Clydesdale, 1993），味物質や香りが同じ飲料でも色によって感じられる味の質が異なること（坂井，2010）などが報告されています。また，実際の飲料や食品に着色した場合も，色の情報を優先した味の認知がなされることが報告されています（Morrot et al., 2001；三宅ら，2009）。

さらに，このような味の変容は食べる時に使う食器類の色（Harrar & Spence, 2013）や商品の CM（Sakai, 2009），パッケージ（坂井・山崎，2009）などによっても影響を受けることが報告されています。これらの現象論についてはスペンスによる総説（Spence, 2015）に詳しく記載してあるので，興味をもたれた方はぜひ参照してください。

　また，聴覚と味覚との関係性についての研究が最近飛躍的に増加しています。それらの研究を大別すると，聴覚と味覚のイメージの一致に関する研究と聴覚がテクスチャーに及ぼす影響に関する研究です。前者の場合，甘味や酸味は高いピッチ（音）とイメージが一致する一方，苦味やうま味は低いピッチ，塩味はその中間とそれぞれイメージが一致することが報告されています（Crisinel & Spence, 2010）。また，甘味はピアノの音とイメージが一致する一方で，苦味や酸味，塩味は金管楽器とイメージが一致するようです。そこで，実験参加者に低い金管楽器の音（苦いイメージの音）あるいは高いピアノの音（甘いイメージの音）を BGM として聴きながら同じ食物を味わわせたところ，両条件で味覚評定値に差がみられたことが報告されています（Crisinel et al., 2012）。

　また，聴覚が食物のテクスチャーに与える影響を調べた研究では，ポテトチップのパリパリ感が，ポテトチップを噛んだときに発生する高周波（2 ～ 20kHz）音の強い影響を受けることを示した研究（Zampini & Spence, 2004）を嚆矢として，最近幾つかの報告がなされ始めている注目すべき分野です。そもそも私たちが硬い食物を食べているときには，頭蓋骨を介した「音」が生じます。正確に述べれば，私たちが硬い食物を噛んでいるときの筋肉の動き，顎の噛み合わせなどの振動は耳小骨を経由して鼓膜に伝達され，それを音として感じているというわけです（van der Bilt et al., 2010）。加齢や疾病に伴って食物を咀嚼したり，飲み込んだりすることが困難になった方々は通常の食物を摂取することが困難であるため，それらの症状をもつ方でも食べやすく加工された柔らか食を摂取しています。ところがこの柔らか食は，食べるのは容易なのですが，摂取しても満足感が低かったり，おいしくないと感じられたりします。そこで，柔らか食を食べているときに，本人の咀嚼に合わせて，加工した音を耳へフィードバックさせると，その食物が硬く感じられ，満足感も向上すること

を報告した研究があります (Endo et al., 2016)。人口の高齢化に伴い，今後柔らか食は広く流通するようになると思われますが，このような試みによって QOL を向上させることができるのであれば，ニーズは大きいはずです。今後のさらなる研究の進歩が待たれる分野でしょう。聴覚と味覚の相互作用に関しても，スペンスによる総説 (Spence, 2012) が参考になると思います。興味をもたれた方はぜひご覧ください。

6. 食物の好き嫌い

　食物に対する好嫌には大きく分けて 2 種類あります。本能的好嫌と学習性の好嫌です。両方の好嫌について主にラットを用いた研究から明らかにされています。ただそれらの知見は，同じ雑食性動物ということもあり，多くの場合ヒトにおいても確認・適用できると考えられています。

　さて，前者の本能的好嫌については先に述べた基本味がキーワードとなります。細胞の主なエネルギー源は単糖類であるブドウ糖です。そのため，糖類（糖質）の信号となる甘味はエネルギー源のマーカーとなります。また，細胞を形成する主な素材はアミノ酸や核酸です。そのため，これらの物質を摂取したときに生じるうま味は蛋白質のマーカーとなります。このような理由から，ヒトやラットなどの雑食性動物は甘味やうま味に対して生得的・本能的な好みを示します。例えば生まれたばかりの新生児の口に甘味溶液やうま味溶液を含ませると，微笑みのような表情を示します (Steiner et al., 2001)。ラットの場合も，これらの味に対して口をパクパクさせて，もっと摂取したいような振る舞いを見せます (Grill & Norgren, 1978a)。

　一方強い酸味や苦味に対しては，それぞれ腐敗・未熟な食物および毒物の信号となるため，生得的な忌避反応がみられます。新生児では口をすぼめたり，舌で食物や飲料を押し出したりする行動がみられます (Steiner et al., 2001)。ラットでは口を手で拭うような行動あるいはゲイピングとよばれる吐き出すような振る舞いがみられます (Grill & Norgren, 1978a)。無脳児や除脳動物でも同じような接近－回避行動をみせるため，これらの反応は脳幹レベルでの反射的行動であることが知られています (Steiner, 1973; Grill & Norgren, 1978b)。

塩味については一貫した行動はみられません。塩味は主にナトリウムなどのミネラル源のマーカーなので，低濃度（〜体液の塩分濃度）であれば好みを示します。一方，海水（体液の2倍ほどの塩分濃度）に対しては忌避をみせます。ただし，新生児においては，このような塩味に対しての顕著な反応はみられないようです。この理由の1つには，胎児期に口の中を満たしていた羊水の塩味レベル（＝体液の塩分濃度）に順応しており，塩味の感じ方が大人や成体とは異なることがあげられています。

その他の好嫌（食物の風味やテクスチャーに対する好み）は自身の摂取経験に基づく学習性のものであると考えられます。学習と一言で言っても，味覚嫌悪学習のような古典的条件づけに基づく現象から，モデリングや単純接触効果など社会心理学とも関わるようなより広い概念に基づく現象まで，心理学のさまざまな分野と関連する現象が知られています。本書の内容とは関連が少ないため，詳細については別稿に譲ります（例えば，坂井，2016；坂井ら，2017）が，心理学の立場から食の嗜好にアプローチする余地はまだまだ十分にあります。

7. 食物のおいしさ

「現場の声6・7」でも紹介するように，食品や飲料などのメーカーでは日々「よりおいしいもの」の開発に取り組んでいます。もちろん先行する競合他社の商品のおいしさを超えるもの，これまでになかったおいしい食品や飲料などを目指して開発していますが，従来の開発方法では行き詰まりを感じているメーカーも多いそうです。従来の開発方法とは，「おいしさとは商品のもつ感覚特性で，それを消費者が受容したときに，おいしいと感じられる」というスタンスのように感じられます。非常に単純化していえば，甘味やうま味は好まれるので多めにして，苦味や酸味は避けられるので少なめにしようというようなボトムアップ的な視点だともいえます。当然ながら実際の商品開発はこれほど単純ではありませんが，従来品を超えるおいしさだと確認された上で販売された新商品でも，従来からあるロングセラー商品を超える売上のものはあまりありません。結果として，食品や飲料はロングセラー商品が優勢となっていきます。

このような現象の理由はどこにあるのでしょうか？　本章で述べて

きたように，食物の嗜好は生得的な嗜好に加えて，学習性の嗜好もあります。しかし，それらだけではありません。普段の生活でよく皆さんも経験するように，同じ食品や飲料でも摂取する状況によって，感じられるおいしさは大きく変化します。例えば同じソーセージでも，1 人で家の中で食べたときのおいしさと野外のバーベキューなどで友人たちとワイワイいいながら食べたときのおいしさや満足感とは全く違うはずです。この場合，ソーセージの化学組成や味物質，におい物質などの化学的な状況にはほとんど差がないでしょうから，おいしさに影響を与えたのはそのときの気分や感情，社会的な要因などと考えられます。さらに日常の生活では，ブランドや価格，入手可能性などの要素も，私たちのおいしさの感じ方に強く影響します。

これらについてのより詳しい議論は坂井（2016）を参照していただくことにしますが，ひとことでまとめると，「おいしさとは食物を摂取したときに生じる感情であって，化学成分の単純な知覚ではない」ということになります。それだからこそ，食品や飲料の開発には，化学や栄養学などの知識だけでなく，心理学の知識も必要となるのです。

2 節　食品・飲料の官能評価

本節では主に食品や飲料の開発場面で行われている測定法について説明します。1 節で述べてきたように，味に関する仕事の主な場面は食品や飲料の開発です。食品や飲料を摂取したときに生じる感覚・知覚を表現する方法は官能評価とよばれます。農学や家政学には官能評価学という学問分野が設けられ，食品や飲料を筆頭に，さまざまな商品の特性や品質を測定・表現する方法について研究が行われています。官能評価学を構成する概念の多くは心理学，特に感覚・知覚心理学の方法論を基本としていますが，官能評価学独自の方法論の発展も顕著になっています。ここでは感覚・知覚心理学と共通の部分と官能評価学で特に発展している部分とを分けて説明しましょう。なお，以下の記述では官能評価学でよく用いられているパネル（専門評定者のこと）やサンプル（食品や飲料などの刺激のこと）などの用語を使用します。

第 7 章　味覚と食　　145

1. 感覚・知覚心理学的方法論

　味や食の分野で主な対象となるのは味覚や嗅覚，口腔内体性感覚など化学感覚とよばれる感覚です。化学感覚の強さは，化学物質の濃度や量の増減によって変わってきます。

　化学感覚の測定論には大きく分けて閾値と閾値上強度評定から成ります。閾値はさらに，「水と区別できる最低限の化学物質の濃度」を意味する検知閾，「何の味（またはにおい）か認知できる最低限の化学物質の濃度」を意味する認知閾，「刺激Aと刺激Bの強度の違いが識別できる最低限の濃度差」を意味する弁別閾の3つに分けられます。

(1) 閾値の測定

　検知閾の測定には味覚の場合は味物質を含んでいないサンプルA（水の場合が多い）と，測定したい味物質を含むサンプルB（濃度はモル濃度や重量％で記述）とを用意し，パネルに比較させます。比較の方法には複数の方法があり，3肢強制選択法（サンプルAを2個，サンプルBを1個提示し，「異なるもの1つ」を選択させる方法）や5-2識別法（Aを3個，Bを2個提示し，「異なるもの2つ」を選択させる方法）などが広く用いられています。両者の違いは統計学的な意味をもっていますが，方法論自体に大きな差はありません。閾値の判定には集団法と個人法があり，例えば前者はパネルと一般消費者の違いを検出する際に用いられますが，後者は一般消費者からパネルと成りうる人を検出する際に用いられます。

　弁別閾の測定のときはサンプルAとして水の代わりに味物質を含む溶液を用いる他は検知閾の測定とほぼ同じです。なお，辛味や渋味などの口腔内体性感覚の場合は味物質の代わりに測定したい物質を溶かした溶液をサンプルとして用います。嗅覚の場合はにおい物質をポリエチレングリコールや流動パラフィンなどの溶媒に溶かしたものをサンプルB，溶媒をサンプルAとして用います。

　認知閾の測定には，上述の検知閾の測定の際に，「なぜその1つ（2つ）が異なると感じましたか？」と聞くことによって行われることが多いようです。違いの理由として記述された質が化学物質に起因する質（パネルなどによる広く共有されている記述）と同じになった最低

の濃度が認知閾とみなされます。

　正確な閾値を調べるためには，化学物質濃度をアナログ的に変化させて，感知できた最低の濃度を求めなければなりません。一方で，化学感覚は刺激間間隔を十分に取らなければなりません（サンプル間には十分な時間をとり，前の刺激の消失や唾液の分泌など，参加者の口腔内環境の回復を待つ必要がある）し，サンプルへの順応や感覚疲労も他の感覚に比べて著しいという特徴があります。そのため，予め準備された何段階かのサンプルに対する反応を測定し，正確な閾値は統計学的に推定するという方法をとることがほとんどです。閾値の測定および推定の詳細については河合・山口（2008）をご参照ください。

（2）閾値上強度評定

　味覚では，予め定められた濃度のサンプルを口に含んだ時に感じられた強さを，5～11段階のリッカート法やビジュアルアナログスケール（VAS）法などによって表現することで，強度評定を行うことがほとんどです。これらの方法で得られた結果を（便宜的に）間隔尺度とみなし，複数のパネルの評定値を平均化して濃度との対応関数を求めます。多くの場合，これらの対応関係はウェーバー・フェヒナーの法則に当てはまります。

　近年アメリカのグリーンら（Green et al., 1993）によって開発されたラベルドマグニチュードスケール（LMS）法を用いた味覚強度評定方法もよく使われています。VASと同じように線分上に感じられた強度を評定する方法ですが，大きな違いはアンカーとしてつけられたラベルが，VASではほぼ等間隔に設定してあるのに対し，LMSでは対数的に配置されているところにあります。その結果として得られた評定値は比率尺度となり，スティーブンスの法則に当てはまるようになります。同じように，マグニチュード推定法によって得られた評定値もスティーブンスの法則に当てはまることが知られています（河合・山口，2008）。

　先にも述べましたが，化学感覚は順応や疲労が生じやすく，感覚の回復にも時間がかかるため，1回あるいは1日に実施できる評定の数は限られています。また，閾値の検査法と閾値上強度評定法には方法論的差異が大きく，5基本味の評定ともなるとかなりの日数が必要と

なります。そこで，パネルに簡便な閾値上評定法のみを行わせること
によって，閾値や閾値上評定の濃度応答変化などの推定を行う方法論
も提唱されています（坂井，2016）。

（3）非侵襲脳応答計測

　味覚および嗅覚の刺激を受けているときの脳応答を非侵襲的に計測
した研究は多くあります。とはいえ，MRI 装置に仰向けに寝ている
人の口や鼻に化学感覚刺激を提示するのは技術的にも難しく，容易に
実施できるわけではありません。特に味覚刺激の提示には MRI 装置
による測定は致命的な問題が多くあります。例えば，MRI 装置によ
る計測は mm 単位の空間分解能があるので，計測中に体を動かすこ
とはできません。口の中に入れられた味覚刺激を嚥下するときの体の
動きは 1mm 以内には収まらないため，結果にノイズを与えてしまい
ます。また，仰向けに寝ているときに食物や飲料を嚥下すると，誤嚥
などの危険性もあるため，できるだけ避けたいところです。現在，筆
者らの研究室ではそのような問題点が少ない NIRS を用いた非侵襲計
測を実施しています（Onuma et al., 2018）が，NIRS の欠点として
は，味覚に対する反応が顕著であると考えられる第一次味覚野や扁桃
体からの信号は計測できないことがあげられます。

　一方嗅覚の場合は，MRI 装置に寝ている人に対しても容易に刺激
を提示することができます。しかしながら問題もあります。日常生活
では私たちの呼吸に依存して，におい物質が嗅上皮に届けられます。
鼻孔から嗅ぐ（前鼻腔性嗅覚：アロマ）場合は吸気に伴って，口腔の
後ろから嗅ぐ（後鼻腔性嗅覚：フレーバー）場合は呼気に伴って，に
おい物質が嗅上皮に届くわけです。一方，実験では送風装置を用いて
におい物質を提示しますが，パネルの呼吸とは同期せずに，パネルの
鼻腔におい物質を吹きつけているだけです。そのため，この刺激方
法では，日常生活と同じような嗅覚を生じさせるかどうかはかなり疑
問です。実際，事前の教示やトレーニングなしににおい物質を提示さ
れたときの参加者の脳応答を fMRI により計測しても，明確な信号を
得ることはできません（坂井ら，2003）。一方で明確な教示を与えた
上で，におい物質を提示すると，教示に強く依存する応答を得ること
ができます（坂井ら，2006）。そのため，これまでの嗅覚の非侵襲計

測の結果は，嗅覚関連の脳応答を計測しているのか，教示やにおいに対する印象に関連する脳応答を計測しているのか明確ではありません。嗅覚についても，現状では正確な脳反応計測は難しいようです（坂井ら，2007）。味に関連する脳応答を正確に，かつ生態学的な妥当性をもって，計測することは現状では不可能です。方法論のブレイクスルーが待たれるところです。

2. 官能評価学で進歩している評定法

(1) 強度評定法

　視覚や聴覚は時間分解能に優れている感覚ですが，味覚や嗅覚はそれほど細かな時間分解能は持ち合わせていません。例えば味覚を例にとると，ある食物を口の中に入れた瞬間ではなく，入れてから味がし始め，徐々に強くなっていき，その味は飲み込んだ後もしばらく続きます。実際の味わいには「口の中に広がっていく感じ」とか「後味が苦手」といったような感覚の時間的な要因が重要であることが理解していただけるかと思います。

　先に述べた閾値上強度評定法では，このような時間的なダイナミクスは考慮されていません。そこで，官能評価学では時間的ダイナミクスを考慮した Time-Intensity（TI）法が用いられます。この方法はレバーやダイヤルあるいは PC 上のソフトウエアを用いて，サンプルを提示される前から提示が終わった後 1 分程度までの間，感じられる感覚の強さを評定し続けるというものです。これらの装置がない場合，リカート法や VAS 法による評定を 5 秒ごとに繰り返すという方法でも TI 法を実施することができます。得られる結果は，最大振幅（瞬間的な最大強度）だけでなく，感覚の持続時間，口の中から刺激がなくなってからの持続時間，トータルの強度（積分値）など多種多様なものがあります。これらの結果の中から，それぞれのサンプルに最適な感覚値を導き出すことができるというメリットがあります。

　一方でデメリットとして，計測時間や手間がかかる割には 1 項目の感覚データしか得られないこと，得られる結果が多く分析に手間がかかること，評定の実施にあたってパネルのトレーニングが重要になってくることなどがあげられます。また，単一の項目のみを評定させることにより，別の感覚特性を誤って加味した評定が行われる危険

性も生じます（halo-damping 効果；Onuma et al., 2018）。そこで，最近では最大 3 つ程度の評定項目について同時に TI 評定を行わせる方法が取り入れられることもあります。

（2）質の評定方法

　実際の食品や飲料は，より複雑な感覚特性を持ち合わせています。それらの複数の感覚特性を同時に強度評定することはたいへん難しく，また得られた結果の解釈も複雑になってしまいます。そこで，現在では以下にあげる 3 つの方法によってサンプルの品質の評価を行う方法がよく用いられています。

①定量的記述分析法（Quantitative Descriptive Analysis: QDA）　予めパネルがサンプルを味見したときの印象を記述し，その記述について複数のパネルで取捨選択したり，それらの言葉の表現する感覚特性を共有するという作業から始めます。実際のサンプルの評価では，さまざまなサンプルがパネルに提示され，事前の打ち合わせで共有化された感覚特性のそれぞれについて VAS 法により評定を進めます。各サンプルについて各感覚特性の評定値が，各パネルごとに得られます。そのため，これらのデータについて多変量解析を行い，サンプル間の類似性や多様性，違いなどを統計学的に解析することになります。詳細については今村（2012）を参考にしてください。QDA 法の実施にはパネルの教育（知覚学習）や感覚評価や評価用語のすり合わせなどに多大な労力が必要となるため，その問題点を以下にあげる評価法での解決が試みられています。

②継時的優位感覚法（Temporal Dominance of Sensation: TDS）　例えばガムを噛んでいるときの味の変化など，味の時間的な変化を広く評定することによって，さまざまなサンプルの差を見出す方法が TDS 法とよばれる方法です（Pineau et al., 2009）。具体的には PC 上で作動するソフトウエアを用いて，その瞬間に一番強く（印象的に）感じられる感覚を画面上にある評価用語をクリックすることによって評定する方法です。TDS 法はガムやワイン，タバコなどの評定によく用いられます。TDS 法ではそれぞれの感覚の強さを評定するのではなく，そのときに感じられる味（嗅覚や口腔内体性感覚を含む）の質を 1 つだけ選択するという評定方法を用いています。そのため，TDS

法ではそれぞれの感覚特性の強さを表すことはできません。得られた結果はある時間タイミングで何％のパネルがどのような味を感じていたかということを示すだけです。その代わり，味の質的な変化のダイナミクスを明らかにすることは可能です。

③認識全特性チェック法（Check All That Apply: CATA）　一般消費者でも簡単に実施することのできる評価法で，サンプルを味見しているときに感じられた感覚特性に，予め定められた評価用語のそれぞれが当てはまっているか否かをチェックしていく方法です。TDS 法では 1 項目のみを選択するものでしたが，CATA 法では当てはまるものすべてを選択するという違いがあります。一方で，CATA 法では，TDS 法で得られたような時間的な変化はとらえることができません。QDA 法は専門的にトレーニングされた少数パネルで細かな差を明らかにすることができますが，CATA 法ではかなり大きなサンプルサイズが必要となることも欠点といえるかもしれません。

（3）評価システムと統計処理

　官能評価学では，人の感覚を表す効果的な方法について，日々開発が重ねられています。それらの研究結果は専門的な学会（Pangborn Sensory Science Synposium や SenseAsia, Eurosense など）で発表されていますが，「現場の声 6・7」で紹介するような世界的な企業では，それらの新しい手法をいち早く取り入れ，他社に先駆けて製品開発へ応用しようとしています。そのような企業をサポートするため，新しい官能評価の手法を PC 上で簡便に実施するためのソフトウエア（例えば FIZZ® や MagicSENSE など）が多く開発されています。また，得られたデータの解析手法についても開発が進んでおり，専門の統計ソフトウエア（Microsoft Excel® のアドイン XLSTAT や R® の官能評価パッケージ SensoMineR など）も多く販売されています。

　官能評価学は心理学にその一端をもっているとはいえ，独自の進化を続けています。これらの手法は，食品や飲料のサンプルの評価に留まらず，人の感覚特性の表現において大きな可能性をもっていますので，心理学の研究でも導入できる可能性があります。また，官能評価学は農学や工学と心理学の融合領域でもありますので，心理学の教育を受けた皆さんの活躍の場でもあります。

食品の官能評価と心理学

食品会社で官能評価業務を担当しています。食品の官能評価とは、おいしさに関わる風味・味・食感など（これを Drivers of Liking といっています）に評価用語と評価尺度を設けて、それらに対して十分トレーニングした評価者（パネリスト、集団の場合はパネルといいます）が行うことです。評価対象となるのは、主に試作品ですが、競合他社品やレストラン品などを扱うこともあります。例えばコーンスープの場合、試作品 A はコーン風味の強さが 7 段階で 5、うま味の強さが 4、とろみの強さが 3、試作品 B はコーン風味の強さが 6、うま味の強さが 3、とろみの強さが 4 のように細かな特徴を数値化していきます。もちろん対象食品の栄養・機能性成分について化学的分析や物性測定も行います。しかし、これらの機器分析で得られた数値の差が、人の感覚上でどのように異なって感じられるかは官能評価でしかわかりません。官能評価は人が行うものなので心理学の知識が必要です。客観的なおいしさはあるのか？　おいしさは誰が決めるのか？　についてはいつも議論になります。食品に対して豊富な知識と経験をもつ開発担当者は専門家として、試作品の完成度をおいしさとして評価できます。一方、商品を食べる消費者もおいしいかまずいかどちらでもないか直感的に決めることができます。専門家がいくらおいしいものだと訴えても、自分の好みに合うかどうか決めるのは消費者の自由です。企業では、トレーニングしたパネルの官能評価と消費者の好みとの関連づけ（プリファレンスマッピング）を行って、より消費者の好みに合うよう商品を改良し、もっと売れるよう工夫します。中には消費者受けを狙った商品ばかり世に出回るのはけしからんという批判もありますが、実際消費者調

査を担当するとそう簡単ではなく，人の嗜好は多様で奥深いことに驚かされます。最近では企業も，商品は売れればよいという考えから，社会に価値をもたらす商品やサービスを通して経済活動を行うという方向に変わってきました。消費者としてだけでなく，生活者としての人間理解研究が始まっています。人の心を理解するための実験を設計できる心理学は，今まさに私たちの研究に必要とされています。しかし理解した結果を製品やサービスという形にするにはさまざまなプロトタイピング（試作品作り）も必要です。心理学が理学から工学（もの作り）へもっと応用されることを製品開発の現場では求めています。

著者（笠松千夏）：味の素株式会社

現場の声 7

「文系」で心理学を学んだ私のキャリアパス

　大学・大学院で心理学を学んだ私は現在，日本たばこ産業株式会社（JT）・たばこ中央研究所に研究員として勤務しています。たばこ中央研究所の研究員のほとんどは理系出身です。たばこ中央研究所と同様に，民間企業の研究部門の研究員の多くも理系出身です。一方で私は，高校は文系コース，大学・大学院も文系学部に所属していました。そんな私が理系の職場である民間企業の研究部門で，心理学を生かしてどのような仕事をしているかをご紹介します。

　私が所属する研究チームでは，嗜好品の魅力の構成要素を明らかにし，その成果に基づいてお客様を惹きつける商品の開発方向性を提示することを目指しています。私たちがまず重要視する観点は，嗜好品の味や香りです。そこで第7章で紹介されている官能評価手法などを用いて，どんな味や香りが嗜好品の魅力を作り出すかを研究しています。また，味や香りは，見た目や触り心地など，異なる感覚からも影響を受けます。そのため，味覚・嗅覚とその他の感覚（視覚・触覚・聴覚）の感覚間相互作用も重要な研究テーマとなります。もちろん，嗜好品の魅力は味や香りに関わることだけではありません。嗜好品には私たち研究者が気づいていない，あるいはお客様でさえ気づいていないさまざまな魅力があると考えています。私たちは，お客様に対するインタビューや行動観察（エスノグラフィ）といった定性的な心理学的手法も駆使しながらそのような隠れた魅力を探索しています。

　実はJTに限らず，魅力的な商品・サービスを開発するために心理学研究を行う民間企業は多いようです。民間企業の研究部門は，心理学を学んだ方（文系出身であっても！）にとって，自身が修めた学問を活かして活躍できる職場の1つです。もし民間企業の研究部門で働くことに関心があ

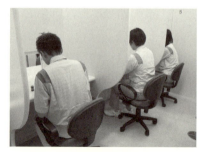

官能評価の様子

れば，心理学研究を行っている企業を自分で探してみましょう。まずは企業のホームページで仕事内容を確認し，心理学研究が行われているかを調べてみましょう。紹介されている仕事内容の中に「心理学」の言葉がない場合も，「官能評価」「感性工学」など，心理学と深い関係をもつ研究を行っている企業もあります。また，心理学系の学会も企業探しには活用できます。心理学研究に関心がある，もしくはすでに行っている企業は，心理学系の学会に参加していることが多いです。学会で企業研究者を探し，勇気を出して話しかけてみることは1つの手かもしれません。また企業との共同研究を多く行われている先生を探し，その先生から情報収集するのも良いかもしれません。「文系だから…」という固定観念にとらわれず，心理学を学んだからこそできる仕事にぜひ挑戦してみてください。

著者（石橋和也）：日本たばこ産業株式会社

第8章

自己移動感覚とVR

1節 自己移動感覚とは何か

　自分が歩いているときや車に乗って移動しているとき，私たちは自分が動いているという感覚，すなわち自己移動感覚を覚えます。この自己移動感は単一の感覚器官による知覚ではなく，複数の感覚器官からもたらされる複合的な感覚であると考えられています（Gibson, 1966）。具体的には，自己運動を直接検出することができる前庭器官の他に，視覚，聴覚，体性感覚に関する各感覚器官，さらには認知的要因までもが自己移動感覚に関する情報を脳に送り，それらの情報は，脳の中で調和的に統合されていると考えられています（図8-1参

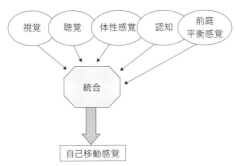

▲図8-1　多感覚によって支えられている自己移動感覚

照) (Rieser et al., 1995)。

1. 視覚とベクション

　加速度しか検出できない前庭系の代わりに，定常的な運動の知覚に重要な役割を果たしているのが視覚系です。自己運動を行うと，網膜に映る光学像は視野全域にわたって一様で規則的な変化の運動を見せます。例えば，観測者が右に移動すれば網膜上のすべてのものは左に移動するように映りますし，前進運動を行えばすべてのものが放射状に広がります。このような一様な視覚の運動を「オプティカルフロー」とよびます（図8-2）。視覚系はこのオプティカルフローから自分の運動を逆算することで，自己運動を知覚しています。このオプティカルフローによる自己移動感覚こそが他の感覚を含めても，もっと効果的に自己移動感覚を生み出す最大の要因であり情報源だと考えられています。

　オプティカルフローが自己移動知覚を強力に誘導している証拠とし

▲図8-2　オプティカルフローのイメージ

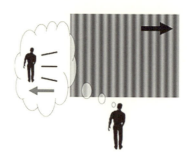

▲図8-3　ベクションの模式図（Fischer & Kornmuller, 1930; Brandt et al., 1973）
右に縞が動くと，左に自分の体が動いて感じる。

てベクション（vection）という現象が知られています。実際には静止している観察者にオプティカルフローを提示すると錯覚的な自己移動感覚が生じるという現象です（図8-3）（Brandt et al., 1973; Dichgans & Brandt, 1978; Fisher & Kornmuller, 1930）。

　前庭系は「今は静止している」という情報を脳に与えているにもかかわらず，視覚刺激によって自己運動感覚が錯覚的に生じるのです。視覚系が前庭系に負けず劣らず自己移動感覚の形成に大きく貢献していることがここからわかります。

2．その他の自己移動感覚と感覚の統合

（1）前庭系と加速度知覚

　平衡感覚の検出器官としても知られる前庭器官は自己運動の知覚に重要な役割を果たしています。耳の奥，内耳の中の前庭とよばれる領域には，三半規管と耳石器が存在し，これらはそれぞれ頭部の回転運動と直線運動の加速度を検知しています。

　三半規管はその名の通り，水平半規管，前半規管，後半規管という3つの半円形の管（半規管）からなる器官で，それらがほぼ直行するように配置されています。各半規管が別方向の回転を検出することで，頭部の3軸周りの回転加速度を検出することができます。各半規管の中は，内リンパ液が満たされており，その液体の流れを感知するための有毛細胞というものがあります。頭部の回転運動が起こると，頭部に固定されている有毛細胞は頭部とともに動くのですが，流体である内リンパ液は慣性によりそのまま留まろうとするため，有毛細胞と内リンパ液の相対的な速度差により，有毛細胞の毛状の部分がリンパ液によって刺激され，頭部の運動が検出されます。しかし，回転速度が一定であり続けると，内リンパ液も徐々に回転するため有毛細胞との相対的な運動がなくなり，回転の検出ができなくなってしまいます。つまり，三半規管は回転運動そのものを検出するわけではなく，あくまでも回転加速度を検出する器官であることには注意が必要です。

　一方の耳石器は直線加速度を検出しています。こちらも内リンパ液に満たされた袋状の器官であり，有毛細胞の他に平衡石とよばれる小さな石が存在します。頭部に直線加速度がかかると，平衡石が慣性に

より取り残され，有毛細胞が刺激されることで直線加速度を検出できます。上下，左右，前後の3つの方向の直線運動に反応ができますが，こちらも一定の速度での直線運動が続くと，その（等速直線）運動に対しては反応を示さなくなってしまいます。つまり，あくまでも，加速度の検出器であることに注意が必要です。

このように，前庭系は加速度に対する反応のシステムであり，定常的な運動は検出できません。この欠けた部分は，視覚系やその他の感覚器官が検出することで補い，それらの情報を統合する作業が行われています。

この前庭器官に問題が生じると，身体動揺や眼球運動に異常が生じることが知られています。有名なものは，メニエール病とよばれるものです。この病の患者は，強いめまいを不意に感じることが知られています。前庭系の異常により平衡感覚（すなわち加速度感覚）を誤検出することで自己姿勢や自己運動を正しく制御できなくなるのです。

外耳道に冷水を流し込むことで，前庭系器官を強制的にはたらかせることができます。これによって，一時的な回転感覚などの自己移動感覚が引き起こせる事が知られています。この方法は主に医療目的で行われますが，これを心理実験で用いる事は，近年の実験倫理意識の高まりから，あまり行われていません。前庭系は，内臓感覚とも結びついており，過度に刺激すると一時的ではありますが，めまいや吐き気を極めて強く引き起こしてしまうことがあるため，心理学実験で一般的な方法論である「繰り返しの試行を想定する実験」を行うことには困難が伴います。そのため，医学系に比べ，心理実験系からのアプローチで，この方法はあまり採用されていないようです。

それでも近年では，直流前庭電気刺激（Galvanic Vestibular Stimulation: GVS）という方法で前庭系器官を安全で簡便に刺激する方法が考案されています。この方法では，両側の乳様突起に電極を貼付し，微弱な直流電気を前庭系に流します。これによって，回転感覚や，直進・後退などの移動感覚を被験者に感じさせる事ができます。しかし，この方法も安全ではありますが，やはりめまいや吐き気を引き起こす可能性が排除できず，実験倫理面で完全に問題が無い訳ではありません。そのため，この方法はまだ多用されているとはいえないのが現状のようです。今後の発展に期待したいと思います。

(2) 聴覚ベクションについて

　聴覚も自己移動感覚を支えています。何らかの音源に向かって近づいていくと，その音源からの音量は次第に大きくなっていきます。反対に遠ざかれば，音量は小さくなります。この音量の変化によって，自分の移動に関する情報が形成され，聴覚性の自己移動感覚が生じるのです。

　複数の音源から音が聞こえる場面では，それぞれの音源からの音の聞こえが変わる事で，自己身体の回転や，音源間を移動する自己身体の移動感が得られます。例えば，犬の鳴き声，噴水の音，バスのアイドリングの音が，自分から等間隔の３つ異なる場所から聞こえてくる場面を想像してください。これら３つの音が，回転して聞こえてくるとすれば，それは自分自身がその音の回転と反対方向に回転していることを示唆します。実際，こういった音刺激を作ってヘッドホンで被験者に提示すると，錯覚的な自己身体の回転感覚つまり自己移動感覚が生じることがわかっています。これを視覚のベクションの関係にならって聴覚ベクション（auditory vection: AIV）とよびます（聴覚ベクションの総説は，Valjamae, 2009）。

　Sakamoto et al. (2004) は，目隠しをして座っている被験者の前方から後方に向かって（もしくは逆方向に），繰り返し移動する音を聞かせることで前後方向の自己移動感覚，つまり前後方向の聴覚ベクションを起こす事に成功しています。このように聴覚ベクションが存在することから，聴覚も自己移動感覚に対して大きな貢献をしていることが推察されます。

(3) 皮膚感覚ベクションについて

　皮膚感覚からも自己移動感覚は感じられます。前進すれば，風が顔や手足，胴体にあたります。前方を向いたまま後退すれば，風のあたり方は反対になり，背中に風を感じる事になります。人間は，この皮膚で感じる風から自分の移動方向を推察する事ができるのです。

　村田ら（Murata et al., 2014）は，アイマスクと耳栓をさせ，乗馬型フィットネス機具で前後左右にランダムに揺するという非常に特殊な状況下に被験者を置きました（図8-4）。この状況下で，風を前から被験者に向けてあてる事で，皮膚感覚性の錯覚的な自己移動感覚

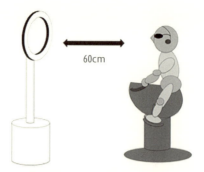

▲図 8-4　皮膚感覚ベクションの様子 (Murata et al., 2014 より許可を得て転載)
被験者はアイマスク，耳栓を着用の上，乗馬型フィットネスマシンで前後左右に揺さぶられながら，扇風機からの風を前方から受ける。

（皮膚感覚性ベクション）が起こる事が報告されています。皮膚感覚性ベクションは，視覚ベクション，聴覚ベクションに比べて弱いのですが，確実に存在すると村田らは主張しています。これはつまり，皮膚感覚が自己移動感覚に貢献してる事の証拠だと考えられます。同時に，視覚や聴覚に比べて，脳での統合の際に，皮膚感覚からの自己移動に関する情報の重みづけは小さいであろう事も推察ができます。

　聴覚ベクションと皮膚感覚ベクションの共通点として，被験者には目隠しをしてもらう必要がある点があげられます。つまり，視覚の情報を0にしなければ，他の感覚モダリティーからのベクションは成立しないのです。ここに，視覚の強さ，自己移動感覚における視覚の優位性が見て取れます。

　以上のように，数多くの感覚系が，自己移動感覚に対して貢献しています。そして，それらの情報は，たいていの場合には互いに「良い一致」を示していることが多いです。そのため，それらの情報は普段は調和的に統合されているのでしょう。ただし，脳のどの場所が，その統合処理を行っているのかについては，まだ研究が足りず，十分な理解がなされていなません。しかしながら，各情報が統合され最終結論としての「自己移動感覚」が形成されていることはまず間違いないだろうと研究者間で同意が取れています（図8-1）。

3. ベクションの生態学的意義と研究史

　私たちは外界に存在するものをそのまま書き写すかのようにして

らえているのではなく，無意識のうちに何らかの解釈を行ってから，知覚を能動的に形成していると考えられています。この概念は，ヘルムホルツ（Helmholtz, 1962）が，各感覚モダリティーからの入力とそれに対する反応形成に至る過程が無意識的な推論のように行われているという仮説を唱えた「無意識的推論」にさかのぼる事ができます。無意識的推論を行うことで，脳はさまざまな形で物理世界から逸脱した知覚世界を構成します。その1つの好例がベクションです。

　私たちは生まれてからこれまで，世界が動いている場面にはほとんど出会わないで生きてきたはずです。世界が実際に動くのは，大地震に遭遇したときぐらいでしょう。そのため，私たちの脳には「世界は止まっている」という大前提が刻み込まれています。ちなみに，ここでいう「世界」とは，視野の大部分を占めるものです。具体的には地面，空，山や建物などです。これら「世界」が位置を変える，すなわち「動く」のは，自らが移動しているとき以外，ほとんど起こりえないのです。

　ベクションを生起させるには，視野の大部分を占める刺激を一様に運動させれば良いのです。ドットや縞によるオプティカルフローを大画面に提示すれば良いのです。これは，世界を動かすことに相当します。このとき，脳はつじつま合わせを始めます。視覚情報として入ってくるが，現実には起こりえない「世界が動いている」という情報のつじつまを合わせるには，「自分のほうこそが動いている」という感覚を生起させるのが最も効率が良いのです。つまり「世界が動いている」という情報が間違っていないという状況を作るために，自分自身を動かしてしまうのです。こうしたつじつま合わせによる自己移動感覚としてベクションをとらえることができるのです。ベクションは持続的に入ってくる世界が動くという視覚情報のつじつまを合わせるための錯覚なのです。

　ベクションに関する科学的な記述は，エルンスト・マッハが1875年に桟橋から川の流れを見ている時に，川の流れとは反対方向に自己身体が動いて知覚されたというものまでさかのぼれます（Mach, 1875）。おそらく，それ以前にもベクションの存在は何らかの形で知られていただろうと推察されます。ですが，定量的なベクションの計測，科学的なベクション実験は，1970年代になるのを待たねばなり

ませんでした。ベクションの心理実験の祖はブラントらが 1973 年に "Experimental Brain Research" 誌上に発表した論文です（Brandt et al., 1973）。ベクションの科学史は，現在からさかのぼるのに 40 年足らずですんでしまうのです。彼らの実験は，コンピュータ制御の回転ドラムの内側に被験者を入れるというものでした。矩形波状に白黒に塗り分けられた内壁を観察させてベクションを生起させたのです。そして，その主観的印象（マグニチュード推定）や持続時間，主観的自己運動速度を計測しました。

　ブラント以降，多くの研究者がベクションの研究に取り組むようになりました。特にベクションを効率的に誘発するための，視覚刺激の特性について，重点的に詳しく調べられてきました。

　提示視野位置やその大きさは，ブラントら（Brandt et al., 1973）から既に重要な検討要因になっており，刺激の面積が大きいほどベクションが強く誘導されることが繰り返し報告されてきました（例えば，Brandt et al., 1973; Held et al., 1975; Lestienne et al., 1977）。また，周辺視野のほうが誘引力が強いという結果も，繰り返し報告されています（Brandt et al., 1973; Held et al., 1975; Dichgans & Brandt, 1978）。しかし，その後の研究で，周辺と中心で誘引力に差はなく，重要なのは面積のみであるという反論もなされています（例えば，Post, 1988; Howard & Heckman, 1989）。ポスト（Post, 1988）によれば，刺激の面積が一定であれば，75 度以内の視野にベクションを効率的に引き起こす特異的な視野は存在せず，誘引力はどこでも一定であるということになっています。

　中村（Nakamura, 2006）は，この議論についてより高い次元で解決策を提案しています。中村の指摘によれば，こうした不一致は，視野の問題と奥行き構造の問題が交絡しているために生じたものである可能性が高いと考えられます。周辺視野ほど，遠くに感じられる，つまり奥行き感が出てしまい，それによって周辺視野におけるベクションの誘引力が強まっている可能性があると中村は主張しています。後に記述しますが，奥行き感も重要なベクション誘発要因であり，奥に感じられる刺激程ベクションを強く誘発できることが明らかになっています。本来は周辺と中心でのベクションの誘引の効率は同じであるのだが，周辺視野に提示される刺激は，中心視野に提示される刺激よ

164

りも，奥に感じてしまうため，同じ面積であれば，周辺視野に提示された刺激のほうがベクションを強く感じてしまうと考えられるのです。

次に，知覚的に奥に存在する刺激がベクションを支配的に生起させるという結果が，多くの研究者によって報告されています（Delmore & Martin, 1986; Ohmi et al., 1987; Ohmi et al., 1988; Ito & Shibata, 2005）。伊藤と柴田（Ito & Shibata, 2005）は拡散刺激と収束刺激を異なる奥行き面に（立体眼鏡によって視差定義の奥行き情報を与えて）重ねて提示しました。すると，ベクションは必ず物理的に奥の面によって誘発されました。拡散が奥に提示されていれば前進知覚が得られ，収束が奥に提示されていれば後退知覚が得られたのです。一番奥にある運動刺激がベクションを支配したのです。このように，ベクションには，奥の面が重要だといえます。

さらに，刺激の速度ですが，視角速度で 100 度 / 秒までは，刺激速度と知覚される自己運動速度に線形の対応関係があることが知られています（De Graaf et al., 1990）。つまり，そこまでは刺激の速度を上げると，自己の移動速度感覚も対応して上昇することが知られているのです。それ以上の刺激速度は，知覚上の移動速度に対して，寄与が小さくなるようです。

また刺激の加速度が視角速度で 5 度 / 秒までは，ベクションの潜時が短くなる傾向を示し，より強くベクションが起こせるが，それ以上の加速度ではそのようなベクションの促進効果は得られないことが知られています（Melcher & Henn, 1981）。

以上，ベクションの刺激特性に関する研究をまとめると，ベクションは知覚的に図になる領域ではなく，地になる領域によって強く引き起こされるという図式が描けます（Kitazaki & Sato, 2003; Seno et al., 2009）。より奥にあり，周辺にあり，面積が大きいものと考えると，それは「世界」であり，知覚的には「地」となる部分です。一方で，手前にあり，中心視野にあり，小さいものとなると，オブジェクトである要素をかなり満たしており，つまり知覚的に「図」になるものです。

ベクションは「動いている世界」という事態を回避するためのつじつま合わせですから，「世界」としてふさわしい特性をもつ，「地」の領域がベクションを強く誘発すると考えれば，一貫性のある理解が可

能になるのです。

2節　測定法と具体的な研究例

1. ベクションの測定法

　ベクションの実験では3つの指標をその強度を表すものとして採用するケースが多いです。3つとは、潜時、持続時間、マグニチュードです。被験者に課す課題として、ベクションが生じている際に対応するボタンを押させるというものがあります。このボタン押しによって、2つの指標が取得できます。刺激提示後から一番はじめのボタン押しまでにかかった時間がはじめの指標となります。これを「潜時」とよびます。ベクションが強ければ、潜時は短くなり、ベクションがすぐに生じることが知られています。

　次に持続時間について説明しましょう。ベクションの実験では、刺激の提示時間は、短いものでは20秒程度、長いものでは数分となります。この刺激の提示時間のうち、何秒間ボタンが押されていたかが「持続時間」です。すなわちベクションがあるとしてボタン押しの報告がなされていた時間が、トータル何秒間だったのかが持続時間なのです。ベクションが強ければ、ベクションが生じない脱落時間が短くなるため、結果として持続時間は長くなります。

　最後にマグニチュードについて説明しましょう。ベクションを引き起こす刺激の提示終了後に、その刺激で得られたベクションの強度に主観的に得点を与えます。その得点を、マグニチュードとよびます。何らかの比較対象となる刺激、専門用語では「標準刺激」で得られたベクションの強度と比較して、主観的強度に点数をつけて答える場合が一般的です。これは心理学におけるマグニチュード推定法とよばれる方法です。標準刺激を用いずに、ただ主観的な強度に0から100点で点数を与えるというような場合も存在し、それも広い意味でベクションのマグニチュード強度とよばれており、多用されています。

　3指標以外には、身体動揺の大きさ、眼球運動の大きさや瞳孔のサイズの変化などがベクション強度と相関するものとして用いられてきました（例えば、Ihaya et al., 2014; Kim & Palmisano, 2008; Brandt et al., 1974）。しかしながら、それらの生理指標は必ずしもベクショ

▲図 8-5　ベクションの 3 指標

矢印は時間を示す。刺激が提示開始されてから提示が終了するまで，被験者はベクションを感じている間中，ボタン押しによってそれを報告する。途中，ベクションの脱落があるため，ボタン押しは，①〜③で示したような細切れのタイミングで生じることが一般的である（もちろん，どういった脱落が生じるのかは事前にはわからない上，個人差も大きい）。一番はじめのボタン押しまでにかかった時間を潜時と呼び，①〜③の総計を，持続時間と呼ぶ。ベクションが強ければ，潜時は短くなり，持続時間は長くなる（つまり，ベクションの脱落が少なくなる）。刺激提示終了後に，マグニチュード推定法などでベクションの主観的強度を合わせて取得する。この 3 指標を用いるベクション研究が非常に多いと言える。

ンの強さと完全なる相関を示さないことも既に知られています。例えば，身体動揺は大きく出るのに，ベクションは生じないケースもあれば，ベクションは強いのに，体は全く揺れないというケースも存在しています。したがって，ベクションという主観世界を記述する際には，先に示した 3 指標のデータそれだけをもってして，ある意味で「主観世界に閉じた完結した世界観」を示してしまっても良いように私は考えています。生理系の指標はあくまでも脇役として，ベクションの傍証程度に考えるのが良いように思います。

2. ちまたにあふれるベクション

　ベクションを起こす表現技法はアミューズメント施設や映像作品のクリエイターによっても用いられてきました。例えば，アミューズメント施設である浅草の花やしきでは，1947 年の再開園に伴い「ビックリハウス」が，舞浜の東京ディズニーランドでは 1987 年に「スター・ツアーズ」が設置されていますが，どちらも周囲の視覚情報を大きく動かすことで自己の移動感覚を生じさせるアトラクションです。ユニバーサル・スタジオ・ジャパンは，そういったアミューズメント施設の中でも特にベクションに特化した施設であるといえ，「アメージング・アドベンチャー・オブ・スパイダーマン・ザ・ライド 4K3D」「ハリー・ポッター・アンド・ザ・フォービドゥン・ジャー

第 8 章　自己移動感覚と VR　　167

ニー」「ミニオン・ハチャメチャ・ライド」といったアトラクションでベクションが効果的に用いられています。

　同様に映画館などでは大画面に，オプティカルフローを提示することができるため，観客に自己の移動感覚（ベクション）を起こす事が非常に頻繁に試みられています。ベクションはVR作品や映画などを中心に頻繁に用いられる映像効果の1つであるといえるのです（特に近年それが顕著です）。例えば，ジェームズ・キャメロン監督の映画『アバター』では，空を飛ぶシーンにおいて強いベクションを起こしうるシーンが確認できます（奥行き方向の自己移動がシミュレートされたシーンで，画面中央に向かって，没入してくような映像が用いられています）。他にも，ジョージ・ルーカス監督の『スター・ウォーズ』シリーズや，山崎貴監督と八木竜一監督による『STAND BY ME ドラえもん』にも非常に強いベクションを起こしうる映像場面が存在しています。

　さらに2000年以降の地デジ化によって，家庭用テレビが大型化，高精細化しました。これによって家庭で視聴できるアニメーション作品においても，ベクションシーンが頻出する時代になりました（もちろん，ベクションの活用はテレビ黎明期，1950，60年代のハリウッド映画にも発見できることも同時に明記しておきます）。テレビ東京系列で2013年に放映された水島努監督の『ガールズ＆パンツァー』では，第1話の冒頭部分から，戦車に乗った主人公たちとともに移動しているかのようなベクション映像が登場します。今後も，4K・8Kといった非常に高い解像度と，それに見合った大型の視聴機材の普及が進めば，映像コンテンツにおけるベクションは，製作者・視聴者の何れにおいても，その重要性と需要がますます増加するだろうと思われます。

　特にNHKは，ベクションコンテンツの利用に積極的なようであり，2016年度の大河ドラマ『真田丸』や，2013年度の朝の連続テレビ小説『あまちゃん』などでは，オープニングシーンでベクションの効果的な活用が確認できます。

　NHKといえば，2015年末の紅白歌合戦では，歌手の水森かおりさんと小林幸子さんの歌唱場面で，その背景にベクションを引き起こす動画が提示されていたことも記録にとどめておきたい事実です。両

者とも，オプティカルフローを歌手自身の背景に提示し，歌手が空を飛び回るような錯覚を引き起こす舞台演出を用いていました。

　このように「ベクション」という名前を知らなくても，知らず知らずのうちに，日常の中で，高頻度でベクションを感じる事ができる世の中に私たちは生きているのです。

　ここで，映像コンテンツとベクションという視点から，筆者らの取り組みを1つ紹介してみましょう（徳永ら，2016）。筆者らは近年の日本アニメーション作品の中にどういったベクションのシーンがあるかを調べ，そのデータベースを作成しました。そして，ベクションを起こしうるシーンを，ベクション・シーンとよぶこととしました。物理的な定義として，「ベクション・シーンとは，4秒以上の自己移動をシミュレートした，一様な運動刺激の映像が，広域な視野に提示されているもの」としました。これまでに，60個のベクション・シーンを見つけ出し，その情報をまとめあげています。

　これらのアニメ作品中から取得した60個のベクション・シーンが実際にどの程度の強さのベクションを起こしうるのかを実験で明らかにしました。円形の縞が拡散する刺激で，トンネルの内部を前進するような感覚を引き起こすという従来の心理学のベクション実験で頻繁に用いられてきた刺激で得られるベクションの強さと，60個のシーンごとに感じられるベクションの強さとを比較したのです。

　はじめに被験者は，これまでの心理実験で用いられた拡散する円形縞刺激を繰り返し観察し，そこから得られたベクションの強さを「100」の強度として記憶しました。次に60個のシーンを1つずつ視聴し，視聴後にそのシーンで得られたベクションの主観的強度を，先の100と比較して得点を与えるという方法（マグニチュード推定法）をとりました。その結果が図8-6です。

　60個のシーンで得られたベクション強度の平均値は107.2となりました。これは，これまでの心理実験で用いられてきた一般的な実験刺激に比べて，遜色の無い強さであるといえました。つまり，十分に強いベクションがアニメ作品中のベクション・シーンから得られることが明らかになったのです。強度のばらつきを見ると，非常に効果的で強いベクションが引き起こされるシーンから，とても弱いベクションしか起こせなかったシーンもあり，ばらつき自体は大きい事がわか

第8章　自己移動感覚とVR　　169

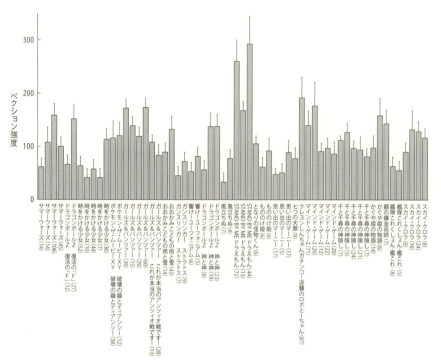

▲図 8-6　60 個のアニメ中のベクション・シーンで得られたベクションの主観的強度の評価点
被験者は，一般的なベクション刺激である拡散する円形縞刺激によって感じられたベクションを 100 の値として記憶し，それと比較する事で，主観的なベクション強度をそれぞれのシーンに対して与えていくという課題に取り組んだ。

りました。

　筆者らは，以上のベクション強度の評価点とともに，各シーンの細かな情報をまとめあげ，ベクション・シーン・データベースを作成しました。このデータベースは九州大学妹尾研究室のホームページ（senotake.jp）からフリーでダウンロードできますので，興味のある方は是非見てみてください。尚，この取り組みは今後も継続していくつもりで，作品数も 60 から 100，そしてそれ以上を目指していく予定です。

3. VR 研究とベクション

　ベクションは VR（バーチャルリアリティ）と相性が抜群な現象であるといえます。ベクションそれ自体が，VR コンテンツとして近年

人気が高い（映画やアトラクション施設で頻出している）ことは先に述べた通りです。そのため，ベクション研究自体がVR研究であるといえてしまうのです。ここではその中でも特にVRコンテンツとして筆者らが面白いと思っている「4つのベクション研究」を紹介します。

(1) バーチャルスイミング

　筆者ら（Seno et al., 2013）は，Microsoft社のKinectという身体運動のセンシングマシンを用いて，あたらしいベクション刺激を作成しました。Kinectで，平泳ぎする被験者の体の運動を検出し，その体の動きに対応して動くオプティカルフロー刺激を被験者に提示したのです。

　被験者は，オプティカルフローが提示される大画面プラズマディスプレイに正対して，その場で手と頭を動かし，平泳ぎの動作をしました。すると，眼前のオプティカルフローが，変化しながら拡散しました。バーチャルな空間をあたかも自分自身で泳ぎながら前進していくような場面を制作したのです。手を大きく早くかけば，ドットが激しく早く拡散し，結果として大きく早く前進することができました。小さく動かせば，反対にゆっくり小さく前進しました。各被験者の体の動きに応じて，被験者が体とオプティカルフローの対応関係を自然に感じられるように，実験者が2つの対応関係を微調整して，このコンテンツを作成したのです。これによって，被験者は極めて自然に，バーチャルな空間を自らの水かき運動で，あたかも泳ぐかのように前進していったのです。筆者らはこのコンテンツを「バーチャルスイミング」とよぶことにしました（図8-7）。

　ベクションは，それを引き起こす刺激への没入感が強い程，効果的に生じるものであると考えられます。バーチャルスイミングはかなり

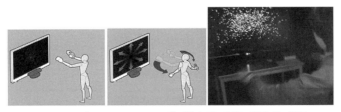

▲図8-7　バーチャルスイミングの模式図と実際の被験者の様子

強いベクションを引き起こしました。ここから，VRコンテンツとしての質の高さとは，まさにベクションの強さそのものであるという事がいえるかもしれません。ベクションの強さは，コンテンツの面白さの大きな指標になりえるのです。

（2）没入できるベクションコンテンツ

次に，もう1つ「ベクション実験をVRコンテンツ化してしまう」試みを紹介します。妹尾と吉永（Seno & Yoshinaga, 2016）では，ダンボールで作られた簡易型ヘッドマウントディスプレイであるハコスコと，アンドロイド携帯端末の組み合わせによって，ベクション刺激に没入できるというコンテンツを作成しました。

携帯端末には，先に示した拡散するドットによるオプティカルフローが提示されており，これに視差がついた左右それぞれの刺激を左右眼に提示し分けることで，一定の奥行きをもったバーチャルな空間を見る事ができました（図8-8）。

さらに，頭部や体位に合わせて，見ることができるドットの流れを変化させました。上を見上げれば，前方から後ろに流れるフローを下から仰ぎ見る事ができ，左右にくるくると頭を回せば，フローの流れの内で観察できる場所も，くるくると対応して変化したのです。さらに椅子から立ち上がり，歩き回れば，それに対応したオプティカルフローの変化が提示されました。つまり，被験者はバーチャルな空間に広がっているベクション刺激の中に没入してしまうことができたのです（図8-8）。

筆者らは，ベクションの主観的強度を口頭で報告させ，それを記録しました。その結果，ベクション刺激に没入できる条件，すなわち頭部や体の運動を行うことで積極的に空間に没入できた条件において，

▲図8-8　没入型のベクション刺激
グーグルカードボードと，アンドロイド携帯端末の組み合わせ。携帯端末には，左右眼に対応した視差がついた拡散オプティカルフローが提示された。

それができない従来のベクション刺激に比べて，ずっと強いベクションが得られることがわかりました。

　新しい技術は，より強いベクションを引き起こしました。VR空間へ没入できる程度が高い程，そこから得られるベクションは強くなるのです。この刺激は，携帯端末アプリとして妹尾研究室のホームページ（senotake.jp）から無料配布を行っていますので，ぜひとも1度体験してみてください。実際に体験すれば，ベクション刺激に没入するということの意味がよく理解できると思います。

　ベクションは，それを引き起こす刺激への没入感が強い程，効果的に生じるものであるという筆者らの考えがここでも，再度支持されたといえるのかもしれません。

（3）バーチャル・アースクエーク

　上に紹介した没入型ベクション刺激を応用して，防災に貢献するVR研究も筆者らは行いました。それは地震をVR刺激を用いて体感するというものです。没入型の刺激がもっている高い臨場感という利点を効果的に用いる事で，リアルな地震体験をバーチャルに実現することができました。

　地震をVR施設で体験するという試みはこれまでにいくつか存在しています。例えば，大阪市立阿倍野防災センターには地面が揺れるのと合わせて，映像が揺れるVR地震施設が存在しています。

　この施設のように，地震をVR設備で再現することにはいくつかの意義があります。第1に，防災意識の向上が指摘できます。地震をVRで体験することで実際の地震に対する心構え，すなわち防災意識が形成できるのです。第2に，恐怖感を減らす事ができるという利点があります。実体験する事がほぼない大地震をVR施設で繰り返し体験しておく事で，実際に被災した際の強い恐怖感に対して，それを少しでも和らげ，予防することができるようになる可能性があるのです。想像できない程の大地震であるが故の「必要以上の恐怖感」を抑え込むということです。

　このようにVR施設での地震の体験は，防災に役立つと考えられますが，実際に地面が揺れる施設を個人や大学の研究室レベルで再現することは金銭的にも，設備面の制約的にも厳しいといえます。

第8章　自己移動感覚とVR　　173

▲図 8-9　没入型ベクション刺激を用いた，バーチャル地震の模式図

　そこで，筆者らは視覚刺激だけでも大地震を再現し，それを VR 体験してもらえないかと考えました。先に示した，没入型ベクション刺激を，大地震の映像にすることで，視覚だけではありますが大地震を体験することが可能になります。

　まず被験者を招く実験部屋の 360 度全周囲画像を市販の THETA というカメラで取得します。次に，その映像をアンドロイド携帯の端末に視差をつけて左右眼に提示します。最後にその部屋の画像を，上下左右に大きく揺らすことで，地震を再現しました。被験者はハコスコでその地震画像を観察しますが，その際，頭部を回転させ，ないしは立ったり座ったりすることで，あたかも地震の最中に没入する事ができました。地震を VR 機器で体験することで，恐怖感を低減させ，実際の被災時に対してポジティブな態度・対応が可能になるのではないかと筆者らは考えています。

（4）被験者の一般没入傾向とベクションの感じ方

　これら VR 心理実験の結果を一言でまとめれば，ベクションに対して没入できれば，できる程，ベクションの強度が大きくなったといえます。それでは，コンテンツを楽しむユーザー側の性格特性として「没入傾向」は，ベクションの感じ方に影響を及ぼすのでしょうか。妹尾・永田（2016）では，性格特性としての一般没入傾向を極めてシンプルな質問紙によって算出しました。

　実験では，4 つの項目によって，その人物のベクションに限定され

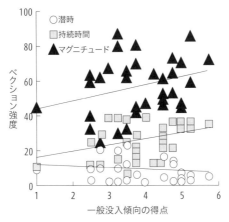

▲図 8-10 没入傾向の強さと感じられたベクションの強度との相関関係

ない一般的な没入傾向について質問を行いました。質問の中身は具体的には，下記の4つでした。

「音楽にのめり込みやすい。」「映画にのめり込みやすい。」「いろいろなことにのめり込みやすい。」「集中力が強いと思う。」

これらについて「全く当てはまらない」から「とてもよく当てはまる」の6件法で回答を求めました。同時に，4試行からなるベクション実験を行い，被験者が感じたベクションの強度を算出しました。

その結果を図 8-10 に示しました。潜時では，ベクション強度と一般没入傾向は無相関でしたが，持続時間とマグニチュードでは両者は有意な相関を示しました。つまり，ベクションをコンテンツとして楽しむ際には，そのユーザー（観察者）自身がどの程度，物事に没入しやすいかによって感じられるベクションの強さが変わるということです。物事にのめり込みやすい程，ベクションを強く感じやすくなるのです。ここからもやはり，ベクションの強弱は，つまるところ，刺激への没入感の度合いで説明できるという推察が導かれます。

(5) おわりに

ベクションと VR 研究は極めて高い親和性をもっています。ベクション自体が VR コンテンツとして成立するものであり，その研究はすべからく VR 研究と考える事ができます。VR ができる心理学者，

心理学ができる VR 学者，いずれでも良いのですが，その絶対数はまだまだとても少ないといえます。読者の皆さんが，本章に興味をもっていただけたならば，是非「VR 心理学」の輪の中に加わって欲しいと思います。皆さんの熱い想いをお待ちしています。

ベクションの快感，美術作家としての個人的な体験から

いまから私の極めて個人的な「ベクション体験」について書いていこうと思うわけですが，その前に「あなた誰？」という読者が，ほぼ100％だと思いますので軽く自己紹介させて頂きます。私は便宜上「現代美術作家」という「肩書き」で活動しておりまして，絵画作品や立体作品を制作し（図1），ギャラリー等で展示発表しております。自分の創作したもので，わりと知られている作品は「オカザえもん」という（図2），いわゆる「ご当地キャラクター」なのですが，そんな話をしても知らない人は知らないことでしょう。「現代美術作家ってなんだ？」と疑問をもつ方もおられると思います。それについては，お答えしづらいので「肩書き」とつけました。つまり「現代美術作家」の厳密な意味と，私自身の実際の活動に乖離があると思われたときのための予防線，言い訳であります。私の心の中に，言葉の曖昧さを回避したいという欲求と，それは無理だという諦めの気持ちが同居しております。私の「脳」や「錯視」や「ベクション」についての興味は，私自身の作品作りにおける思考の曖昧さを回避したいという欲求からくるものです。とくに感覚を言語化するということの難しさもありますし，私の文章力の無さもありますが，以下ベクションの個人的体験ついて書いていきます。

図1 作品「3本のペットボトルと水平線」

私自身が「ベクション」という言葉を知ったのは，ごく最近のことです。しかしながら昔から，この「ベクション体験」について非常に重要であると思っておりました。私がベクションを初めて体験したのは，子どもの頃，海に遊びに行き，裸足で波打ち際に立って足元を見ていた時です。波打ち際で波が引くと，自分の体が浮いて水面を滑りだし，海とは逆方向に移動しているように感じました。この感覚は，波が引いているときに感じる錯覚だとわかっていても，自分の頭の中で自分の体が移動しているという感覚を打ち消

図2 「オカザえもん」

すことができませんでした。まるで自分が超能力者になったかのような気持ちになりました。大袈裟にいうと宗教的体験とはこのようなものかもしれないと思ったりもしました。しかし，この体験を自分は子どもなりに「これは地球が太陽の周りを回っているのに太陽が動いて見えるような相対的な錯覚なのだ」と解釈しました。それから２度目のベクション体験は中学校の遠足でバスに乗っている時でした。隣のバスがバックで駐車場に入ってきた時，自分の乗っているバスが前進したように感じました。そしてその数秒後「ハッ」と，隣のバスが動いたのだと気がつきました。この時の奇妙な浮遊感は忘れがたいです。この頃はまだベクションという言葉も知りませんでした。

　その頃，私は初めて見る知らない場所なのに，懐かしくて見覚えのあるように感じる奇妙な感覚が忘れられず，わざと知らない場所や，知らない道を歩くというようなことをしばらくしていました。そしてその後，本でそのような体験を「デジャヴ」という名前でよぶことを知り，驚いた経験があります。このような感覚は自分だけではないのだという驚きでもありました。ここでさらに個人的すぎて書こうかどうか迷いましたが，私は落語と手品を見た時に，この「デジャヴ」を感じるのです。これを「デジャヴ」とよんでいいのか，それとも違うものなのか，私自身の記憶と密接に関係しているのか，他にも同じような経験のある人がいるのかを知りたいところです。また，感覚に名前がつけられ共有されるということはどういうことなのか，もし落語や手品を見た時に生じるデジャヴに共感する人が現れた場合，この感覚に対して新たに名前がつけられたりすることがあるのだろうか，と。子どもの頃ベクションを宗教的体験だと感じたように，このデジャヴも前世は落語家だったとか，手品師だったとか説明すれば，人によってはオカルトにハマってしまいそうなところですが，自分はそうは思えませんでした。

　本来ならばベクションとデジャヴを同列に語ることは間違っているのかもしれませんが，私の個人的な感覚として「初めて見たはずなのに，そうでないと思う」「動いていないのに動いて感じる」という，相反する感覚が同時に，もしくは少しのタイムラグをおいて立ち上がってくる，主観が分裂するような感覚，自分が感じている世界と本当の世界とのズレを感じるという意味で，ある種の共通性を感じていました。しかし，デジャヴは個人の記憶の問題かもしれないと思うこともできましたが，ベクションは体にダイレクトに反応する問題として自分の中で整理ができずに残っておりました。なぜ自分が移動している時，自分が静止していて世界が動いているとは思わないのかということです。

　子どもの頃，TVアニメ『一休さん』のある場面で，風に吹かれる木の枝を見て「動いているのは枝ですか？　風ですか？」「動いているのはお前

の心だ」という禅問答がでてきまして，これは子どもの頃の記憶で正確ではないので，あらためてインターネットで調べました。肝心の一休さんの情報はわかりませんでしたが，どうやらこのエピソードは「非風非幡」という有名な禅問答の幡（旗）の部分を枝にアレンジしたものらしく，また最近では『甘い人生』という韓国映画のセリフにも使用されているらしいです。とにかく，この禅問答のことが子どもながらに印象に強く残っており『『心』が枝の動きを感じとっているのだから『心』が動いているというのは，確かにそれが真理かもしれないが，『枝が動いている』と感じているという心の動き，そう実感していることを変えたり，『心』自身が『心が動いている』と実感することはできないのではないか」とも思いました。なぜなら，僕は小学生の時，学校でよく下痢になり腹痛に悩まされたのですが，そんな時に「痛みを感じているのは腹でなく心（脳）だ」と考えたところで痛みが治まるわけではないので「動いている」のは「心」ではなく，「腹（体）」というふうに思ったわけです。しかし，ベクション体験に出会ったとき，この禅問答を言い換えて「動いているのは，自分ですか？風景ですか？」「動いているのは，お前の心だ」とした場合，実際に動いていたのは風景なのに，静止していた自分が動いていたように感じるので，動いていたのは自分の心（脳）だということを実感するわけです。つまり「心」自身が「心」の動きを実感することができたと思ったわけです。視覚によって体が移動して感じるということのインパクトは相当なものがあります，腹痛の例を出すまでもなく「頭で考える」ことより「体で感じる」ことのほうがより実感，リアリティを感じるはずです，しかしベクション体験は，その移動の体感，「実感」が，視覚によってもたらされるのです。

　話がだいぶそれましたが，この「ベクション」という言葉は九州大学の妹尾さんに会うまで知らなかったのですが，前述したように名状し難い感覚として自分の中で数十年とずっと引っかかっていました。そしてやはり「ベクション」という言葉を知った時，この感覚に名前がついていていることに驚き，それだけでなく研究対象になっていることに興奮を覚えました。さらにその研究者である妹尾さん本人とお会いするということは，衝撃的で感動的な出来事でした。妹尾さんの研究室で見せてもらった研究器具は，自分にとっては美術作品としか言いようのないものでした。実際，私が妹尾さんに「床屋の回る看板，3色のサインポールの巨大なものを作製して，その中に人が入ってベクションを体験できる作品の構想」について話したところ，すぐに「そういう実験器具はもうすでにあるんですよ」と，すぐさま動画を見せてくださいました。私自身が冒頭にご説明したように，目で見る作品を制作しているということで「どのように見て，どのように感じるのか」ということを当然ながらいろいろ考えてきたわけですが，妹尾さんの研究のお話を聞くと，視覚芸術の前提条件となる「見るこ

と」や「感じること」自体が実は自分が思っていたものとずいぶん違うことだということに気づかされます。もし現代美術のもつ自己批評性が、見る対象としての作品ではなく「見ること」そのものに及んだとき、その行きつく先は、もしかしたらベクションの研究のようなものになるのではないでしょうか。「見ること」「感じること」に対して自己批評的な作品。妹尾さんがやっている「ベクションの研究」そのもの、それ自体が美術作品、アートなのではないかと私自身は個人的に思っております。

　この原稿は妹尾さんの依頼を受け書いておりますが、最初は真面目にベクションのエンターテイメントへの応用という一般論で書いていたのですが、それより美術作家として書いて欲しいというリクエストに応える形で書き直したのがこの文章です。ベクションのエンターテイメントへの応用とは大雑把にいうと「バーチャルリアル」ということになります。つまりベクションを非現実（ゲームや映画）に没頭させるために活用するという方向性です。そのベクトルは、より現実の体験に近づけるということだと思います。それらはハードウェアの発達とともに論じられる問題だと思いますし、それはそれでたいへん興味深いものではありますが、しかし私個人が興味があるのは、ベクションのバーチャルな体験というより、「ベクション」そのものの体験。それはつまり、現実の移動体験の代替物としての「ベクション」ではないのです。私にとってのベクションの快感の1番のポイントは、つまり、非現実を現実と錯覚したあとに、じつは錯覚だった、非現実だったと気がつく瞬間の、あの「ハッ」とした浮遊感なのです。主観が分裂するような感覚、このような書き方は、もしかすると哲学用語のように誤解されるかもしれません。私が言いたいのは、もっと単純なことで、私にとって「ベクション」は自分の存在を不確かだと不安にさせるが、それと同時に、もしかしたらもっと自由な存在であるかもしれないと思わせてくれる体験だということです。

　以上、個人的なベクション体験談でした。最後まで、お読みくださりありがとうございました。

著者（斉と公平太）：現代美術作家

第9章

感性と魅力的デザイン

活かせる分野

1節　気持ちに訴えかけるデザインと心理学

　商品，広告，サービス。私たちの日常生活の中で，これらに出合わない日はほとんどありません。テレビや雑誌では，毎日さまざまなモノやサービスが紹介され，私たちはそれに興味を持ったり，素敵だと感じたり，欲しいと思ったりします。このような，私たちを取り巻くモノやサービスに対する強い興味や欲求の源を，魅力とよんでいます。

　魅力にかぎらず，私たちはこれらのモノやサービスを目の前にして，強く心を動かされるという経験をしばしば体験します。喜び，楽しみ，あるいは切なさや苦しさ。これらは感情的経験といい，心を動かされる経験の正体です。本章で取り上げる感性という言葉は，この感情的体験に深く関わる人間の心の性質をさしています。

　私たちを取り巻くモノやサービスに対する魅力や感情。それらを生み出すためには，人間が施すさまざまな工夫があります。この工夫を，私たちは広くデザインとよんでいます。感性とデザインが出合う場所とは，人間がモノを含む世界を工夫によって創りだした時，それに伴って感情が動いた瞬間にあるのです。

　本章は，人間の感性，そして感性にはたらきかけるデザインについて，心理学の立場からの知見を紹介します。

1. 感性と魅力

　感性とは，感情を伴う私たちの認知活動をさします。認知活動というのは，私たちが目や耳で何かを感じること（感覚・知覚）や，感じたものが何かを理解すること。その内容を自らの内部に貯蔵すること（記憶）。あるいは言葉を使用したり，考えたりすること（言語・思考）など，およそ私たち人間の知的な活動すべてをさします。これらの認知活動には，しばしば感情が伴います。わかりやすい例としては，夕焼けを見て「美しいなぁ」と感激したり，以前に経験したまずい食事のことを思い出して再び残念な気持ちになったりすることなどです。

　よく，「感性が豊かな人」という表現が出てきますが，上記の定義に従うと，感性が豊かな人とは私たちを取り巻くさまざまな世界が発する情報に対して，敏感な心の動きや反応をし，喜怒哀楽をはじめとするさまざまな感情や気分を経験できる人です。あるいは，豊かな感情をもって情報を発信したり，表現したりすることができる人を，感性が豊かだと認めているのです。

　魅力は，興味や注意を引きつける対象の性質です。すなわち人やモノなど，ある対象について感じる積極的・好意的な心の動きを含みます。一般に，ある対象について魅力を感じているとき，私たちの心は次のような状態にあります。

　まず第一に，好意的感情が高まります。それが素敵だ，好きだ，良いという気持ちが高いとき，魅力は高い状態にあると判断されます。第二に関与の継続です。魅力をもつものには，それをずっともっていたいとか，その人の近くにいたいとか，何らかの形で関わりを続けたいという意識が強くなります。

　その他，魅力を感じる対象については，他の人やモノよりも注意を向けている時間が長いとか，記憶している時間や程度が高いなどの特徴もあります。魅力は，好意的な感情を伴って，注意や記憶といった認知活動が活発にみられるという点で，極めて感性的な活動であるということができます。

2. 感性とデザイン

デザインと聞いてまず思い出すのは，ポスターや広告などの視覚に訴えかけるもの，あるいは自動車や建築など，美しい曲線やフォルムをもった工業製品などではないでしょうか。それは確かに代表的なデザインの成果です。しかし実際には，デザインが示すものはもっと多様です。

デザインを考えるときのキーワードが人工物 (artifact) です。人工物とは文字通り人間の手によって作り出されたものすべてをさします。上記のようなポスターや自動車はもちろん，道具や機械などの工業製品，法律や言語のようなものも，人為的に作られたものですから人工物です。デザイン研究は，人工物の研究でもあります。

人間の手によって加工されたものが人工物です。この加工とよばれる作業の中で，作り手は自らの意図，意思，あるいは願いを込めていきます。これらを込めて今よりより良いものを作る作業が「工夫」です。デザインとは，作り手の意志による工夫を伴う加工のことです。別の言葉ではしばしば意匠ともいわれます。荷方 (2013) はデザインを次のように定義しています。

> デザインとは，人間が生きていく中で，目の前にある世界を何らかの目的をもって手を加え変化させること。あるいは，自分を取り巻く世界を変化させる工夫のこと。

感性デザインは，その工夫の中でも，人間の感情に影響を及ぼす特徴や内容について工夫を行う作業だということできるでしょう。

3. 感性デザイン研究

(1) 何が感性デザイン研究なのか

感性に訴えるデザインは，何をデザインすることによって変化させることができるのでしょう。感性デザイン研究は，それを第一の研究課題としています。人工物デザインの第一人者ノーマン (Norman, 2004) は，人間の感性に影響するデザインを本能・行動・内省の3つのレベルに分けています。本能レベルは色や形状に代表される人間

の基本的・生理的な水準の要素です。感覚・知覚的特性が中心となる美的感覚に関わるレベルのデザインとおおまかにいうことができるでしょう。行動レベルはユーザビリティとよばれる観点が中心となります。ユーザビリティは「人工物の使いやすさ・わかりやすさ」に代表され，人間の記憶や理解など，感覚・知覚だけに限らない広い認知活動によっています。そして内省レベルは高次の認知過程である人間の思考や理解など，私たち使い手が人工物との関わりの中で，人工物に与える意味や経験といった，人工物とのエピソードを中心とした概念です。

　例えば，図9-1を見てください。これは最近海外の電気機器メーカーが売りだした扇風機です。真ん中に大きな穴が空いただけのこの機械は，扇風機が通常持っている羽根などの部品を全く持ちません。シンプルな円環だけのデザインは見た目にたいへん美しく見えます。そして，この環の中から風が発生して私たちに風を送ります。その不思議な光景に私たちはまず驚かされ，これまで出合ったことのない経験に面白さを感じるようです。また，回転する羽の部分を持たないので，小さな子どもが手を入れても危険はなく，使いやすさの点でも配慮がされています。

　この扇風機は，先ほど説明した本能レベルの美しさ，ユーザビリ

▲図9-1　扇風機（ダイソン　エアーマルチプライアー）

ティによる行動レベルの価値，そして私たちが驚きや他にはない興味を感じることによって得られる内省レベルの意味がうまく取り入れられているように思われます。実際使ってみると，普通の扇風機に比べかなり大きめの音がしたりと，すべての点において満足がいくとは限らないのですが，それを含んでもなお魅力的であり，他の誰かに見せびらかしたいような興味深さを与えます。

　この興味深さ，面白さはどこにあるのか。それが感性デザイン研究の最も基本となる問いなのです。

(2) デザインと情報

　荷方（2014）は，情報という観点から人工物を分析することを提案しました。色や形，大きさ，手にとったときの感触や使い続ける中での感想など，人工物はそれ自体たくさんの情報を包み込んで存在しています。私たちが人工物を見るとき，それは人工物が内包している情報を見ていることと等しいと考えられるのです。デザイン研究は，デザインという形で私たちに示される情報の研究でもあります。

　情報は，大きく2つに分けることができます。1つは物理的情報です。重さや大きさは，重量や寸法といった数で表すことができますし，色も光の波長ですので，やはり物理的に表現することができます。物理的情報は原則として基準となるものさし（尺度）をもっていて，客観的に測定することが可能であるという特徴をもっています。

　もう1つが，意味的情報です。意味とは，楽しい，美しい，奥行きを感じるなど，私たちが普段自分自身の気持ちや考えを示したり，受け取ったりするときに使うもの全体をさします。意味的情報も物理的情報のようにある程度の定義をすることができますが，そのとらえ方は個人によって違いがありますし，客観的なものさしで測定をすることがとても困難です。クリッペンドルフ（Krippendorff, 2006）は，この意味こそが人間の感性の理解に重要だとしています。

　ノーマンの提案した感性のモデルと，荷方の情報を基礎とした人工物の表現のモデルを合わせてみましょう（荷方，2014; Nikata et al., 2016; 図9-2）。人工物に感じる私たち受け手の印象や理解といったものは，それぞれのレベルと情報のタイプで表すことができるように思われます。

▲図 9-2　感性デザインの認知的構成 (荷方, 2014; Nikata et al., 2016 を改変)

4. 感性デザインの視点

(1) 美で本能を動かす

　色，形などで，美しさを感じる特徴はどのようなものか，どうやって人を動かすかは，古くから人間にとって大きな興味でした。古くから，色や形などが美しさの要素としてあげられ，さまざまに論じられてきました。

　代表的な特徴の 1 つに，黄金比があります。黄金比は古代から知られる長方形の縦横比で，二辺の長さが A：B となる長方形の比率が A：B＝B：(A＋B) になるように作られたものをさします。およそ 1：1.618 の比となるこのルールは，ギリシャ時代の神殿建築からダ・ヴィンチの作品などで頻繁に見ることができます。人間は，この黄金比を人の本能に訴える美の究極の姿の 1 つとして重視してきました。

　しかし黄金比については，実際には人間は黄金比を備えた刺激について特に好んで選択するものではないというヘーゲ (Höge, 1997) の指摘がある他，黄金比が美しいと思うのは個人が黄金比を備えた対象を美しいと学習することで，次第に黄金比を選択するようになるという指摘 (Stieger & Swami, 2015) もあり，これが「本能を動かす」ものかどうかについては大きな疑問が投げかけられています。少なくとも，美が人間の本能などに基づいた普遍性をもつかについては素朴

に信頼できるものとは断言できず，今後もさまざまな視点から検討が加えられるでしょう。

人間が考える「美」についての議論は美学（Aesthetics）で盛んに行われてきました。美学の中でも，数量的な観点から研究は実験美学とよばれます。例えばバーライン（Berlyne, 1971）は，魅力を感じる対象は，それがどの程度初めて出合うようなものかという新奇性と，備えている情報がどの程度，複雑かによって魅力の程度が決まるという最適複雑性理論を提唱しました。他にも形態では流線型や対称な形などが，色彩では寒色や暖色などの特徴が植物や自然現象などと関連づけられたりして，議論されている研究の数は膨大です。

実験美学は情報の物理学的な理論として知られる SN 比，ベキ法則などさまざまな法則を感性経験の理解に適用しようとし，現象が美しさにどのくらい関わりをもっているかについて検討してきました。しかし黄金比と同じく，これらの多くが美について絶対的な影響を与えないとする指摘も多くなされています。

現在でもこれらの美的要素は，感性デザインや感性デザインによるもの作りの間で大きな関心領域となっています。カラーコーディネートや形態論など，多方面から研究が続いています。

(2) ユーザビリティ

ユーザビリティは，人工物を使う人にとっての「使いやすさ」をさします。使いやすさには，実際に手で持ったり動かしたりしたときの使いやすさもありますし，それを見て何か行為をしようとするときのわかりやすさなどをさすこともあります。行為を助け，支えるデザインがユーザビリティの基本となります。

図 9-3 の写真は，街に設置されていたゴミ箱です。瓶や缶を分別して捨てることができるように，ゴミ箱はそれぞれ違う色で色分けされているのですが，残念ながら多くの人にとってはその色がどの種類のゴミに対応しているかはわかりません。結局，捨てるべきものが何かわかるように知らせるための紙が後で貼りつけられています。実はこの貼り紙の裏には，捨てるべきゴミがわかるように，ペットボトルや缶の表示がアイコンとして浮き彫りにされているのですが，これも遠くから見ると同じ色なので非常にわかりにくいものになっています。

第 9 章　感性と魅力的デザイン　　187

▲図 9-3　街頭のゴミ分別

▲図 9-4　人間工学を活用したハサミ

結果としての貼り紙なのです。わかりにくい表示は、ゴミ箱のユーザビリティを著しく低下させる原因です。

　ユーザビリティを支える条件は大きく2つに分けられます。1つは人間の身体の物理的特性、例えば身体の大きさや動きなどに合わせて使いやすさを支えるもので、これは古くから人間工学（エルゴノミクス：ergonomics）とよばれる研究領域で盛んに研究されてきました。図9-4のように、指の形に合わせて持ちやすくしたハサミなどは代表的なものです。また人間の認知特性に合わせることによって使いやすさを支えるものがあります。記憶力の容量や知覚特性、経験や学習によって一定の行為をするようになった特徴などは、人間の心の特徴によるものです。図9-5は、人間の認知特性のためにユーザビリティが悪くなったものです。実際の扉は横にあるボタンで開閉するのですが、普段は使わない凹部が扉についているために、多くのユーザがここに手をかけて扉を開閉しようとしてしまいます。

　1998年に制定されたユーザビリティの国際標準規格（ISO-9241-11）では、ユーザビリティは次のように定義されています。

▲図 9-5　ユーザビリティの悪い扉
扉の凹部（写真中央下の身障者マークの左）に手をかけやすく，自動ドアのボタンが無視されがちになってしまう。

① 有効さ：ユーザーが指定された目標を達成する上での正確さ，完全さ
② 効率：ユーザーが目標を達成する際に正確さと完全さに対して費やしたコスト
③ 満足度：製品を使用する際の不快感のなさ，ポジティブな態度をもつことができる程度
④ 利用状況：ユーザー，仕事，装置，並びに製品が使用される物理的および社会的な環境

　特に，③の満足度は，人間の人工物に対する感性的な側面を最も強くもっています。
　ユーザビリティは，1980 年代から盛んに研究が進み，現在では製品のデザインの中で備えるべき必須のものとして認められています。多くの会社でユーザビリティ評価の専門家が検討を行い（図 9-6），実際のデザインに反映されるよう活動しています。

(3) モノと人とのストーリー作り

　ノーマン（Norman, 2004）が強調したのは，人工物の美しさや

第 9 章　感性と魅力的デザイン　189

▲図 9-6　製品の使用感に対するインタビュー調査

ユーザビリティとは別に，人工物の魅力を構成する要素があるということでした。彼は，人工物に対して人間が繰り返し関わる中で次第に魅力や価値が高まることに注目し，これらは経験が作られていく中で生まれると考え，これを人工物に対するユーザーの内省とよびました。

パインとギルモア（Pine & Guilmore, 1999）は，イタリアに旅行した旅行客が1杯15ドル（現在の日本円にして1500円程度）もするコーヒーを飲んで満足するという実例をあげ，15ドルの価値がコーヒーだけでなく，店から見える景色や店の雰囲気すべてを含んだ経験が関わっていることを指摘しました。人工物がもつ実際の価値ではなく，人工物に対して私たちがそれを経験する中で与えていく意味に価値があるというものです。

この経験によって作られる価値は，パインとギルモア（Pine & Guilmore, 1999），あるいはシュミット（Schmitt, 1999）によって経験価値という名前がつけられました。またハーシュマン（Hirschman, 1980）は，商品を快楽的商品と機能的商品に分けており，経験，あるいは経験による楽しみ自体が商品の目的となっているものを快楽的商品と考えています。

荷方（2013）は，大学生に対して自分の気に入っている持ちものを答えてもらい，その気に入っている理由が何かを聞く調査を行いました。表9-1はその理由の一例です。かなりの人が，単に見た目やユーザビリティだけでなく，自分の持ちものとの思い出を，魅力の元となっている理由としてあげていることがわかります。

▼表9-1　荷方（2013）の研究で回答された，人工物のお気に入りの理由（カッコ内）の例

持ちもの	お気に入りの理由と魅力のカテゴリ
時計	デザイン性が高く（デザイン），比較的安価だった（価格）。ずっと腕時計が欲しかったが，高価なため悩んでいて持っていなかった。服を買いに行った店でたまたま売っていたものが気に入って購入（購入エピソード）。買って3日程したあたりからさらに気に入るようになった（使用のエピソード）。
ペン	いつの間にか手に入れ，いつの間にか使っていた（購入エピソード）。使いやすくて軽く（ユーザビリティ），またこの定価の100円に確実にいかない雰囲気のチープな感じがたまらない（使用のエピソード）。ペン回ししやすくて持っていると落ちつく（使用のエピソード）。
楽器（ファゴット）	低音がすごく出やすいところ（機能・ユーザビリティ）。近くのファゴットの先生に紹介されて，買った（購入エピソード）。このファゴットでリーダーズバンドに1位で合格したり，最後の大会を乗り切ったり…。大学に入ってサークルがつらくなった時も，一緒に乗り越えたし（使用のエピソード），楽器を吹く楽しさを思い出せたから乗り越えられた（使用のエピソード）。
冷蔵庫	とにかくデザインがシンプルでおしゃれ（デザイン）。意外にたくさん入る（機能）。一人暮らしをするなら絶対「これ」にすると決めていたので，少々高めだったけど，他の節約して購入した（購入エピソード）。友達が家に来た時に「かわいい」とほめられたので，さらに好きになった（使用のエピソード）。

　この結果からいえることは，持ちものの所有者が感じる魅力や満足は，先のノーマンが指摘するように，本能レベル，行動レベル，内省レベルの各レベルにわたることを突き止めました。彼らの語るお気に入りの理由は，色や形，質感，匂いや音といった感覚・知覚レベルを基本とした本能的レベルの魅力や，機能や使いやすさといった行動レベルの魅力のほか，それを買う前後にまつわるさまざまなエピソード，実際に長期にわたって使う中でのさまざまな経験から発生する愛着，他者から褒められたり羨ましがられたりといった社会的関係から発生するエピソードのような多数の内省レベルの魅力が頻繁にみられました。

　内省レベルの魅力をつくる経験の意味するところは何でしょう？クラグマン（Krugman, 1965）は関与をあげています。人工物に対する関心や重要さの認識，そして対象となる人工物にどれだけ深く・

長い時間関わったかという心のはたらき全体を関与とよびます。

　クラグマンは，テレビ広告が商品の知名度を高めるにもかかわらず，それを買いたいという意欲にはあまりつながらないという傾向があることを発見しました。この理由は，広告は消費者にとって単に眺めるだけで，それに対して強い関わりをもつような活動がないので，商品に対する強い関与を形成しない結果であると述べています。

　また人工物を所有することによる，他者との関係や思い出に関わるエピソードも，人工物の魅力や愛着に影響を与えると考えられています。人工物が示す意味の役割についての研究で有名なチクセントミハイとロックバーグ＝ハルトン（Csikszentmihalyi & Rockberg-Halton, 1981）も，身の回りの人工物がもつ意味として，家族や友人とのコミュニケーションや思い出の象徴，自分のこれまでの生活とその中での変化の記憶の手がかりとしての役割が特に強いことを指摘しています。これらのエピソードは，人工物と人間との間で作り上げられる物語・ストーリーであり，これをナラティブ（Narrative：物語）とよびます。人工物の魅力は，ナラティブとして一人ひとりの間に記憶されるのです。

5. 感性デザイン研究の発展

　これらの感性デザイン研究の知見は，実際のもの作りの現場，あるいは製品として世に出た人工物が実際に感性を動かしているかといった検証の中で，広く使われています。

　片平ら（2014）は，マイクロバブル浴とよばれる，風呂の湯を発泡させる機器を用いた入浴について，心身にどのような効果があるのか研究を行っています。マイクロバブル浴の結果，実験の参加者は「さわやかな気分」「リラックスしている」「快適である」という快適さと，「気分が高揚している」「身体が軽い」などの覚醒感が向上したという印象を感じたことが明らかになりました。

　この快適さと覚醒感は，ラッセル（Russell, 1980）が人間の感情をモデル化した感情円環モデル（図9-7）と一致しています。感性について重要とされる知見に，このマイクロバブル浴の結果は沿っていることからも，人工物が人間に優れた感性経験を与えていることが読み取れるものとなっています。

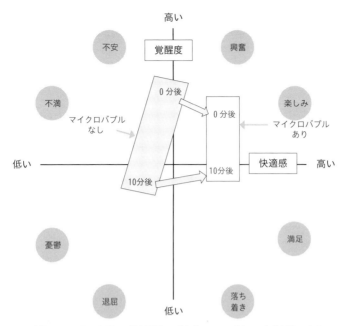

▲図9-7 ラッセルの感情円環モデル上でのマイクロバブル浴の印象

　人工物が与える魅力について，その全体像を明らかにしようとする試みもなされています。猪股ら（Inomata et al., 2016）はデザインされた人工物の魅力を構成する要素について調査を行い，結果として8つの因子があることを示しました。8つの因子は基本的好感，剛健さ，スタイル感，示差性，ユーザビリティ，社会性，上質感，進歩性で，それぞれの因子の要素はやはり，感覚・知覚的審美性からユーザビリティ，そして内省的な価値に関するものまで広く見出すことができました。

　感性デザインの研究成果は，現在の製品開発，そして製品評価とよばれる人工物の印象やユーザビリティを測定する分野で活用されています。また，心理学の専門家が，評価を担当する専門家として，あるいは実際の開発場面での企画チームのメンバーとして活躍しています。

2節　感性の測定法と仕事との関係

　感性の測定は，心理学の専門家が活躍できる場の1つです。感性

研究は，先の荷方（2014）の分析観点に従うと，大きく物理的情報の測定と，意味的情報の測定の２つに分けることができます。物理的情報として測定されるもの（測定指標）は，量や数といったものをもっており，基本的に数学でいう統計を使った方法で分析をすることが可能です。

これに対して意味的情報は，必ずしも数量的な分析が可能なわけではありません。また，得られた結果は「意味の解釈」という方法で理解を試みます。研究には客観性が重要ですので，意味を用いた研究に客観性をもたせるために，いくつかの方法が使われています。

この心的変化の物理的測定，意味の収集や解釈は，従来心理学の研究分野で盛んに行われてきました。ここでは，これらが活かせる測定と具体例を紹介します。

1. 物理的情報の測定

(1) 心理物理学的測定

例えば室内の気温や照明の明るさは，ある一定の温度や明るさのもとで快適だというおおまかな特徴があります。このため，最適な温度や明るさ（照度）など，これまで盛んに調査され，標準的な値が決められています。温度や照度のような物理的な刺激について，実際の人間が快適に感じる値を測定することを，心理物理学的測定といいます。また，心理物理学的測定では，照度や色彩，曲線の曲がり角のように，定義可能で測定可能な指標が使われます。

(2) 心理生理学的測定

感性が脳のはたらきと密接な関係をもっていることから，脳や脳のはたらきに関係する生理的な指標（体温や筋肉の運動，目の動き）は重要な物理的情報であるとされています。このような情報の測定を，心理生理学的測定といいます。

例えば，目の動き（眼球運動）は，人が人工物のどのようなところを長い間見つめているかを測定することができます。また，脳波は人間の脳のどの部分が活発にはたらいているかを測定することができます。例えば，リラックスしているときには，脳の前頭葉とよばれる部分が活発にはたらいていることが知られています。そこで，人工物や

人工的な環境を体験しているときに，安心や安らぎ，リラックスなどの心地よさを感じているときには，この前頭葉が活動しているかどうかである程度の傾向を判断することができるのです。

　脳波に限らず，テクノロジーの進歩によって脳の機能を計測するさまざまな方法が開発されてきました。代表的なものとしては，脳内の血流などを測ることができる核磁気共鳴画像法（MRI，あるいはfMRI）や近赤外光脳計測（NIRS），ポジトロン断層法（PET）などがあります。

　レイマンら（Reimann et al., 2010）は，デザイン性の強いパッケージと実用的な通常のパッケージを見たときの脳内活動をfMRIで測定した結果，脳内で報酬系とよばれる快を感じる部位が活発にはたらいていることを発見しました。このように，実際の感性研究でも心理生理学的測定は活用されつつあります。

2．意味的情報の測定

(1) 一対比較法

　印象を測定する最もシンプルな方法で，2つの比較対象について，どちらが好きか，どちらがより測りたい特徴をもっているか（例えば，よりしょっぱい，より明るい，など）を比較する方法です。1度に比較するのは2つですが，比較対象が多いときには総当りで回数を重ねて比較することができます。これを用いると，各比較対象がどの程度の印象を与えるか，どの対象とどの対象が似たような特徴をもっているかを調べることができます。一対比較法は製品の形や色彩，食品の味や香りなど，非常に多くの場面で取り入れられています。

(2) SD法

　人工物がもつ意味について，最も頻繁に使用される測定方法がSD（semantic differential）法です。SD法は心理学者オズグッド（Osgood, C. E.）によって考案され，長い歴史をもつ評価方法です。SD法は測定したい対象に対する印象を形容詞対で示された尺度で示します。集められた印象評価は図9-8のようにまず平均が算出され，大まかな印象が示されます。また，因子分析といって，各回答で類似したものをひとまとまりのグループにまとめ，少数の印象のまとまり

第9章　感性と魅力的デザイン　　195

▼表 9-2 人工物の魅力を形成する「女性向けの商品と男性向け商品のイメージ」

	立派な	役立つ	おいしい	力のある	大きい	強い	速い	騒がしい	若い
女性向け	2.4	2.1	2.2	3.7	4.0	3.0	3.6	2.4	2.7
男性向け	2.7	2.8	4.8	1.8	1.9	2.6	2.6	3.6	3.2

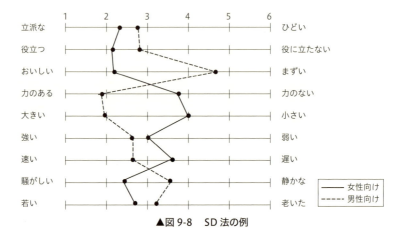

▲図 9-8　SD 法の例

(因子) に集約するといった方法がしばしばとられます。

　SD 法が使われる範囲は広く，食品の味覚や商品のパッケージの印象，サービスの印象など，およそ印象を測定するあらゆる場面で使用されています。

(3) テキストマイニング

　多くの感性データは数値として変換された量的データがほとんどです。これに対してテキストマイニングは，調査の対象となった人たちの会話や言語による報告，アンケートで書き出してもらった文章など，大量の言語データから意味のある情報を得るために開発された方法です。

　例えば，新しい商品について店頭で実際に使ってみて感想を聞くというインタビュー調査を 100 人以上の客に行ったとき，客の感想は大量にのぼります。これらの感想を実際の文章に書き起こしたとき，その感想の中に「好き」「美しい」といった感性経験に関わる単語は何度出てきたか，それらの単語は同時にどのような語と一緒に現れたかなど，人の手では膨大な時間がかかるものを，テキストマイニングでは高速に検索・計数し，感想の特徴を明らかにすることができます。

3．その他の方法

(1) 行動観察とプロトコル分析

　行動観察は，人工物を取り扱うユーザーが，実際に取り扱っている間にどのような行動をするか，観察によって情報を収集する方法です。その中でもプロトコル分析がよく知られています。プロトコル分析は，人工物を取り扱う手続きや話したことを記録し，行為や印象などさまざまな観点から分析するための方法です。

　プロトコル分析の方法は各種ありますが，表9-3のようなコンピュータソフトの使用での分析を例としてあげます。これを見るとユーザが操作に戸惑っていることがよくわかります。このようにプロトコル分析は，ユーザビリティの分析や，使用についての印象などの情報を収集するのに向いています。

4．おわりに

　これまで，心理学研究の中ではとらえきれないほどの複雑さ，奥行きをもっていた感性研究ですが，21世紀になって研究の方法論の広がりもあり，具体的に追究することができるものになってきました。企業や研究機関で心理学の知識をもつ多くの人が，印象を測定したり，ユーザーの意見を引き出すための調査の専門家として活躍したりしています。デザインを形にする上で，欠かせない存在になりつつあるのです。

　そう遠くない将来に，心理学がデザインの分野で人々の感性にはたらきかける活動は，もう少し多彩になると思います。現在ではまだ大きな存在ではありませんが，言語（ことば）や思考のはたらき，人間が成長する中での変化の特徴，人との間のコミュニケーションの中で生まれる満足を感性デザインの中に活かす専門家が重要となりそうです。これは，認知心理学だけでなく発達や社会といった，これまで感性デザインとは決して関係が強くなかった領域も，やがて大きな役割を果たすという予測です。心理学を志す多くの人が，感性やデザイン，モノの果たす役割に興味をもって欲しいという理由が，ここにあります。

▼表9-3　ソフトウェア使用のプロトコル

クライアントのプロトコル	聴取者のプロトコル	画面・行為のプロトコル
(11:56) で，ここにダイアログが出てくるんで…，保存するんですね。	(12:01) はい。	(11:56) ダイアログ出現
(12:03) このときなんですけど，ここのとこに…えーっと「.txt」って書く。…そう，でそうすると，どの人も開くことができるんです。○○もってなくても。	(12:08) .txt	(12:05) タイトル欄をクリック (12:07) タイトルの後ろに「.txt」挿入
	(12:14) そうなんですか。	
(12:16) はい。		
(12:18) で，閉じますね。		
		(12:19) 「閉じる」をクリック，保存画面終了
それから…えーっと…。		(12:20) 画面上をカーソルが動く
		(12:24) 「ファイル」メニュー開く　「閉じる」
(12:26) 要するに，今度はさっき作った書類を開きたいんですけど…どこだっけ。		
	(12:30) さっき保存したのは，○○フォルダの中じゃないですかね。	
(12:35) え，どこ。	(12:37) たぶんここだと。	(12:37) 「デスクトップ」→「Excel」→「12月の月報」をクリック
(12:42) あ，ここかあ。どうしてこんなとこにあるんだろ。いつものところじゃないよね。		
	(12:47) 保存先の指定が違ってたんですよね。ほら，ここだと。保存先が違ってる。	「ファイル」→「別名で保存」「保存先」（フォルダ表示）
(12:49) はあ，そうなってるのか。		

注）（　）内の時間は，インタビュー開始からの時間

現場の声 9

感性に響く化粧品作り

　今，もの作りの新しい価値軸として「感性」が注目されています。化粧品は，この「感性」に最も着目すべき分野の1つです。なぜなら，化粧品は「シミ」や「乾燥」といった肌の悩みに作用する効果効能を備えるだけではなく，「気持ちいい」「使い続けたい」「魅力的だ」という心理面も伴わなければ，消費者には受け入れられない商品だからです。そこで化粧品のもの作りに「感性」を取り入れた例を2つ紹介してみたいと思います。

◎ 化粧品を使用したときの心理状態を明らかに：ふきとり化粧水の印象
　化粧品の効能効果は，昨今さまざまな測定技術や装置が開発され，各種の指標で評価することが可能となっています。化粧品の心理解析を行った例としては，化粧水の使い心地に関する研究などがありますが，その多くは使用感などの印象の解析に留まっています。もし消費者が実際に化粧品を使用する際，どのような印象をもち，それがどのように化粧品の価値判断に結びついているのかを把握できれば，感性的な化粧品の設計が可能になります。

　そこで，私たちは，このような研究アプローチのモデル化粧品として「ふきとり化粧水」に着目しました。ふきとり化粧水は，古くなった角層を取り除くことにより皮膚の新陳代謝を促進する作用があります。また，洗顔後，最初に使用することで，次に使う化粧品のはたらきをサポートする機能をもします。消費者がこの特徴的な化粧品を評価するタイミングを想定して，図1に示す4つのシーンを設定してみました。

　まず，連用テストでふきとり化粧水の評価を行うにあたり，設定した4つのシーンごとに評価語を選びました。ここからふきとり化粧水を日常的に使用している女性を対象として，自由記述アンケートにより各S1)〜S3)における印象を表現する語（印象語），およびS4)の価値を表現する語（価値語）を集めました。さらに，これらを統計的手法により選抜し，S1)〜S4)で計53語の代表語を決定しました。

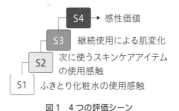

図1　4つの評価シーン

表1　各シーンにおける因子構造の把握

S1)

因子名	代表語	因子		
		1	2	3
ふきとり 感触	ふきとりやすい	.985	−.289	−.012
	コットンのすべりが良い	.845	−.007	−.052
	肌あたりが良い	.812	.109	−.011
	(以下，省略)			
総合 使用感	しっとりしている	−.129	.890	−.059
	潤う	.272	.799	−.159
	肌にすいつく	−.049	.750	.126
	(以下，省略)			
ふきとり 後感	老化角質がとれる	−.184	.116	.863
	トーンが変わる	−.008	−.044	.744
	ふきとり感がある	.114	.044	.649
	(以下，省略)			

S2)

因子名	代表語	因子	
		1	2
保湿感	しっとり感が増す	.991	−.125
	しっとりしている	.975	−.205
	潤う	.773	.018
	(以下，省略)		
なめらか感	みずみずしい	.013	.633
	すべすべする	−.274	.628
	浸透感がある	.205	.585
	(以下，省略)		

S3)

因子名	代表語	因子
		1
肌変化	透明感がある	.876
	肌が明るくなる	.786
	くすみがない	.740
	(以下，省略)	

S4)

因子名	代表語	因子		
		1	2	3
肌の心地 よさ	心地良い	.901	.051	−.064
	肌の感触がよい	.887	−.254	.121
	やわらかな肌になる	.884	−.269	.207
	(以下，省略)			
ふきとり 意欲	ふきとる感触が心地よい	−.220	1.077	−.037
	汚れがとれた感じがある	−.179	.563	.221
	ずっと使いたい	.280	.552	.111
	(以下，省略)			
効果の 実感	有効成分が入っている	.048	.001	.811
	肌の変化を感じた	.061	.140	.686

S1) は3因子，S2) は2因子，S3) は1因子，S4) は3因子を抽出した

　次に，ふきとり化粧水を日常的に使用していない女性を対象として，ふきとり化粧水の連用テストを行いました。試験参加者には1か月間ふきとり化粧水を使用した後，選抜した53語の代表語をそれぞれ7段階（1.非常に当てはまらない～7.非常に当てはまる）で評価してもらいました。連用テストにより得られた評価結果に対して因子分析を行い，表1に示すように各シーンの因子構造を把握しました。

　ついで，各シーンの因子の因子得点を観測変数とした共分散構造分析（SEM）を実施し，次の図に示すような理論的整合性とモデル適合度の良好なモデルを導くことができました。この結果から，S4) の感性価値は，従来重視されてきたS3) の継続使用による肌変化だけでなく，S1) のふきとり化粧水自体の使用感触が強く影響していることがわかりました。このような手法は，ふきとり化粧水のみならず，さまざまな化粧品の感性的な製品設計に応用が期待できます。

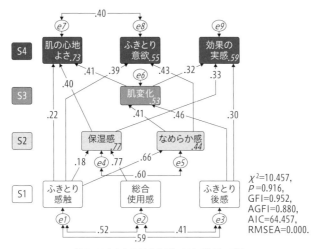

図2　ふきとり化粧水使用における階層モデル
例えばS1）の因子「ふきとり感触」はS4）の因子「肌の心地よさ」に直接影響を及ぼし，かつS2）の因子「保湿感」を通じて間接的にも影響すること等が分かる

◎ 真珠の「にじみ」は，人の顔の魅力度を上げる：肌の美しさと知覚

　真珠は真珠層からできています。真珠層は，炭酸カルシウムの結晶層とタンパク質の層が交互にかつ同心円状に積み重なった層状構造をしています。真珠特有の輝きは，このような多層層状構造をもつこと，また，真珠が球体であることから引き起こされている複雑な光学現象で生み出されています。古くから人々に愛され続けている真珠の魅力は，上品な美しさ，独特のなめらかな輝き，奥深い光沢にあります。これは女性が肌に求める理想そのものともいえます。

　それでは，真珠の魅力的な輝きを女性の肌で再現したら，どうなるか？やはり魅力的な輝きとして美しさを感じるのか？　そこで3DCG技術を活

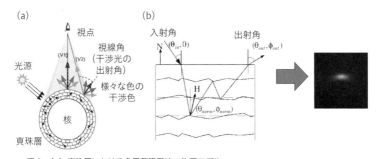

図3　(a) 真珠層における多層薄膜干渉の物理モデル
　　　(b) 真珠のにじみ現象の物理モデルとそのシミュレーションによるにじみ生成画像

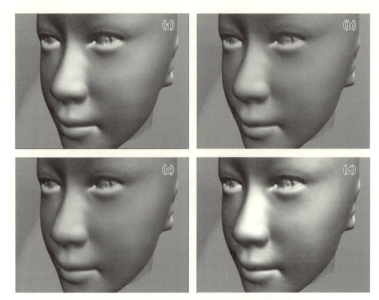

図4　CGシミュレーションからの真珠肌顔画像の例
(a) にじみ強度2，(b) 干渉光（インコヒーレント）強度0.003，(c) 干渉光（コヒーレント）強度10/ 干渉光（インコヒーレント）強度0.002，(d) にじみ強度4/ 干渉光（コヒーレント）強度10/ 干渉光（インコヒーレント）強度0.002

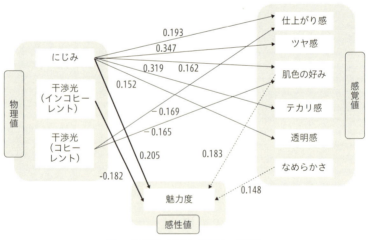

図5　物理値と感覚値と感性値との関連性

用して，真珠の輝きが実際にどう影響を与えるか検証してみることにしました。

CGで再現する真珠の輝きは，真珠らしさの主要素と考えられる「干渉光」と「にじみ」に着目しました。真珠の光学現象のシミュレーションおよびCG画像化は先行研究を参考に，真珠の光学現象を物理モデルに即してできるだけ忠実にモデリングする手法を用いました。

　次に，日本人の平均的な顔形状と肌色をもつ肌模型（バイオスキンドール）をCG再現し，シミュレーションした真珠の「干渉光」と「にじみ」を合成し，真珠の輝きをもつ人の顔画像を作製しました。この手法では，干渉光とにじみの各光学現象の強度を変化させることで，さまざまな顔画像を作製することができます。

　これらの画像について，感覚値である視覚印象評価と感性値である魅力度について主観評価を行い，物理値である光学現象強度値との関連性を重回帰分析により確認したところ，真珠の「にじみ」が視覚印象評価にプラスに影響を与え，また，魅力度にもプラスに影響を与えることが明らかになりました。

　このことから，真珠の「にじみ」現象の物理特性を模した素材や化粧料によって，新たな魅力ある輝きや美しさが創り出されると期待されます。

　著者（浅井健史）：株式会社ナリス化粧品

付録 さらに勉強するための推薦図書

『新編感覚・知覚心理学ハンドブック』
大山　正・今井省吾・和気典二（編）（1994）　誠信書房

　感覚・知覚におけるトピックを網羅し，しかもそれぞれの項をわが国の第一線の研究者が解説した専門書。大部で高額な書籍なので，図書館や研究室などで参照するとよいと思います。旧版の「感覚・知覚ハンドブック」も古典的・代表的研究例が網羅されているので貴重です。2007年には『新編感覚・知覚心理学ハンドブック Part2』がさらに出版され，感性やロービジョン，注意の問題，脳機能計測法などの項目が追加されています。

『講座感覚・知覚の科学1-5』
内川惠二（総編集）（2007-2008）　朝倉書店

　全5巻からなる講座形式の感覚・知覚の科学に関する専門書。心理学だけでなく，情報科学，工学的観点からの解説が含まれています。研究法や実験法に関する紹介も充実しています。2つの巻が視覚にさかれていますが，化学的刺激や機械的刺激による感覚が別の巻になっており，各自が関心のある巻を入手して知識を深めることができます。

『感覚知覚心理学』
菊地　正（編）（2008）　朝倉書店

　感覚知覚の基本的知識と近年の研究動向に加え，感性工学や視覚機能障害などのトピックまでカバーした好書といえます。執筆陣も充実しており，わかりやすい解説がなされています。

『スタンダード感覚知覚心理学』
綾部早穂・熊田孝恒（編）（2014）　サイエンス社

　新しく刊行された本ですが，感覚に関する歴史的論争についてもよい解説がなされています。また感覚・知覚や，感覚間相互作用（クロスモーダル現象）などに関する知見も紹介されています。学生・院生の方にも購入しやすい価格です。

『感性工学ハンドブック』
椎塚久雄（編）（2013）　朝倉書店

　文理融合から成り立つ感性工学の広範な問題について，哲学，教育学，宗教・文化学などの観点も含んで解説した網羅的手引書です。感性評価・測定法や，エンタテインメントや安全安心性に配慮したデザイン論などについても幅広い紹介が展開されています。

文　献

● 第 1 章

Berlyne, D. E.（1970）. Novelty, complexity, and hedonic value. *Perception & Psychophysics*, **8**, 279-286.

Cytowic, R. E.（1993）. *The man who tasted shapes*. New York: A Jeremy P. Tarcher/Putnam Book.（山下篤子（訳）（2002）. 共感覚者の驚くべき日常：形を味わう人，色を聴く人　草思社）

Gibson, J. J.（1966）. *The senses considered as perceptual systems*. Boston: Houghton Mifflin.（佐々木正人・古山宣洋・三嶋博之（監訳）（2011）. 生態学的知覚システム―感性をとらえなおす―　東京大学出版会）

Lindsay, P. H. & Noman, D. A（1977）. *Human information processing: An introduction to psychology*, 2nd ed.（中溝幸夫・箱田裕司・近藤倫明（訳）（1983-85）. 情報処理心理学入門 1-3, サイエンス社）

Marr, D.（1982）. *Vision*. New York: W. H. Freeman & Company.（乾　敏郎・安藤広志（訳）（1987）. ビジョン　産業図書）

蓑内絵梨・大岸英夫・松原千春・森下洋子・鈴木結花・行場次朗（2013）. 仮設住宅の環境色彩変化が居住者の感情状態および周辺住民の印象評価に与える影響　http://www.jfe-kouhan.co.jp/news/doc/20130530.pdf

Nakayama, K. & Shimojo, S.（1992）. Experiencing and perceiving visual surfaces. *Science*, **257**, 1357-1363.

Neisser, U.（1976）. *Cognition and reality*. New York: Freeman.（古崎　敬・村瀬　晃（訳）（1978）. 認知の構図　サイエンス社）

Rumelhart, D. E. & McClelland, J. L.（1986）. *Parallel distributed processing*. Vol.1-2. MIT Press.（甘利俊一（監訳）（1988）. PDP モデル　産業図書）

下條信輔（2012）. 視覚の冒険―感覚代行と感覚間可塑性をめぐって―　日本基礎心理学会第 31 回大会　特別講演

● 第 2 章

アーディティ, A.・小田浩一（2006）. ロービジョンの衝撃を世界規模で軽減する　日本眼科紀要, **57**, 493-497.

Bourne, R. R. A., Flaxman, S. R., Braithwaite, T., Cicinelli, M. V., Das, A., Jonas, JB., Keeffe, J., Kempen, J. H., Leasher, J., Limburg, H., Naidoo, K., Pesudovs, K., Resnikoff, S., Silvester, A., Stevens, G. A., Tahhan, N., Wong, T. Y., & Taylor, H. R.; Vision Loss Expert Group.（2017）. Magnitude, temporal trends, and projections of the global prevalence of blindness and distance and near vision impairment: a systematic review and meta-analysis, *Lancet Global Health*, **5**(9), e888-e897.

Faye, E. E.（1984）. *Clinical Low Vision*. Boston: Little, Brown and Company.

日本眼科医会研究班（2009）. 日本眼科医会研究班報告 2006 ～ 2008：日本における視覚障害の社会的コスト　日本の眼科, **80**(6), 付録

WHO（World Health Organization）（2015）. *World Report on Ageing and Health*. WHO.

● 第 4 章

Akeroyd, M. A.（2014）. An overview of the major phenomena of the localization of sound sources by normal-hearing, hearing-impaired, and aided listeners. *Trends in Hearing*, **18**, 1-7.

Bacon, S. P., & Viemeister, N. F.（1985）. Temporal modulation transfer functions in normal-hearing and hearing-impaired listeners. *Audiology*, **24**, 117-134.

Bronkhorst, A. W., & Plomp, R.（1989）. Binaural speech intelligibility in noise for hearing-impaired listeners. *The Journal of the Acoustical Society of America*, **86**, 1374-1383.

古川茂人（2016）．聴覚の時間情報処理　*Audiology Japan*, **59**, 615-622.

Hopkins, K., & Moore, B. C. J.（2011）. The effects of age and cochlear hearing loss on temporal fine structure sensitivity, frequency selectivity, and speech reception in noise. *The Journal of Acoustical Society of America*, **130**, 334-349.

Kale, S., & Heinz, M. G.（2010）. Envelope coding in auditory nerve fibers following noise-induced hearing loss. *Journal of the Association for Research in Otolaryngology*, **11**, 657-673.

Kawase, T., Sakamoto, S., Hori, Y., Maki, A., Suzuki, Y., & Kobayashi, T.（2009）. Bimodal audio-visual training enhances auditory adaptation process. *NeuroReport*, **20**, 1231-1234.

Kemp, D. T.（1978）. Stimulated acoustic emissions from within the human auditory system. *The Journal of the Acoustical Society of America*, **64**, 1386-1391.

草刈　潤（2006）．聴性脳幹反応検査　*Audiology Japan*, **49**, 322-338.

Littler, T. S.（1965）. *The physics of the ear*. (p.5) Oxford: Pergamon.

Lorenzi, C., Gatehouse, S., & Lever, C.（1999）. Sound localization in noise in hearing-impaired listeners. *The Journal of the Acoustical Society of America*, **105**, 3454-3463.

McGurk, H., & MacDonald, J.（1976）. Hearing lips and seeing voices. *Nature*, **264**, 429-439.

Mills. A. W.（1958）. On the minimum audible angle. *The Journal of Acoustical Society of America*, **30**, 237-246.

Mizutari, K., Fujioka, M., Hosoya, M., Bramhall, N., Okano, H. J., Okano, H., & Edge, A. S. B.（2013）. Notch inhibition induces cochlear hair cell regeneration and recovery of hearing after acoustic trauma. *Neuron*, **77**, 58-69.

日本聴覚医学会（2010）．補聴器適合検査の指針（2010）　*Audiology Japan*, **53**, 708-726.

日本音響学会（編）（2010）．空間音響学　コロナ社

日本音響学会（編）（2014）．音声は何を伝えているか　—感情・パラ言語情報・個人性の音声科学—　コロナ社

小渕千絵・原島恒夫（編著）（2016）．きこえているのにわからない APD［聴覚情報処理障害］の理解と支援　学苑社

大山健二・和田　仁・高坂知節（1992）．歪成分耳音響放射（DPOAE）による蝸牛機能の評価　*Audiology Japan*, **35**, 46-55.

Palmer, A. R., & Russell, I. J.（1986）. Phase-locking in the cochlear nerve of the guinea-pig and its relation to the receptor potential of inner hair-cells. *Hearing Research*, **24**, 1-15.

Perrott, D. R., & Saberi, K.（1990）. Minimum audible angle thresholds for sources varying in both elevation and azimuth. *The Journal of Acoustical Society of America*, **87**, 1728-1731.

Plack, C. J., Barker, D., & Prendergast, G.（2014）. Perceptual consequences of "hidden" hearing loss. *Trends in Hearing*, **18**, 1-11.

力丸　裕（2005）．劣化雑音音声の聞こえ　日本音響学会誌, **61**, 273-278.

Ross, L. A., Saint-Amour, D., Leavitt, Vi. M., Javitt, D. C., & Foxe, J.（2007）. Do you see what I am saying? Exploring visual enhancement of speech comprehension in noisy environment. *Cerebral Cortex*, **17**, 1147-1153.

Scheidt, R. E., Kale, S., & Heinz, M. G.（2010）. Noise-induced hearing loss alters the temporal dynamics of auditory-nerve responses. *Hearing Research*, **269**, 23-33.

Schlittenlacher, J., & Moore, B. C. J.（2016）. Discrimination of amplitude-modulation depth by subjects with normal and impaired hearing. *The Journal of the Acoustical Society of America*, **140**, 3487-3495.

Schwartz, M. S., Otto, S. R., Shannon, R. V., Hitselberger, W. E., & Brackmann, D. E.（2008）. Auditory brainstem implants. *Neurotherapeutics: The Journal of the American Society for Experimental NeuroTherapeutics*, **5**, 128-136.

Strelnikov, K., Rouger, J., Lagleyre, S., Fraysse, B., Deguine, O., & Barone, P.（2009）. Improvement in speech-reading ability by auditory training: Evidence from gender differences in normally hearing, deaf and cochlear implanted subjects. *Neuropsychologia*, **47**, 972-979.

Sumby, W. H., & Pollack, I.（1954）. Visual contribution to speech intelligibility in noise. *The Journal of Acoustical Society of America*, **26**, 212-215.

和田　仁（2016）．内・外有毛細胞のメカニクス　*Audiology Japan*, **59**, 161-169.

Woodhouse, L., Hickson, L., & Dodd, B.（2009）. Review of visual speech perception by hearing and hearing-impaired people: clinical implications. *International Journal of Language & Communication Disorders*, **44**, 253-270.

米本　清（1995）．補聴器適合評価用 CD（TY-89）の特徴　*JOHNS*, **11**, 1395-1401.

● 第 5 章

安藤英由樹＋渡邊淳司＋佐藤雅彦（2010）．心音移入
　　https://www.youtube.com/watch?v=RkP6_MDAZ2E（2017 年 12 月 25 日）

"ふるえ言葉のはじまり" 制作チーム（2016）．ふるえ言葉のはじまり
　　https://www.youtube.com/watch?v=EWrVwYjZ-os（2017 年 12 月 25 日）

早川智彦・松井茂・渡邊淳司（2010）．オノマトペを利用した触り心地の分類手法　日本バーチャルリアリティ学会論文誌，**15**(3)，487-490.

JST ACCEL 身体性メディアプロジェクト（2017）．Haptic Design Project
　　http://hapticdesign.org/（2017 年 12 月 25 日）

Konishi, Y., Hanamitsu, N., Outram, B., Minamizawa, K., Sato, A., Mizuguchi, T.（2016）. Synesthesia suit: the full body immersive experience. *ACM SIGGRAPH 2016 VR Village*, Article No. 20.

永原　宙・森永さよ・渡邊淳司（2016）．人間のカテゴリ分類特性を利用した触感選択法　日本バーチャルリアリティ学会論文誌 **21**(2)，533-536.

永野　光・岡本正吾・山田陽滋（2011）．触覚的テクスチャの材質感次元構成に関する研究動向　日本バーチャルリアリティ学会論文誌，**16**(3)，343-353.

仲谷正史・筧　康明・三原聡一郎・南澤孝太（2016）．触楽入門―はじめて世界に触れるときのように　朝日出版社

任天堂（2017）．Nintendo Switch™
　　https://www.nintendo.co.jp/hardware/switch/（2017 年 12 月 25 日）

PARTY（2015）. Namie Amuro "Golden Touch".
　　http://prty.jp/work/golden-touch（2017 年 12 月 25 日）

鈴木理絵子・渡邊淳司・鈴木泰博（2013）．"触譜" で記述されるマッサージにおける手技プリミティブのイメージ分類　日本バーチャルリアリティ学会論文誌，**18**(3)，401-404.

Watanabe, J.（2013）. Pseudo-haptic Sensation Elicited by Background Visual Motion. *ITE Transactions on Media Technology and Applications*, **1**(2), 199-202.

渡邊淳司（2014）．情報を生み出す触覚の知性―情報社会をいきるための感覚のリテラシー　化学同人

渡邊淳司・加納有梨紗・坂本真樹（2014）．オノマトペ分布図を利用した触素材感性評価傾向の可視化　日本感性工学会論文誌，**13**(2)，353-359.

渡邊淳司・川口ゆい・坂倉杏介・安藤英由樹（2011）．心臓ピクニック：鼓動に触れるワークショップ　日本バーチャルリアリティ学会論文誌，**16**(3)，303-306.

Yui Kawaguchi x Yoshimasa Ishibashi（2014）. MatchAtria -Trailer
　　https://www.youtube.com/watch?v=ySUowqNJAeE（2017 年 12 月 25 日）

▶ 現場の声 4

鈴木理絵子（著）鈴木泰博（監修）（2013）．ファセテラピー・メソッド―透明感のある柔らかい肌をつくるには―　春秋社

● 第 6 章

阿部恒之（1993）．化粧品開発と心理学　長町三生（編）　感性商品学―感性工学の基礎と応用―（pp.61-76）海文堂

阿部恒之（2002）．ストレスと化粧の社会生理心理学　フレグランスジャーナル社

阿部恒之（2017）．化粧心理学　坂本一民・山下裕司（編）　文化・社会と化粧品科学（pp.51-94）薬事日報社

阿部恒之・庄司耀・菊地史倫（2009）．嗅覚の単純接触効果―ジャスミン・ローズの睡眠中呈

示— 感情心理学研究, **17**(2), 84-93.

阿部恒之・庄司　耀・菊地史倫・樋口貴広（2009）．基本精油のストレス緩和効果—印象と反応の関連—　アロマテラピー学雑誌, **9**, 66-78.

Bushdid, C., Magnasco, M. O., Vosshall, L. B., & Keller, A.（2014）. Humans can discriminate more than 1 trillion olfactory stimuli. *Science*, **343**（6177）, 1370-1372.

Denda, M., Tsuchiya, T., Shoji, K., & Tanida, M.（2000）. Odorant inhalation affects skin barrier homeostasis in mice and humans. *British Journal of Dermatology*, **142**（5）, 1007-1010.

Garcia, J., & Hankins, W. G.（1975）. The evolution of bitter and the acquisition of toxiphobia. In D.A. Denton, & J. P. Coghlan（Eds.）, *Olfaction and Taste V*（pp.39-45）. New York: Academic press.

Hatayama, T., Yamaguchi, H., & Ohyama, M.（1981）. Cardiac response patterns during a foreperiod in reaction time tasks. *Tohoku Psychologica Folia*, **40**, 137-145.

長谷川香料（2017）．フレーバーとフレグランス http://www.t-hasegawa.co.jp/business/flavor.html（2017 年 3 月 16 日）

樋口貴広・庄司　健・畑山俊輝（2002）．香りを記述する感覚形容語の心理学的検討　感情心理学研究, **8**, 45-59.

飯嶋　睦・大澤美貴雄（2002）．香りが脳機能に及ぼす影響　鳥居鎮夫（編）　アロマテラピーの科学（pp.185-194）　朝倉書店

Jellinek, J. S.（1998/1999）. Odours and mental states. *International Journal of Aromatherapy*, **9**（3）, 115-120.

Johns, T.（1999）. The chemical ecology of human ingestive behaviors. *Annual Review of Anthropology*, **28**, 27-50.

経済産業省（2015）．平成 26 年商業統計確報（第 4 巻品目編第 4 表）
　　http://www.meti.go.jp/statistics/tyo/syougyo/result-2/h26/index-kakuho.html（2017 年 7 月 14 日）

菊地史倫・秋田美佳・阿部恒之（2013）．嗅覚がリップクリームの使用感に与える影響　心理学研究, **84**（5）, 515-521.

Kikuchi, A., Tanida, M., Uenoyama, S., Abe, T., & Yamaguchi, H.（1991）. Effect of odors on cardiac response patterns in a reaction time task. In Y. Queinnec & F. Daniellou（Eds.）, *Designing for Everyone*（vol. 1, pp.380-382）. London: Taylor & Francis.

古賀良彦（2002）．アロマテラピーと臨床医学　鳥居鎮夫（編）　アロマテラピーの科学（pp.172-184）　朝倉書店

三星宗雄（2010）．遠感覚・近感覚再考　人文学研究所報（神奈川大学）, **44**, 88.

光井武夫（編）（1993）．各論 4・芳香化粧品　新化粧品学（pp.453-460）　南山堂

長町三生（1989）．感性工学—完成をデザインに活かすテクノロジー—　海文堂

日本香料工業会（2009）．香料の原料
　　http://www.jffma-jp.org/course/#a01（2017 年 6 月 10 日）

坂井信之（2016）．香りや見た目で脳を勘違いさせる—毎日が楽しくなる応用心理学—　かんき出版

Shepherd, G. M.（2004）. The Human Sense of Smell: Are We Better Than We Think? *PLoS Biology*, **2**（5）, 572-575.

高砂香料（2015）．中期経営計画 TAKASAGO GLOBAL PLAN GP-3（2015-2017 年度）
　　http://www.takasago.com/ja/ir/pdf/presentation-20150625.pdf（2017 年 3 月 16 日）

谷田正弘・菊池晶夫・上野山重治・阿部恒之・山口浩（1992）．アロマコロジーの化粧品への応用(1)香りが反応予期事態の心拍変動パターンに対して及ぼす影響　日本化粧品技術者会誌, **26**(2), 113-119.

Torii, S., Fukuda, H., Kanemoto, H., Miyanchi, R., Hamauzu, Y., & Kawasaki, M.（1988）. Contingent negative variation（CNV）and the psychological effects of odour. In S. Van Toller & G. H. Dodd（Eds.）, *Perfumery: The psychology and biology of fragrance*（pp.107-120）. London: Chapman and Hall Ltd.

Zajonc, R. B.（2001）. Mere exposure: A gateway to the subliminal. *Current Directions in Psychological Science*, **10**, 224-228.

● 第7章

Clydesdale, F. M. (1993). Color as a factor in food choice. *Critical Reviews in Food Science and Nutrition*, **33**, 83-101.

Crisinel, A.-S., & Spence, C. (2010). As bitter as a trombone: Synesthetic correspondences in nonsynesthetes between tastes/ flavors and musical notes. *Attention, Perception & Psychophysics*, **72**, 1994-2002.

Crisinel, A.-S., Cosser, S., King, S., Jones, R., Petrie, J. & Spence, C. (2012). A bittersweet symphony: Systematically modulating the taste of food by changing the sonic properties of the soundtrack playing in the background. *Food Quality and Preference*, **24**, 201-204.

Delwiche, J. F., Lera, M. F., & Breslin, P. A. S. (2000). Selective removal of a target stimulus localized by taste in humans. *Chemical Senses*, **25**, 181-187.

Endo, H., Ino, S., & Fujisaki, W. (2016). The effect of a crunchy pseudo-chewing sound on perceived texture of softened foods. *Physiology & Behavior*, **167**, 324-331.

Grant, R., Miller, S., Simpson, D., Lamey, P. J., & Bone, I. (1989). The effect of chorda tympani section on ipsilateral and contralateral salivary secretion and taste in man. *Journal of Neurology, Neurosurgery, and Psychiatry*, **52**, 1058-1062.

Green, B. G., Shaffer, G. S., & Gilmore, M. M. (1993). Derivation and evaluation of a semantic scale of oral sensation magnitude with apparent ratio properties. *Chemical Senses*, **18**, 683-702.

Grill, H. J., & Norgren, R. (1978a). The taste reactivity test. I. Mimetic responses to gustatory stimuli in neurologically normal rats. *Brain Research*, **143**, 263-279.

Grill, H. J., & Norgren, R. (1978b). The taste reactivity test. II. Mimetic responses to gustatory stimuli in chronic thalamic and chronic decerebrate rats. *Brain Research*, **143**, 281-297.

Harrar, V., & Spence, C. (2013). The taste of cutlery: How the taste of food is affected by the weight, size, shape, and colour of the cutlery used to eat it. *Flavour*, **2**, 21.

今村美穂 (2012). 記述型の官能評価／製品開発における QDA 法の活用　化学と生物, **50**(11), 818-824.

加塩麻紀子・富永真琴 (2014). 体温センサーとしての TRP チャネル　実験医学, **32**, 512-518.

河合美佐子・山口静子 (2008). 味覚強度の測定法　岡嶋克典 (編)　感覚・知覚実験法 (pp.163-169)　朝倉書店

駒井三千夫・井上貴詞・長田和実 (2006). 口腔・鼻腔の三叉神経を介した刺激性物質の受容機構　におい・かおり環境学会誌, **37**, 408-416.

Lim, J. & Green, B.G. (2008). Tactile interaction with taste localization: Influence of gustatory quality and intensity. *Chemical Senses*, **33**, 137-143.

三宅裕子・吉松宏苑・坂井信之 (2009). マグロの生臭さとおいしさの評定における視覚の影響　日本味と匂学会誌, **16**, 403-406.

Morrot, G., Brochet, F., & Dubourdieu, D. (2001). The color of odors. *Brain and Language*, **79**, 309-320.

Onuma, T., Maruyama, H., & Sakai, N., (2018). Enhancement of Saltiness Perception by Monosodium Glutamate Taste and Soy Sauce Odor: A Near-Infrared Spectroscopy Study. *Chemical Senses*, **43**, 151-167.

Pineau, N., Schilich, P., Cordelle, S., Mathonniere, C., Issanchou, S., Imbert, A., Rogeaux, M., Etievant, P., & Koster, E. (2009). Temporal dominance of sensations: Construction of the TDS curves and comparison with time-intensity. *Food Quality and Preference*, **20**, 450-455.

Rolls, E. T. (2006). The neurophysiology and functions of the orbitofrontal cortex. In D. H. Zald & D. L. Rauch (Eds.), *The orbitofrontal cortex*. (pp.95-124). Oxford: Oxford University Press.

Sakai, N. (2009). Cognitive and contextual factors affecting olfactory and gustatory perception and palatability of beverages. *ChemoSense*, **11**(3), 1-6.

坂井信之 (2009). 食における学習性の共感覚　日本味と匂学会誌, **16**, 171-178.

坂井信之 (2010). 食べ物の味と見た目の相互作用について　日本色彩学会誌, **34**, 343-347.

坂井信之 (2016). 味覚って何?　石川克枝・ジャック・ピュイゼ・坂井信之・田尻泉 (著) ピュイゼ 子どものための味覚教育―食育入門編― (pp.99-179)　講談社

坂井信之・小早川達・小川尚・丹生健一 (2007). 味覚・嗅覚研究における functional MRI 適用

の問題点　日本味と匂学会誌, **14**, 35-42.

坂井信之・小早川達・高橋晃・山内康司・斉藤幸子（2003）．におい提示時の脳活性化とその個人差― fMRIを用いた非侵襲計測―　におい・かおり環境学会誌, **34**, 18-24.

坂井信之・小早川達・戸田英樹・山内康司・斉藤幸子（2006）．においに対する教示はにおいの脳内情報処理に影響を与える　におい・かおり環境学会誌, **37**, 9-14.

坂井信之・丸山弘明・大沼卓也（2017）．嗜好の形成と香りの寄与　*Aroma Research*, **18**(1), 3-8.

坂井信之・山崎由貴（2009）．チョコレートの味覚評定におけるパッケージの効果　日本味と匂学会誌, **16**, 407-410.

Spence, C.（2012）. Auditory contributions to flavour perception and feeding behaviour. *Physiology & Behavior*, **107**, 505-515.

Spence, C.（2015）. On the psychological impact of food colour. *Flavour*, **4**, 21.

Spence, C.（2016）. Oral referral: On the mislocalization of odours to the mouth. *Food Quality and Preference*, **50**, 117-128.

Steiner, J. E.（1973）. Human facial expressions in response to taste and smell stimulation. *Advances in Child Development and Behavior*, **13**, 257-295.

Steiner, J. E., Glaser, D., Hawilo, M. E., & Berridge, K. C.（2001）. Comparative expression of hedonic impact: Affective reactions to taste by human infants and other primates. *Neuroscience and Biobehavioral Reviews*, **25**, 53-74.

Stevenson, R.J.（2009）. *The psychology of flavour*. Oxford: Oxford University Press.

Todrank, J., & Bartoshuk, L. M.（1991）. A taste illusion: Taste sensation localized by touch. *Physiology & Behavior*, **50**, 1027-1031.

van der Bilt, A., de liz Pocztaruk, R., & Abbink, J. H.（2010）. Skull vibration during chewing of crispy food. *Journal of Texture Studies*, **41**, 774-788.

Zampini, M. & Spence, C.（2004）. The role of auditory cues in modulating the perceived crispiness and staleness of potato chips. *Journal of Sensory Studies*, **19**, 347-363.

● 第8章

Brandt, T., Dichgans, J., & Buchle, W.（1974）. Motion habituation: inverted self-motion perception and optokinetic after-nystagmus. *Experimental Brain Research*, **21**, 337-352.

Brandt, T., Dichgans, J., & Koenig, E.（1973）. Differential effects of central versus peripheral vision on egocentric and exocentric motion perception. *Experimental Brain Research*, **5**, 476-491.

De Graaf, B., Weltheim, A. H., Bles, W., & Kremers, J.（1990）. Angular velocity, not temporal frequency determines circular vection. *Vision Research*, **31**, 845-849.

Delmore, A., & Martin, C.（1986）. Roles of retinal periphery and depth periphery in linear vection and visual control of standing in humans. *Canadian journal of Psychology*, **40**, 176-187.

Dichgans, J., & Brandt, T.（1978）. Visual-vestibular interaction: Effect on self-motion perception and postual control. In R. Held, H. W. Leibowitz, & H. L. Tueber（Eds.）, *On Handbook of sensory physiology*（pp.179-230）. Belin: Splinger-Verlag.

Fischer, M. H., & Kornmuller, A. E.（1930）. Optokinetic ausgeloste Bewegungs-wahrnehmungen und optokinetinetisher Nystagmus. *Journal of Psychological Neurology*, **41**, 273-308.

Gibson, J. J.（1966）. *The senses considered as perceptual systems*. Boston, MA: Houghton Mifflin.

Held, R., Dichigans, J., & Bauer, J.（1975）. Characteristics of moving visual scenes influencing spatial orientation. *Vision Research*, **15**, 357-365.

Helmholtz, H.（1962）. *Physiological Optic* Vol. III. New York.（from third Germn edn of 1910）

Howard, I. P., & Heckman, T.（1989）. Circular vection as a function of the relative sizes, distances, and positions of two competing visual displays. *Perception*, **18**, 657-665.

Ihaya, K., Seno, T., & Yamada, Y.（2014）. Più mosso: Fast self-motion makes cyclic action faster in virtual reality. *Latin American Journal of Psychology*. **46**, 53-58.

Ito, H. & Shibata, I.（2005）. Self-motion perception from expanding and contracting optical flows overlapped with binocular disparity. *Vision Research*, **45**, 397-402.

Kim, J. & Palmisano, S. (2008). Effects of active and passive viewpoint jitter on vection in depth. *Brain Research Bulletin*, **77**, 335-342.

Kitazaki, M. & Sato, T. (2003). Attentional modulation of self-motion perception. *Perception*, **32**, 475-484.

Lestienne, F., Soeching, J. & Berthoz, A. (1977). Postural readjustments induced by linear motion of visual scenes. *Experimental Brain Research*, **28**, 363-384.

Mach, E. (1875). *Grundlinien der Lehre von den Bewegungsempfindungen.* Leipzig: W. Engelmann.

Melcher, G. A. & Henn, V. (1981). The latency of circular vection during different accelerations of the optokinetic stimulus. *Perception and Psychophysics*, **30**, 552-556.

Murata, K., Seno, T., Ozawa Y. & Ichihara, S. (2014). Self-motion perception induced by cutaneous sensation caused. *Psychology*, **5**, 1777-1782.

Nakamura, S. (2006). Effects of depth, eccentricity and size of additional static stimulus on visually induced self-motion perception. *Vision Research*, **46**, 2344-2353.

Ohmi, M., & Howard, I. P. (1988). Effect of stationary objects on illusory forward self-motion induced by looming display. *Perception*, **17**, 5-12.

Ohmi, M., Howard, I. P., & Landolt, J. P. (1987). Circular vection as a function of foreground-background relationships. *Perception*, **16**(1), 17-22.

Post, R. B. (1988). Circular vection is independent of stimulus eccentricity. *Perception*, **17**, 737-744.

Rieser, J. J., Pick, H. L., Ashmead, D. H., & Garing, A. E. (1995). Calibration of human locomotion and models of perceptual-motor organization. *Journal of Experimental Psychology: Human Perception and Performance,* **21**, 480-497

Sakamoto, S., Osada, Y., Suzuki, Y, & Gyoba, J. (2004). The effects of linearly moving sound images on self-motion perception. *Acoustical Science and Technology.* **25**, 100-102.

Seno T., Funatsu, F., & Palmisano, S., (2013). Virtual swimming - breaststroke body movements facilitate vection. *Multisensory Research*, **23**, 267-275.

Seno, T., Ito, H., & Sunaga, S. (2009). The object and background hypothesis for vection. *Vision Research* **49**, 2973-2982.

妹尾武治・永田喜子 (2016). 没入傾向とベクション強度は相関するか？ 没入感に関する挑戦的研究 日本バーチャルリアリティ学会論文誌（Vol. 21, No. 1）

Seno, T. & Yoshinaga, T. (2016). A New Vection Stimulus: Immerse yourself in vection. *Transactions of the Virtual Reality Society of Japan* (Vol. 21, No. 1).

徳永康祐・小川将樹・池畑論・増田知尋・妹尾武治 (2016). 映画，アニメ中のベクションシーンのデータベースの作成と，心理実験による評価 日本バーチャルリアリティ学会論文誌（Vol. 21, No. 1）

Valjamae, A. (2009). Auditorily-induced illusory self-motion: A review. *Brain Research Reviews*, **61**, 240-255.

● 第9章

Berlyne, D. E. (1971). *Aesthetics and Psychology.* New York: Appleton-Century-Crofts.

Csikszentmihailyi, M., & Rochberg-Halton, E. (1981). *The meaning of things: Domestic symbols and the self.* MA: Cambridge University Press. （市川孝一・川浦康至 (訳) (2009). モノの意味―大切な物の心理学― 誠信書房)

Hirschman, E. C. (1980). Attributes of attributes and layers of meaning. In Olson, J. C. (Ed.), *Advances in consumer research*, 7 (pp.7-12). Ann Abor, MI: Association for Consumer Research.

Höge, H. (1997). The golden section hypothesis-It's last funeral. *Empirical Studies of the Arts*, **15**, 233-255.

Inomata, Kentaro (Japan); Lee, Nayoung; Nikata, Kunio; Nagata, Noriko (2016). Comprehensive value evaluation structure for artifact design. ICP2016 PS26A-07-322.

片平建史・饗庭絵里子・矢野浩範・松浦周平・飛谷謙介・長田典子・宮一普・古川誠司 (2014). 心理尺度を用いた微細気泡浴の入浴効果の検討. 人間工学, **50**(1), 29-34.

Krippendorff, K. (2006). *The Semantic Turn: A New Foundation for Design.* New York: CRC Press.

（小林昭世・川間哲夫・國澤好衛・小口裕史・蓮池公威・西澤弘行・氏家良樹（訳）（2009）．意味論的転回―デザインの新しい基礎理論― エスアイビー・アクセス）

Krugman, H. E. (1965). The impact of television advertising: Learning without involvement. *Public Opinion Quarterly*, **29**(3), 349-356.

荷方邦夫（2013）．心を動かすデザインの秘密 実務教育出版

荷方邦夫（2014）．デザインの認識基盤となる意味とナラティブ Design シンポジウム 2014 講演論文集, 2105.

Nikata, K., Inomata, K., Lee, N., & Nagata, N. (2016). Narrative and meaning as cognitive foundation of design. *The 2nd International Conference on Digital Fabrication* (ICDF2016, Tokyo, Japan.), No.16.

Norman, D. A. (2004). *Emotional design: Why we love (or hate) everyday things*. N.Y.: Basic_Book. （岡本明・安村通晃・伊賀聡一郎・上野晶子（訳）（2004）．エモーショナル・デザイン―微笑を誘うモノたちのために― 新曜社）

Pine, B. J., & Gilmore, J. H. (1999). *The experience economy*. Harvard Business School Publishing Corporation.（岡本慶一・石田梅男（訳）（2005）．経験経済―脱コモディティ化のマーケティング戦略― ダイヤモンド社）

Reimann, M., Zaichkowsky, J., Neuhaus, C., Bender, T., & Weber, B. (2010). Aesthetic package design: A behavioral, neural, and psychological investigation. *Journal of Consumer Psychology*, **20**, 431-441.

Russell, J. A. (1980). A circumplex model of affect. *Journal of Personality and Social Psychology*, **39**(6), 1161-1178.

Schmitt, B. H. (1999). *Experiential marketing: How to get customers to sense, feel, think, act, relate to your company and brands*. New York: The Free Press.（嶋村和恵・広瀬盛一（訳）（2000）．経験価値マーケティング―消費者が「何か」を感じるプラスαの魅力― ダイヤモンド社）

Siteger, S., & Swami, V., (2015). Time to let go? No automatic aesthetic preference for the golden ratio in art pictures. *Psychology of Aesthetics, Creativity, and the Arts*, **9**, 91-100.

▶ 現場の声 9

Dobashi, T., Nagata, N., Manabe, Y., & Inokuchi, S. (1998). Implementation of a pearl visual simulator based on blurring and interference. *IEEE/ ASME Transactions on Mechatronics*, **3**(2), 106-112.

Nagata, N., Dobashi, T., Manabe, Y., Usami, T., & Inokuchi, S. (1997). Modeling and visualization for a pearl-quality evaluation simulator. *IEEE Transactions on Visualization and Computer Graphics*, **3**(4), 307-315.

霜田道子・阿部恒之（1993）．化粧水の使い心地に関する心理学的研究 日本化粧品技術者会誌, 27(1), 41-47

人名索引

●A
阿部恒之　6, 117, 124, 126, 131
甘利俊一　11
安藤英由樹　101, 105
Arcimboldo, G.（アンチボルド）　16
Arditi, A.（アーディティ）　35
Aristotelēs（アリストテレス）　4
Arnheim, R.　6
浅井健史　203

●B
Békésy, G.　81
Berlyne, D. E.　19, 187
Brandt, T.　164

●C
Csikszentmihalyi, M.　192

●D
Dali, S.（ダリ）　16
Descartes, R.（デカルト）　4
Dessoir, M.　98

●F
Faye, E. E.　30
Fechner, G. T.　2
福島邦彦　11

●G
Garcia, J.　121
Gibson, J. J.　6
Guilmore, J. H.　190

●H
Hankins, W. G.　121
Helmholtz, H. L. F.　4, 163
Hirschman, E. C.　190
Höge, H.　186
Husserl, E. G. A.（フッサール）　19

●I
石橋和也　155

●K
Kanizsa, G.（カニッツア）　16, 20
Kant, I.（カント）　4
笠松千夏　153
川口ゆい　101
北岡明佳　6
Koffka, K.　6
Köhler, W.　6
Krippendorff, K.　185
Krugman, H. E.　191

●L
Land, E. H.（ランド）　64

Lewin, K.　6
Lindsay, P. H.　9

●M
Mach, E.　163
Marr, D.　9
森下　薫　134

●N
Nakayama, K.　9
Neisser, U.　9
荷方邦夫　7, 183, 185, 190, 194
Norman, D. A.　9, 183, 185, 189

●O
小田浩一　6
Osgood, C. E.　195

●P
Pine, B. J.　190

●R
Reimann, M.　195
Rockberg-Halton, E.　192
Rumelhart, D. E.　11
Russell, J. A.　192

●S
斉と公平太　180
坂井信之　6, 120, 138, 141, 142, 144,
　　　　145, 148, 149
坂倉杏介　101
坂本修一（Sakamoto, S.）　6, 161
佐藤雅彦　105
佐藤剛史　96
Schmitt, B. H.　190
妹尾武治　7, 170, 172-174, 179, 180
Shepherd, G. M.　122
清水洋信　75
下條信輔　10
Spence, C.　142, 143
Stevens, S. S.　4, 21
鈴木理絵子　103, 112-115

●T
田中恵津子　48, 56

●W
渡邊淳司　6, 99, 100, 110, 112–115
Weber, E. H.　2
Wertheimer, M.　6
Wundt, W. M.（ヴント）　5, 20

●Z
Zajonc, R. B.　123

事項索引

●あ

明るさコントラスト　46, 47
明るさの恒常性　57
味　136
圧縮傾向　22
後味　149
アフォーダンス　8
あぶみ骨　79
粗さ感　106
アリルイソチオシアネート　139
アロマ　148
アロマコロジー　126
アロマセラピー　133
暗号　71
暗順応　13
安全・安心社会　26

●い

閾値　36, 37, 146
閾値上強度評定　146, 147
生き残り　119
位相固定（phase locking）　81
位相差　86
慈しむ化粧　117
一対比較法　23, 195
一般像抽出原則　10
一般没入傾向　174
意味的情報（の測定）　185, 194
意味微分法　23
色コントラスト　46
色相環　108
色の対比錯視　67
色名　108
陰影法　74
因子構造　200
因子得点　200
因子分析　129, 200
印象語　199
インピーダンスオージオメータ　89
インピーダンス変換　79

●う

ウェーバーの法則　2
ウェーバー比　2
ウェーバー・フェヒナーの法則　3, 147
上オリーブ複合体　81
うま味　27, 137, 138
うま味受容器　136

●え

エイムズのトランプカード　10
エイムズの（ゆがんだ）部屋　5, 74
エージェント　102
エスノグラフィ　154
エビングハウス錯視　13
エルゴノミクス　188

●お

遠感覚　12, 121
遠近法　74
嚥下障害　94
遠視　30
遠刺激　16
延髄孤束核　137
エンボスドリフト錯視　58
塩味　137, 138
塩味受容器　136

●お

おいしさ　144, 152
黄金比　3, 186
凹凸感　106
大きさの恒常性　5
オージオグラム　89
オージオメータ　88
奥行き感　164
オノマトペ　104, 109
オノマトペ分布図　110
オプティカルフロー　7, 158, 163, 168, 169
音圧　78
温度感　106

●か

外耳　78
外耳道　78, 79
外受容感覚　12
階段法　21
回転運動　159
回転加速度　159
概念駆動型処理　8
外有毛細胞　80
香り　117
科学感覚　119
蝸牛　80
蝸牛孔　80
蝸牛性難聴　83
蝸牛窓　80
拡散刺激　165
隠し味　13
核磁気共鳴画像法（MRI）　148, 195
学習性の共感覚　138
学習性の好嫌　143
覚醒ポテンシャル　19
拡大鏡　40, 54
拡大読書器　55
拡大率　53
拡張現実　75
隠れた難聴　84, 86
下降系列　38
飾る化粧　117, 118
ガスクロマトグラフィー（GC）　128
加速度　158
形の恒常性　65

215

傾き錯視　58
価値語　199
活動性因子　23
カプサイシン　139
カモフラージュ　71
カラー・ワード・ストループテスト
　126
加齢に伴う難聴（加齢による聴力低下）
　82, 83
感音性難聴　82, 83, 88
感覚　1
感覚間相互作用　154
感覚設計　97
感覚代行　25
感覚的印象　129
感覚的補完　16
感覚疲労　147
眼窩前頭皮質　137
眼球運動　24, 166, 194
還元衝立　5
干渉　202
感情円環モデル　192
感情的印象　129
感情的経験　181
眼振　68
感性　1, 18, 181, 182
感性工学　18, 131, 155
感性デザイン　183
観測事象　9
桿体　13, 50
官能評価　145
官能評価学　135, 145, 151
官能評価手法　154
甘味　137, 138
甘味受容器　136
顔面神経鼓索枝　137

●き
消える錯視（extinction illusion）　69, 71
聴こえ　91, 92
聞こえ　95
基準係数　21
基底膜　80
輝度勾配依存の明るさの錯視工作　64
きぬた骨　79
忌避反応　143
きめの勾配　7
逆遠近法・エイムズの台形窓工作　64
ギャップ検出閾値検査　90
嗅覚　119
嗅覚順応　134
嗅上皮　148
橋　137
共感覚的イメージ　17
共感覚的表現　18
共感覚保持者　17
共感的コミュニケーション　99
共振周波数　79
強度評定法　149
極限法　21, 38

近感覚　12, 121, 141
近刺激　16
近赤外光脳計測（NIRS）　24, 148, 195
近接の要因　6
近傍感覚　121

●く
空間分解能　86
クオリア　27
クラスタ分析　107
クロスモーダルマッチング　22
軍事的応用　71

●け
計算論的アプローチ　9
継時的優位感覚法（TDS）　150
軽度難聴　84
経表皮水分蒸散量（TEWL）　126
ゲシュタルト　6
ゲシュタルト心理学　5, 6
化粧　70, 117
化粧品　117, 199
化粧品づくり　199
結合腕傍核　137
原因事象　9
減塩食　139
言語情報　77
言語聴覚士　93, 94
現象学　19
検知閾　146

●こ
光学的不変項　7
口腔　137
口腔内化学感覚　140
口径　54
恒常性　16
恒常法　21
後退色　74
合成香料　127, 128
構成主義　5
構成主義心理学　5
香調　134
行動観察　197
行動主義　20
行動レベル　184, 185, 191
高度難聴　84
硬軟感　106
後鼻腔経路の匂い　119
後鼻腔性嗅覚　148
後腹内側小細胞部　137
興奮−鎮静作用　130
後迷路性難聴　82, 84
効率　189
効率分析　21
香料　118
語音聴取閾値（SRT）　92
語音明瞭度　92
五感　iv
五基本味（基本5味）　119, 137, 138

呼吸　24
国際標準規格（ISO-9241-11）　188
黒板モデル　9
鼓室階　80
57-S 語表　91
個人法　146
悟性　iv
個体距離　134
骨伝導補聴器　83
固定刺激　21
古典的条件づけ　123, 138, 144
ことばの獲得　95
5-2 識別法　146
鼓膜　79
コミュニケーション障害　94
コントラスト　45
コントラスト感度　53

●さ
最小可聴値　82
最小弁別角度　77, 87
最適複雑性理論　187
彩度　46
サウンドデザイン　98
坂道錯視　60
錯視　57
触り言葉　103
三叉神経　139
3 肢強制選択法　146
産出法　22
三半規管　159
酸味　137, 138
酸味受容器　136

●し
耳音響放射（OAE）　81, 90
耳介　78
視覚が味覚に及ぼす影響　141
視覚障害　29
視角速度　165
視覚的補完　69
視覚優位現象　17
時間分解能　85, 149
時間変調伝達関数（TMTF）　86
色字共感覚　17
色相　46
刺激閾　21
刺激頂　21
自己移動感覚　157
耳甲介　79
嗜好品　154
自己主体感　102
自己受容感覚　12, 99
試作品作り　153
耳珠　79
視床下部　137
事象関連電位　24
耳小骨　79
視床味覚野　137
視神経　137

耳石器　159
持続時間　166
舌　137
実験現象学　20
実験参加者　20
実験美学　3
質量分析法　128
視能訓練士　55
視野　32
社会性　119
視野狭窄　35
弱視　29-31
弱視（amblyopia）　30
弱視（partial sight）　31
視野検査　53
斜視　30
斜塔錯視　60
シャルルボネ症候群　34
舟状窩　79
重心動揺計　24
収束刺激　165
縦断勾配錯視　60
集団法　146
重度難聴　84
周波数局在性（tonotopy）　81
周波数分解能　85
主観的等価点（PSE）　21
主観的輪郭　16
主観報告　20
主成分分析　107
受容器　11
シュワシュワ感　139
純音聴力検査　95
順応　13, 147
状況依存性　19
上下法　21
上昇系列　38
焦点距離　53
情動　18
情報処理アプローチ　8
情報ピラミッド　iii
触／身体感覚　97, 98
食生活　135
触素材　106
食品の官能評価　152
触譜　113
食物の好き嫌い　143
触覚優位性　141
視力　32
視力検査　29, 40, 53
耳林　79
心音移入　105
新奇性　187
人工甘味料　136
信号検出理論　21
信号対雑音比　92
人工内耳　83, 95
人工物　183
新心理物理学　21
深層学習法　11

心臓ピクニック　100
身体動揺　166
振動電話ふるえ　103
心拍　24
心拍率　130
振幅包絡　85
親密距離　134
心理生理学的測定　194
心理評定法　22
心理物理（学）　1, 36, 39
心理物理学的測定（法）　20, 194

●す
図　15, 165
錐体　13, 50
随伴性陰性変動（CNV）　130
スード・ハプティクス（pseudo-haptics）
　　101
スキーマ　8
スキンケア　117, 122
図地反転　15
図地分化　15
スティーブンスの法則　22, 147
スペクトラルキュー　79

●せ
生態学的アプローチ　6
制約条件　9
精油　128
生理指標　24
舌咽神経舌枝　137
接近－回避行動　143
絶対閾　21
線遠近法　60
潜時　166
前進色　74
前庭階　80
前庭器官　157
前庭系　158
前庭性眼振　69
前庭窓　80
前頭弁蓋部　137
前鼻腔経路の匂い　119
前鼻腔性嗅覚　148
全盲　30

●そ
騒音性難聴　83
相互関与心理学　5
創発効果　19
増幅傾向　22

●た
体制化　15
体性感覚　99, 122
ダイナミックレンジ　81
大脳皮質味覚野　137
対比　13
対比錯視　13
唾液中のホルモン成分　24

多感覚現象　17
多義図形　15
多次元尺度構成法（MDS）　23, 107
食べ物　120
多変量解析　150
だまし絵　61, 74
単音節　91
単音節明瞭度　92
単純接触効果　123, 144
断片図形　16

●ち
地　15, 165
知覚　1, 15
知覚循環説　9
知覚的補完　16
知性　18
中央階　80
中耳　78, 79
中心暗点　50
中等度難聴　84
聴覚　77
聴覚閾値　82, 88
聴覚情報　77
聴覚情報処理障害（APD）　84
聴覚と味覚との関係性　142
聴覚ベクション（AIV）　161
聴覚末梢系　78
聴性脳幹インプラント　84
聴性脳幹反応検査（ABR）　90
調整法　21
丁度可知差異（JND）　2, 21
直線運動　159
直線加速度　159
直流前庭電気刺激（GVS）　160

●つ
つち骨　79

●て
呈味物質　136
定量的記述分析法（QDA）　150
ティンパノグラム　89
ティンパノメトリー　89
データ駆動型処理　8
テープストリッピング　126
適刺激　11, 136
テキストマイニング　196
テクスチャー　141
デザイン　183
デジャヴ　178
テスト刺激　21
デルブーフ錯視　13
伝音性難聴　82, 88
天然香料　127

●と
同化　13
統覚　5
同化錯視　13

瞳孔のサイズ　166
瞳孔反応　24
糖質制限食　139
島皮質前部　137
頭部伝達関数（HRTF）　79
読書検査　40, 42, 49, 50
読唇　78, 87
トップダウン処理　8
トリックアート　74
トロンプ・ルイユ　74

●な
内観主義　20
内観報告　5
内耳　78, 80
内耳性難聴　82, 83
内受容感覚　12
内省報告　20
内省レベル　184, 185, 191
内臓感覚　12
内有毛細胞　80
内容分析　20
ナラティブ　192
軟骨伝導補聴器　83
難聴　82

●に
苦味　137, 138
苦味受容器　136
二刺激間心拍変動　130
にじみ　201, 202
乳様突起　83, 160
ニューラルネットアプローチ　10
ニュールック心理学　5
人間工学　188
認識全特性チェック法（CATA）　151
認知閾　146
認知科学的アプローチ　20

●の
脳科学的手法　24
脳波　24, 130, 194
ノート　134
飲み込み障害　94

●は
パーソナルスペース　134
バーチャル・アースクエーク　173
バーチャルスイミング　171
バーチャルリアリティ　75, 170
倍率　54
発火タイミング　81
花　120
パネリスト　152
パネル　152
パフューマー　118, 132, 138
パラ言語情報　77
バリア能　126
パレリアン　126

●ひ
美学　187
比較刺激　2, 21
比較判断の法則　23
非感覚的補完　16
非言語情報　77
被験者　20
微細構造（TFS）　85
ビジュアルアナログスケール（VAS）法
　　23, 147, 150
ビジュアルデザイン　98
非侵襲的脳機能測定法　24
非侵襲脳応答計測　148
ビッグデータ解析　20
皮膚温度　24
皮膚感覚　13, 99, 122
皮膚感覚（性）ベクション　161, 162
皮膚電気反応　24
ヒューマンエラー　25
評価語　199
評価性因子　23
標準刺激　2, 21, 166
疲労　147

●ふ
フィリング・イン　69
風味（フレーバー）　138, 148
フェイシャルエステ　112
フェイシャルマッサージ　112
腹話術効果　17
物理的情報　185
物理的情報の測定　194
フリーソーティング（FS）　107
プリファレンスマッピング　152
不良設定問題　9
フレーバー　138, 148
フレーバリスト　118, 138
プレグナンツ傾向　6
フレグランス　118, 122
触れる　98
プロトコル　20
プロトコル分析　197, 198
プロトタイピング　153
分裂錯覚　17

●へ
平均聴力レベル（PTA）　89
平衡感覚　159
平衡石　159
閉合の要因　6
ベイズ推定　9
ベイズ統計　21
並列分散処理　11
ベキ指数　22
ベキ法則　187
ベクション　159, 167
ベクション・シーン　169, 170
ベクション体験　177
ベクションの3指標　167
ベクションの測定法　166

事項索引　219

ヘッドマウントディスプレイ　172
変化刺激　21
扁桃体　137
弁別閾　21, 146

●ほ
防災・減災　26
ポジトロン断層法（PET）　24, 195
補聴器　82, 83, 95
没入　172
没入型ベクション刺激　173
没入傾向　174, 175
ボトムアップ処理　8
本能的好嫌　143
本能レベル　183, 184, 191

●ま
マグニチュード　166
マグニチュード推定（法）　21, 22, 147,
　　164, 166
摩擦感　106
マスキング　14
マストイド　83
まばたき　24
満足度　189

●み
味覚　119, 135, 136
味覚嫌悪学習　121, 124, 144
味覚受容器　136
味覚神経　137
味覚心理学　135
味覚増強効果　138
味覚増強性嗅覚嫌悪　121
味覚抑制効果　139
未完の美　16
味細胞　136
ミュラーの特殊神経エネルギー説　12
魅力　182
魅力的デザイン　181

●む
無意識的推論　4, 5, 163
無響室　77
矛盾冷覚　12

●め
明順応　13
迷走神経　137
明度　46
命令刺激　130
メーキャップ　118, 122
メニエール　160

●も
毛髪科学　70
モダリティ　11
モデリング　144
網膜電図（ERG）　53

●や
夜盲　33

●ゆ
有効さ　189
ユーザビリティ　187
誘導運動　17
有毛細胞　80
ユニバーサルデザイン　49

●よ
要素主義　5
予告刺激　130
読み速度　43

●ら
ライスネル膜　80
ラウドネス補充現象　85, 90
ラベルドマグニチュードスケール（LMS）
　　法　147
ランドルト環　41

●り
リアリティの拡張　99
力量性因子　23
リッカート法　23, 147
両耳間時間差　86
両耳間レベル差　86
利用状況　189
緑内障　69
臨界文字サイズ（Critical Print Size）　44

●る
累積分布曲線　39
類同の要因　6
ルビン図形　15

●れ
劣化雑音音声　87
レティネックス理論　64

●ろ
ロービジョン　29, 30
ロービジョン外来　53, 54
ロービジョンサービス　34, 35, 54
ロービジョンの人口　34
67-S 語表　91

●わ
歪成分耳音響放射（DPOAE）　90
わさびアラーム　25

●アルファベット
ABR　90
AIV　161
APD　84
AR　75
CATA　151
CNV　130
Critical Print Size　44

220

dB　78
DPgram　90
DPOAE　90
ERG　53
fMRI　24, 195
FS　107
GACL　132
GC　128
G タンパク質共役型受容体　136
GVS　160
halo-damping 効果　150
haptic communication　99
haptic technology　99
haptics　98
HRTF　79
JND　2, 21
LMS 法　147
MAA　77
MDS　107
MEG　24
MRI（装置）　148, 195
NIRS　24, 148, 195
OAE　81
PET　24, 195

POMS　132
PSE　21
pseudo-haptics　101
PTA　89
QDA　150
QOL　25, 143
SD　23
SD 法　107, 195
SISI 検査　90
SN 比　92, 187
SRT　92
TDS　150
TEWL　126
TFS　85
The vOICe　25
Time-Intensity（TI）法　149
TMTF　86
touch　98
TRPA1　139
TRPV1　139
VAS（法）　23, 147, 150
VR　75, 170
VR 心理学　176

事項索引　　221

■ シリーズ監修者

太田信夫 （筑波大学名誉教授・東京福祉大学教授）

■ 執筆者一覧 （執筆順）

行場次朗	（編者）	はじめに，第1章，付録
小田浩一	（東京女子大学）	第2章
北岡明佳	（立命館大学）	第3章
坂本修一	（東北大学）	第4章
渡邊淳司	（NTT コミュニケーション科学基礎研究所）	第5章
阿部恒之	（東北大学）	第6章
坂井信之	（東北大学）	第7章
妹尾武治	（九州大学）	第8章
荷方邦夫	（金沢美術工芸大学）	第9章

■ 現場の声　執筆者一覧 （所属等は執筆当時のもの）

現場の声1	田中恵津子	（視覚特別支援学校，視能訓練士）
現場の声2	清水洋信	（株式会社エス・デー）
現場の声3	佐藤剛史	（東北大学）
現場の声4	鈴木理絵子	（東京ファセテラピー）
	渡邊淳司	（NTT コミュニケーション科学基礎研究所）
現場の声5	森下　薫	（株式会社資生堂）
現場の声6	笠松千夏	（味の素株式会社）
現場の声7	石橋和也	（日本たばこ産業株式会社）
現場の声8	斉と公平太	（現代美術作家）
現場の声9	浅井健史	（株式会社ナリス化粧品）

【監修者紹介】

太田信夫（おおた・のぶお）

1971 年　名古屋大学大学院教育学研究科博士課程単位取得満了
現　在　筑波大学名誉教授　東京福祉大学教授　教育学博士（名古屋大学）

【主著・論文】

記憶の心理学と現代社会（編著）有斐閣　2006 年
記憶の心理学（編著）ＮＨＫ出版　2008 年
記憶の生涯発達心理学（編著）北大路書房　2008 年
認知心理学：知のメカニズムの探究（共著）培風館　2011 年
現代の認知心理学【全 7 巻】（編者代表）北大路書房　2011 年
Memory and Aging（共編著）Psychology Press 2012 年
Dementia and Memory（共編著）Psychology Press 2014 年

【編者紹介】

行場次朗（ぎょうば・じろう）

1981 年　東北大学大学院文学研究科博士課程後期単位取得満了
現　在　東北大学大学院文学研究科教授　博士（文学，東北大学）

【主著】

視覚と聴覚（共著）岩波書店　1994 年
認知心理学重要研究集 1：視覚認知（編著）誠信書房　1995 年
知性と感性の心理（編著）福村出版　2000 年
イメージと認知（共著）岩波書店　2001 年
新編・知性と感性の心理（編著）福村出版　2014 年
古典で読み解く現代の認知心理学（監訳）北大路書房　2017 年

シリーズ心理学と仕事 1　感覚・知覚心理学

2018 年 11 月 10 日　初版第 1 刷印刷　　　定価はカバーに表示
2018 年 11 月 20 日　初版第 1 刷発行　　　してあります。

監 修 者　　太田信夫

編　者　　行場次朗

発行所　　（株）北大路書房

〒 603-8303　京都市北区紫野十二坊町 12-8
電話（075）431-0361（代）
FAX（075）431-9393
振替　01050-4-2083

©2018　　　　　　　　　印刷・製本／亜細亜印刷（株）
検印省略　落丁・乱丁本はお取り替えいたします。
ISBN978-4-7628-3042-6　Printed in Japan

・ |JCOPY| 〈社出版者著作権管理機構 委託出版物〉
本書の無断複写は著作権法上での例外を除き禁じられています。
複写される場合は，そのつど事前に，社出版者著作権管理機構
（電話 03-5244-5088,FAX 03-5244-5089,e-mail: info@jcopy.or.jp）
の許諾を得てください。